SOCIÉTÉ DUNKERQUOISE
POUR L'ENCOURAGEMENT DES SCIENCES, DES L... DES ARTS

Le Siège de Dunkerque

(1793)

DOCUMENTS OFFICIELS INÉDITS

INTRODUCTION par le Général JUNG

(1893)

DUNKERQUE
IMPRIMERIE PAUL MICHEL, RUE DE LA MARINE, 23
1893

LE SIÈGE DE DUNKERQUE

SOCIÉTÉ DUNKERQUOISE

POUR L'ENCOURAGEMENT DES SCIENCES, DES LETTRES & DES ARTS

Reconnue d'utilité publique par décret du 13 Février 1883.

Le Siège de Dunkerque

(1793)

DOCUMENTS OFFICIELS INÉDITS

INTRODUCTION par le Général JUNG

(1893)

DUNKERQUE
IMPRIMERIE PAUL MICHEL, RUE DE LA MARINE, 23
1893

LE
SIÈGE DE DUNKERQUE

1793

UNKERQUE ! Dunkerque !

Ce nom seul est toute une évocation. N'est-ce pas dans ses entours, au milieu de ses dunes immortelles, que venait se briser le suprême effort de la féodalité contre les troupes de M. Turenne, ce glorieux représentant de l'unité française ? N'est-ce pas devant ses murs qu'à la fin du siècle dernier, la coalition, cette autre féodalité, celle de l'Europe réactionnaire, s'écroulait agonisante ?

C'est qu'en effet, Dunkerque est un point fatidique dans l'évolution de la société française. Elle l'a été ; elle l'est ; elle le sera de plus en plus.

Située à la porte du détroit du Pas-de-Calais, à l'entrée de la mer du Nord, vis-à-vis l'embouchure de la Tamise, Dunkerque reste comme la sentinelle vigilante de la France maritime et commerciale, le porte-drapeau de l'idée moderne triomphante. A l'abri derrière ses canaux et ses inondations, son territoire forme, avec ceux de Calais et de Bergues, un vaste camp retranché, une position de flanc d'une valeur incomparable, destinée à arrêter tout mouvement excentrique d'un adversaire envahissant la Belgique et cherchant à pénétrer dans l'Artois et le Valois. Or, ce qu'elle est au

point de vue maritime et militaire, Dunkerque l'est également sous le rapport industriel et commercial.

Dans de pareilles conditions, on comprend mieux la convoitise dont la coquette cité du Nord s'est de tout temps trouvée l'objet de la part du gouvernement britannique, ce maître en stratégie navale et commerciale. Or, à la fin du XVIIIe siècle, la France traversait une crise trop aigüe pour que l'Angleterre ne cherchât pas à en profiter pour la réalisation de l'un de ses rêves d'antan.

A dire vrai, dès 1792, l'assemblée législative s'était préoccupée d'une situation dont la gravité lui était signalée de différents côtés. Sous sa pression, le ministère s'était décidé à envoyer des fonds pour la défense de la place. Un gouverneur avait été nommé, le maréchal de camp Pascal Kerenveyer[1]. Militaire intègre, homme d'énergie et de devoir, breton, ayant donné des preuves sérieuses de civisme, vice-président du directoire du département du Finistère, Kerenveyer venait de Roscoff où il se trouvait alors en disponibilité. Aussitôt arrivé, il se mit à l'œuvre et sut placer la ville à l'abri d'un coup de main.

---

(1) De KERENVEYER (François-Nicolas-Pascal), né à Roscoff, le 13 juin 1729 ; enseigne au régiment du Limousin, le 29 novembre 1745 ; aide-major, 17 mai 1753 ; capitaine, 8 juillet 1756 ; chevalier de Saint-Louis, 3 mars 1763 ; major du régiment de Berry infanterie, 8 juin 1770 ; lieutenant de roi à Calvi, 1771 et 1772 ; lieutenant-colonel du régiment de Berry, 1er janvier 1781 ; brigadier, 1er janvier 1784 ; maréchal de camp, 9 mars 1788 ; commandant la garde nationale de Roscoff, 1789 ; président de l'assemblée primaire, 1790 ; membre du directoire du département, 1er août 1790 ; vice-président du directoire du département, 6 août 1790 ; nommé gouverneur de Dunkerque, 20 septembre 1792 ; général de division, 15 mai 1793 ; envoyé à Beauvais, 2 août 1793 ; continue le service jusqu'au 30 juillet 1794 ; mort à Beauvais, le 11 prairial, an II.

Campagnes : 1746, 1747, 1748 en Flandre ; 1756, 1757, 1758, 1759 et 1760 en Normandie et en Bretagne ; 1761 et 1762, en Allemagne ; 1770, 1771, 1772 et 1773 en Corse ; 1792 et 1793 à l'armée du Nord.

Deux blessures reçues au siège de Maëstricht, 1748.

Auteur de nombreux travaux militaires, plus spécialement (*Les lois militaires de l'infanterie, ou Dictionnaires des ordonnances*).

Deux cavaliers en terre furent construits sur le front est. Un mur crénelé les relia au port, afin d'empêcher tout mouvement offensif à marée basse. Deux poternes furent établies pour faciliter les communications du côté des dunes, et deux batteries de mortiers installées sur l'ancienne butte du moulin à vent, à proximité des rues du Moulin et du Magasin-à-Poudre. Les quatre-vingt bouches à feu de bronze, dont on disposait, furent réparties sur tout le front, la petite garnison et la garde nationale exercées journellement.

Dans le port également l'activité était grande, des batteries flottantes étaient préparées, et quarante bâtiments armés en corsaires.

Malheureusement, poudres, projectiles, approvisionnements, faisaient défaut et les évènements se succédaient avec une rapidité vertigineuse. La République venait d'être proclamée. L'assemblée nouvelle, celle qui devait prendre dans l'histoire le titre immortel de Convention nationale, cherchait sa formule de guerre, ce mécanisme de direction, seul susceptible de lui assurer le succès. Pour l'instant, elle en était toujours à la période des tâtonnements. Son Comité de défense générale, trop nombreux, sans rapports bien définis avec le pouvoir exécutif et le pouvoir législatif, n'avait pas d'autorité. La nouvelle organisation militaire, l'embrigadement et l'amalgame, cette œuvre géniale de l'un de ses représentants, Dubois-Crancé, n'était pas encore entrée dans la période d'application. Et pourtant, il fallait agir et agir vite. L'Angleterre se dressait menaçante, et Dunkerque inquiète réclamait des secours.

En attendant qu'elle pût répondre efficacement à toutes les demandes dont elle était assaillie, la Convention nationale envoyait partout ses représentants, pour encourager, voir, entendre et décider. Au mois de février 1893, ce sont Cochon et Debry, au mois d'avril, Carnot, Lesage et Duquesnoy, qui se rendent à Dunkerque. Ces derniers accordent l'argent réclamé et donnent les ordres les plus urgents.

Il était temps, le 25 avril, la flotte anglaise qu'on voyait croiser au large depuis quelques jours, s'arrête. Elle s'embosse dans la passe Nord. Un canot se détache du vaisseau amiral. Il a hissé le drapeau parlementaire. Il accoste. La nuit approche. Un officier descend. Il demande à remettre un pli au gouverneur. Les yeux bandés, il est conduit, à travers la foule anxieuse, auprès du général Kerenveyer. L'entrevue a quelque chose de solennel.

« Monsieur, écrit l'amiral Sir John Clemens, ayant l'hon-
« neur de commander une escadre de vaisseaux de guerre de
« Sa Majesté britannique, et prêts à coopérer, avec les forces
« qui s'avancent par terre, à réduire cette ville jadis si
« florissante, je prends la liberté de vous dire que si vous
« avez quelques propositions à faire pour arrêter les progrès
« d'une guerre qui doit inévitablement envelopper la ville et
« les habitants de Dunkerque dans une ruine et destruction
« totales, je suis prêt à les recevoir et à assurer l'inviolabi-
« lité des propositions des habitants. Je vous invite, Mon-
« sieur, et tous les habitants de Dunkerque, à prendre très
« sérieusement en considération les tristes effets qui résulte-
« raient pour vous et vos familles d'un refus de cette offre con-
« ciliatrice pour prévenir une plus grande effusion de sang
« et mettre fin à une guerre si destructive pour les vrais inté-
« rêts de votre pays. Je suis envoyé pour vous offrir la protec-
« tion d'une grande et honorable puissance, jusqu'à ce que
« votre Constitution soit établie sur des bases solides ».

Impassible, Kerenveyer dicte sa réponse.

« Monsieur,

« J'ai reçu la lettre que vous avez pris la peine de m'écrire
« pour m'annoncer vos projets et les ordres dont vous êtes
« chargé. Je n'ai qu'un mot à vous répondre : c'est que, ni
« moi qui ai l'honneur de commander dans la ville de Dun-
« kerque, ni aucuns habitants *(sic)* n'entendrons jamais à
« aucune proposition tendant à déshonorer le nom français.
« Ainsi, Monsieur, il est inutile de perdre son temps à un

« échange de lettres, ce qui deviendrait fastidieux et qui
« serait du moins illégal. Faites-moi l'honneur de m'attaquer,
« j'aurai celui de vous risposter militairement. C'est ainsi
« que se terminent les différends entre gens de notre robe ».

Le soir même, il écrivait au président de la Convention :

« Citoyen président, j'ai l'honneur de vous informer que
« le chef d'escadre anglaise, sir John Clemens, m'a fait passer
« cette nuit la dépêche dont ci-incluse est la copie. J'y joins
« la réponse que j'y ai faite. Notre correspondance sera plus
« énergique qu'éloquente. Assurez les représentants de la
« nation que je suis entêté comme un breton et que je ne
« capitule pas ».

A Dunkerque, la nuit fut agitée. Qu'allait-il se passer ? Serait-on attaqué ?

Le lendemain, 26, la flotte anglaise resta immobile. Le surlendemain seulement, elle se décida à lever l'ancre, tout en continuant à croiser en vue des côtes. Elle semblait attendre un signal. Or, ce qu'elle attendait, c'était le résultat du mouvement de Dumouriez et de ses complices dans le Nord. Mais, sir John Clemens était en retard. Depuis quinze jours déjà, Dumouriez, chassé à coups de fusils par les soldats d'un jeune officier républicain, Davoust, s'était refugié auprès des généraux autrichiens.

A Dunkerque on ne s'expliquait pas les causes de cette présence persistante de la flotte ennemie. On murmurait, et d'insinuations en insinuations on en vint à accuser le gouverneur, quelque peu désorienté au milieu de cette effervescence. Des plaintes parvinrent au Comité de sûreté générale. Kerenveyer fut mandé à Paris. Muni d'un certificat de civisme délivré par la municipalité, il se disculpa aisément ; le 12 juin, il était de retour avec le grade de général de division. Malheureusement, les causes de mésintelligence et de méfiance devaient subsister. Le fait en lui-même n'a rien de surprenant. On ne bouleverse pas ainsi toute une société, on ne modifie pas un régime de date séculaire, on ne remplace pas un personnel

inféodé à d'anciennes idées, sans froisser bien des habitudes, sans susciter bien des haines.

Trois faits heureusement servaient à maintenir un calme relatif au milieu de la cité Dunkerquoise, l'énergie native de sa population maritime, le souvenir des exploits des ancêtres et du héros légendaire, Jean Bart, enfin le sentiment d'un danger toujours proche.

Or, jamais situation n'avait réclamé autant de qualités viriles que celle de la France à cette époque. Du jour où l'Angleterre s'était jointe à la coalition, elle en avait pris la réelle direction, direction politique, financière, maritime et militaire.

« C'est la guerre des opinions armées, » s'écriait Pitt. Il aurait pu dire plus exactement, c'est la guerre des intérêts. En effet, l'opinion publique en Angleterre était loin d'être unanime pour entrer en lutte contre la République française, et ce n'était qu'en éveillant les appétits de ses concitoyens, en faisant miroiter à leurs yeux des avantages immédiats que Williams Pitt avait pu surexciter l'esprit national, non dans ce qu'il a de bon et d'élevé, mais dans ce qu'il a d'égoïste et d'humain.

Et quelle habile direction ! Quels agents, que ces représentants de la Grande Bretagne à l'étranger ! Lord Grenville à Vienne, lord Saint-Hélène à Madrid, lord Auckland à La Haye, lord Hamilton à Naples, lord Yarmouth à Darmstadt, lord Beauchamp à Berlin, Hayles à Copenhague, Hervey à Livourne, Drake à Gênes, Fitz-Gérald en Suisse !

Tous travaillent avec une sorte d'ardeur enfiévrée à l'œuvre commune, le dépècement de cette France prête à verser son sang pour la régénération du monde moderne. Tous, Autrichiens, Prussiens, Hanovriens, Romains, Napolitains, Bavarois, Hessois, Espagnols, ont hâte de happer un morceau de ce pays meurtri, même par ses propres enfants, car, il faut savoir se le rappeler, il y eût alors des Français assez inconscients pour prêter leur concours aux ennemis de

la patrie. En effet, le prétendant a conservé des représentants auprès de toutes les cours, et des agents dans tous les grands centres.

D'après le dernier rapport de M. le comte d'Hervilly et de M. le chevalier de Vaugiraud, « les départements « du Midi sont girondins républicains ; ceux de la Seine et de « Seine-et-Oise sont jacobins, ainsi qu'une partie de ceux de la « Côte-d'Or et du Jura, ceux du Nord sont moins républicains « que ceux du Midi. Celui de la Somme se déclarera quand « il sera soutenu. En général la moitié des départements est « girondine. Lyon est royaliste. La Vendée l'est aussi. Il faut « remarquer que le germe de la division existe dans les « corps administratifs, car les membres du directoire des « départements sont en général constitutionnels et actuelle-« ment girondins, et les municipalités sont républicaines ». Et c'est sur ces divisions que les coalisés comptent pour la réussite de leurs projets. Effectivement, l'insurrection doit éclater partout à la fois, en Bretagne, en Vendée, en Normandie, dans le Poitou, dans la Lozère, en Corse, à Lyon, à Marseille, à Toulon, à Bordeaux. En Franche-Comté, le chevalier Terrasse de Tassonet espère soulever les paysans pour faciliter la marche des troupes du prince de Condé sur Lyon. En Suisse, le marquis d'Antichamp prépare un mouvement sur le fort de l'Ecluse ; à Furnes, le régiment d'émigrés en formation se dispose à donner la main aux royalistes du Nord et du Pas-de-Calais.

Pour l'Angleterre, son rôle est des plus nets, chercher à prendre tous les gages possibles. Sur ce point le doute est impossible.

« Sa Majesté, écrit le chef du Foreign Office au duc « d'Harcourt, est disposée, en conséquence de la demande « que lui en a faite S. A. R. Monseigneur le comte d'Artois, « à autoriser ses Ministres à entrer en discussion sur les « moyens de faciliter à S. A. R. l'exécution de son projet de « se rendre à l'invitation des royalistes du Poitou et de la « Bretagne.

« ...... L'entente devra naturellement se porter sur les
« deux points fondamentaux, c'est-à-dire :

« 1° Sur l'objet d'une paix générale, dans laquelle Sa
« Majesté Britannique trouverait pour elle et ses alliés,
« *satisfaction, indemnité et sécurité future.*

« 2° Sur les moyens d'établir un gouvernement légitime,
« juste et modéré en France, comme étant le seul moyen
« d'assurer la tranquillité des autres nations ».

Or, ces garanties réclamées par l'Angleterre, étaient, dans la Méditerranée, la Corse et Toulon ; dans l'Océan, La Rochelle et Belle-Ile ; dans la Manche, Saint-Malo ou Granville ; dans la mer du Nord, Dunkerque ; enfin dans les autres parties du monde, un certain nombre de colonies à sa convenance. Pour l'instant, elle occupait déjà l'île de Corse, en attendant qu'on lui livrât Toulon ; dans l'Océan, l'amiral lord Moyra se tenait prêt à tenter un débarquement ; dans la Manche, l'île de Jersey où résidait un agent royaliste officiel, le marquis de Drenay, servait de base d'opérations pour donner la main aux insurgés de la Bretagne et de la Vendée. Mais c'était surtout dans la mer du Nord qu'elle désirait agir immédiatement. A cet effet, vingt-mille anglais envoyés à Furnes, devaient s'y réunir à des corps Hanovriens, Hessois et Hollandais. Ils allaient constituer l'extrême droite des armées coalisées, échelonnées du Quesnoy à la Moselle, sur la rive droite du Rhin, en arrière des Alpes et des Pyrénées.

Pris dans son ensemble, le projet avait quelque grandeur et des chances de réussite. Mais les auteurs comptaient sans l'énergie du peuple de France, et surtout sans celle du gouvernement qu'il s'était donné. La Convention nationale, en effet, venait de trouver l'instrument de guerre par excellence pour une République en lutte avec tant d'ennemis : *l'unité de direction*, c'est-à-dire une assemblée décrétant, un comité de Salut public exécutant, des comités spéciaux préparant. Grâce à ce mécanisme si simple et si logique, elle allait avoir

le secret de la victoire et, qui plus est, en donner une preuve éclatante à Dunkerque et dans le Nord.

A la fin de juillet 1893, le duc d'York, son état-major et son parc se trouvaient réunis à Furnes. Le duc a sous ses ordres trois corps, l'un directement sous sa main autour de Furnes, le second à Poperinghe avec le maréchal Freytag pour chef, le troisième à Menin sous la direction du prince d'Orange. Le premier a Dunkerque pour objectif, le second doit marcher sur Bergues et Cassel, le troisième a mission de surveiller et d'appuyer au besoin l'aile gauche. La flotte anglaise, alors en formation, est chargée de bombarder Dunkerque.

Que fait le Comité de Salut public ? Il envoie coup sur coup représentants et généraux pour presser l'arrivée des renforts, des munitions et des approvisionnements. Il dirige les troupes de nouvelle levée sur les camps de Bailleul et de la Madeleine, et prescrit au général en chef de l'armée de la Moselle de détacher l'un de ses corps. Il donne le commandement des troupes au général Houchard, avec ordre de se fixer à Bailleul et de surveiller les mouvements de l'armée anglaise, en attendant qu'il ait assez de monde pour l'attaquer.

Il éloigne le brave Kerenveyer et le remplace par un jeune général, un enfant de Dunkerque, Thomas O'Meara, comte de Baane[1]. « C'était, disaient ses chefs, un bel officier, de

---

(1) THOMAS O'MEARA, COMTE DE BAANE, né à Dunkerque, le 4 août 1750 ; sous-lieutenant dans le régiment d'infanterie de Roscimon, 16 avril 1767 ; lieutenant, 13 juillet 1771 ; démissionnaire, le 22 avril 1774 ; lieutenant au dépôt des crues de l'île de Ré, le 15 décembre 1775 ; capitaine-major dans les volontaires de Nassau, décembre 1778 ; capitaine dans le régiment de Nassau-Siegen, le 16 août 1779 ; capitaine au bataillon des chasseurs cantabres, le 10 juin 1781 ; chevalier de Saint-Louis, le 12 juillet 1790 ; ayant prêté le serment civique le 6 août 1791, à midi, devant le conseil municipal de Dunkerque ; lieutenant-colonel du 6ᵉ bataillon d'infanterie légère, le 6 novembre 1791 ; général de brigade à l'armée du Nord, 30 juin 1793 ; gouverneur de Dunkerque, 2 août 1793 ; suspendu, 26 août 1793 ; réintégré, 13 décembre 1795 ; réformé, 23 décembre 1796 ; de nouveau gouverneur de Dunkerque, 1807 ; chevalier de la légion d'honneur, 24 septembre 1811, mis en non-activité, le 2 janvier 1814 ; retraité le 2 mars 1816 ; mort à Orléans, le 19 avril 1819.

Marié en premières noces avec Mˡˡᵉ Agnès-Hélène Connelly, en secondes noces avec la veuve d'un officier, Mᵐᵉ Nicolas Blondin, née Simonet.

« beaucoup d'espérance, un joli sujet, propre à entrer dans
« l'état-major ». Il avait quarante-trois ans.

A Dunkerque du reste, l'activité était grande. Trois cents hommes de la milice, sous les ordres d'un pointeur émérite, Laurent Philippe, étaient journellement exercés au tir du canon. Les arbres et les haies placés en avant du front ouest étaient enlevés, les marchandises, contenues dans les magasins, évacuées sur Calais et Saint-Omer.

A Ghyvelde, un camp protégé par quelques ouvrages extérieurs était installé. Il contenait trois mille cinq cents hommes nouvellement enrôlés sous le nom de gendarmes.

A Bergues, on travaillait également avec ardeur. Un nouveau général, Carrion de Loscondes[1], né dans la contrée, venait de prendre le commandement de la place.

Il était temps. Le duc d'York, énervé par le retard mis à l'envoi de la flotte, pressé d'ailleurs par la saison, avait résolu de se mettre en mouvement, sans plus attendre. Le

---

[1] MARTIN-JEAN-FRANÇOIS CARRION DE LOSCONDES, né à Oignies (Pas-de-Calais), le 9 mars 1762. Engagé en 1779 dans le régiment de dragons, mestre de camp général, alors en Amérique, libéré le 8 mai 1784 ; réengagé le 18 janvier 1785 dans un régiment d'infanterie, le Royal Champagne ; caporal, le 2 avril 1785 ; sergent, le 19 août de la même année ; congédié, le 26 septembre 1788 ; élu capitaine au 1er bataillon des volontaires du Pas-de-Calais, le 26 septembre 1791 ; lieutenant-colonel en second, le 4 février 1792 ; lieutenant-colonel commandant, le 16 septembre 1792 ; passé au 3e bataillon, le 8 octobre 1792 ; rentré au 1er bataillon, le 1er avril 1793 ; nommé général de brigade à l'armée des côtes de Cherbourg, le 1er avril 1793, puis passé à Bergues, le 2 août 1793 ; commandant le camp sous Dunkerque, le 17 septembre 1793 ; démissionnaire, le 28 septembre 1793 ; demande à reprendre du service en Espagne, dont il se dit originaire, en 1809 ; est refusé, devient maire d'Oignies et meurt le 28 septembre 1824.

A propos de Carrion, Carnot et Saint-Just écrivaient, le 30 septembre 1793 : « Il est plus que « temps de purger de tous les hommes à masque nos armées trahies depuis longtemps ».

Carrion est l'auteur d'une brochure, adressée au Comité de Salut public après thermidor, intitulée : « *Résumé expositif de la conduite révolutionnaire de Martin-Jean-François* « *Carrion, ex-général de brigade* ».

17 août, il expédiait ses ordres préparatoires de marche. Le 19, les représentants du peuple Billaud Varennes et Nyon, qui venaient de porter les instructions du comité au général Houchard, arrivaient à Dunkerque. Ils se trouvèrent précisément à la séance du soir de la municipalité, lorsque parvint la dépêche du général annonçant l'attaque.

A cette nouvelle, les cris de, Vive la République! retentissent. En ville, l'effervescence est extrême ; on s'embrasse, on crie, on chante. C'en en était fait; pendant vingt journées consécutives, la patriotique cité du Nord allait subir cette terrible crise, si bien dénommée *la folie obsidionale*.

Le 20 août 1793, le duc d'York donne l'ordre de se mettre en mouvement le lendemain.

A Dunkerque et à Bergues, on continue les préparatifs.

Le général Houchard installe son quartier général à Bailleul.

Le 21 août, le maréchal Freytag commence l'attaque. Il enlève les postes français d'Oost-Cappel et se rapproche de Bergues, De son côté, le duc d'York se dirige sur le camp de Ghyvelde, se prépare à le tourner et à l'enlever de vive force. Mais O'Meara est présent ; il s'est aperçu de la manœuvre enveloppante, il donne l'ordre d'évacuation, et, deux heures après, lorsque les troupes anglaises se présentent, elles trouvent la position abandonnée.

Le soir même, les trois mille hommes de Ghyvelde sont installés sur les glacis de la place. Mais l'opération ne s'est pas faite sans une lutte assez vive, dont le bruit apporté par un vent du Nord-Est met en émoi la population Dunkerquoise. La générale est battue. Deux canonnières vont mouiller en rade. Les maisons situées à proximité du front Ouest sont démolies ; les hôpitaux provisoires installés, des traverses de sable élevées à l'extrémité des rues aboutissant aux remparts, un poste d'observation placé au haut

de la tour de l'horloge. Le conseil de la commune se réunit. Un Conseil de guerre est formé. Il se compose du commandant de l'artillerie, du chef du génie et de son adjoint, des commandants de troupes d'infanterie, du commandant le 5ᵉ régiment de chasseurs à cheval, de l'ordonnateur de la marine, des commissaires des guerres et de deux membres de la municipalité, MM. Duriez et Camus.

A huit heures du soir, la ville est mise en état de siège.

Le 22 août, le duc d'York fait occuper le camp de Ghyvelde. Il établit son quartier général à hauteur de Teteghem, son parc à Leffrinckoucke et ses poudres à Zuydcoote.

Le maréchal Freytag continue également sa marche sur Socx et Bierne, dans le but d'investir complètement la petite place de Bergues. Le soir même, le chef de son avant-garde, le général de Walmoden, fait sommer le gouverneur de se rendre.

« Monsieur le général, écrit-il au général Carrion, vous
« êtes sûrement informé que différents corps de troupes de
« S. M. Britannique ont passé l'Iser et s'avancent de ce côté
« sur Bergues et vous ne pouvez vous dissimuler, Monsieur,
« le sort qui attend la ville et la garnison que vous comman-
« dez et que vous pouvez lui éviter encore dans ce moment.
« C'est par les ordres de S. A. R. duc d'York que je dois
« vous demander, Monsieur, si vous ne préférez pas éviter
« toutes les suites funestes d'un siège dont l'issue ne saurait
« vous paraître douteuse, en acceptant les termes d'une capi-
« tulation parfaitement honorable et dont les conditions avan-
« tageuses ne pourront plus être les mêmes si vous ne les
« acceptez pas dans ce moment-ci ».

« J'ai l'honneur d'être Monsieur, votre très-humble et
« très-obéissant serviteur ».

Le général, chevalier DE WALMODEN.

Maison Blanche, 22 août 1793.

Le général Carrion répond :

« Le général français qui commande à Bergues est un
« franc et sincère républicain, ses camarades qu'il commande
« lui ressemblent ; ils ont fait serment, ainsi que les coura-
« geux habitants, de vaincre ou de mourir, et ils ont en
« horreur le parjure. En conséquence, tant en leur nom qu'au
« sien, il déclare au général ennemi qui le somme de se ren-
« dre que lui et les républicains sont disposés à montrer
« l'exemple du véritable héroïsme et à s'ensevelir sous les rui-
« nes de la ville, plutôt que d'accepter aucune des conditions
« hostiles ou honorables qui pourraient leur être proposées ».

A Dunkerque, la garde nationale, réunie dès le matin place Sainte-Barbe, est passée en revue par le général O'Meara et le maire, M. Emmery. L'enthousiasme est grand, et chacun se rend au poste qui lui est désigné, en chantant la *Marseillaise*.

Le 23 août, le duc d'York écrit au général O'Meara :

« L'amour de l'humanité qui caractérise la nation anglaise
« me fait chercher toutes les occasions de diminuer les fléaux
« de la guerre ; cette puissante considération, l'insuffisance
« des moyens que vous avez pour résister à l'armée formi-
« dable que je commande, qui entraînerait, si vous aviez la
« folle prétention de vous y livrer, l'anéantissement de votre
« ville et la destruction du peuple nombreux qui l'habite,
« m'engage à vous sommer de vous soumettre aux armes
« victorieuses de S. M. Britannique, et de recevoir une
« capitulation qui, en vous faisant profiter des avantages et
« des douceurs que le gouvernement de la Grande Bretagne
« offre à tous les peuples qui vivent sous ses lois, ramènera
« le bonheur et l'abondance dans une ville autrefois floris-
« sante, mais qui gémit maintenant sous le poids des calami-
« tés qui l'accablent ».

« Je dois vous prévenir en même temps que si vous étiez
« assez aveuglés pour vous refuser à une proposition que
« me dicte le seul désir d'épargner le sang humain, si vous

« écoutiez, au contraire, les conseils funestes de ceux qui
« cherchent à vous égarer, et qui sacrifieraient l'existence
« de votre ville à leur intérêt particulier, je n'emploierai plus
« alors que la force irrésistible des armes, et, à la douceur
« qui me guide dans ce moment, succèdera l'extrême rigueur
« de la guerre, dont Valenciennes a ressenti les effets et qui
« pourrait être encore plus terrible pour la ville de Dunker-
« que, dénuée de défense.

« Je vous accorderai un délai de vingt-quatre heures pour
« recevoir votre réponse ».

Frédéric, Duc d'Yorck,
Commandant l'armee combinée devant Dunkerque.
23 août 1793.

O'Meara se contente de répondre par ces quelques mots :
« Investi de la confiance de la République française, j'ai
« reçu votre sommation de rendre une ville importante ; j'y
« répondrai en vous assurant que je saurai la défendre avec
« les braves républicains que j'ai l'honneur de commander ».

O'Meara.

Le reste de la journée se passa des deux côtés en préparatifs.

Le duc d'Yorck avait fait tracer sa ligne de circonvallation, s'étendant de Rosendael jusqu'au canal de Furnes, et de là se prolongeant vers le fort Louis. C'était un danger nouveau. L'ennemi pouvait chercher à passer par la basse-ville, alors sans défense, et prendre la ville de Dunkerque à revers. Pour y parer, le Conseil de défense décida de recourir à l'inondation. L'opération se fit dans la nuit du 23 au 24. Elle eut tout le succès désirable. Les terrains situés entre le fort Louis, le pont de Steendam et Bergues se trouvèrent en deux heures inondés dans des conditions avantageuses. En même temps, afin d'éviter toute surprise, un détachement de trois cents des gendarmes de Ghyvelde et deux pièces d'artillerie furent établis au pont de

Petite-Synthe sur le canal de Bourbourg. Enfin l'arrivée de la garde nationale d'Hondschoote et de son brave chef, le colonel Herrewyn, donna lieu à une réception chaleureuse.

Le 24, dès le matin, l'artillerie anglaise, dont les premières batteries avaient été élevées pendant la nuit, ouvrit son feu et sous sa protection le général Dalton réussit à s'emparer de Rosendael et de ses dunes, d'où il dirigea un tir fort gênant pour les assiégés. Ce n'était pas que ce tir fût des plus meurtriers, mais cette nuée de projectiles impressionnait vivement la population peu faite à ces incidents de guerre.

De là des plaintes, des récriminations qui se traduisirent par une démarche du conseil municipal auprès du conseil de Guerre et par la décision d'une sortie.

Le chef de brigade, Lanoue, en eut la direction. Il avait sous ses ordres les troupes de la garnison et les gardes nationaux volontaires du commandant Mourin. L'enthousiasme était grand. On ne parlait de rien moins que de tout emporter, tout chasser. Hélas! le désenchantement devait être rapide. La lutte fut en effet des plus vives. Elle dura toute la journée. Deux fois la petite colonne française réussit à déloger l'ennemi de Rosendael, deux fois elle fut repoussée. Finalement, elle dut se replier sous la protection des batteries du capitaine Laurent Philippe.

Les pertes avaient été sérieuses. Du côté des assiégés, on comptait une centaine d'hommes tués ou blessés, dont deux tués et une douzaine de blessés pour les gardes nationaux seulement.

Le lendemain, le jour de la Saint-Louis, le feu de l'artillerie anglaise continua avec une telle persistance, surtout au déclin du jour, qu'il donna l'éveil. Cette manière de fêter l'anniversaire royal sembla bizarre. On crut à une attaque de nuit, et pour en éviter la possibilité, on éclaira les rues. En réalité on avait eu raison, car à peine les gardes nationaux de service étaient-ils rentrés chez eux, que la fusillade éclatait en avant des glacis.

On bat la générale ; chacun s'élance à son poste de combat et l'on repousse avec un entrain admirable les assaillants qui s'étaient avancés jusque sur les glacis du fort.

La journée du 26, si elle fut plus calme au point de vue de l'attaque et de la défense, ne s'en trouva pas moins marquée par un incident grave. La population était énervée ; on l'eût été à moins. On était sans nouvelles de l'extérieur ; on se plaignait hautement ; l'on en arrivait même à accuser le général O'Meara de lâcheté et de trahison, tout au moins d'incapacité, pour ne s'être pas mis à la tête de la sortie du 24. On ne connaissait pas les termes des règlements qui fixent de précise façon les devoirs du gouverneur d'une place de guerre. Malheureusement, la crainte ne raisonne pas, et sous la pression des événements, on envoya deux membres du conseil municipal auprès des représentants du peuple signalés à Bailleul. Leurs doléances furent écoutées, et le jour même, le général O'Meara était suspendu et remplacé par un jeune général, Joseph Souham [1], ancien cuirassier du roi, élu lieutenant-colonel d'un bataillon de volon-

---

[1] JOSEPH SOUHAM, cultivateur, fils de Joseph et de Marie Dandelix, né à Lubersac, le 30 août 1760, enrôlé au régiment de cuirassiers du roi, 17 mars 1782 ; congédié, en 1786 ; élu lieutenant-colonel en 2e du 2e bataillon des volontaires de la Corrèze, 15 août 1792 ; lieutenant-colonel en premier, le 19 septembre 1792 ; général de brigade à l'armée du Nord, 30 juillet 1793 ; gouverneur de Dunkerque, 26 août 1793 ; général de division, 13 septembre 1793 ; commandant la 24e division à Bruxelles, 26 avril 1796 ; réformé, le 7 septembre 1797 ; employé à l'armée de Mayence, 16 août 1798 ; à l'armée du Danube, 7 mars 1799 ; à l'armée du Rhin, 28 décembre 1799 ; mis en non-activité, 23 septembre 1801 ; commandant la 20e division militaire, 27 février 1802 ; marié à mademoiselle Anne-Rosalie Dupérier, 8 mai 1802 ; révoqué, 26 pluviôse an 12 ; destitué, 28 pluviôse ; incarcéré à l'abbaye pour haute trahison, 28 pluviôse an 12 ; remis en activité, 16 mars 1807 ; employé à l'armée d'Italie, 8 juin 1807 ; officier de la légion d'honneur, 30 novembre 1807 ; employé à l'armée d'Espagne, 7 septembre 1808 ; à l'armée de la Catalogne, 8 février 1810 ; commandeur de la légion d'honneur, 10 février 1810 ; blessé de deux coups de feu au combat de Vich, 20 février 1810 ; fait comte de l'Empire avec dotation, 19 mars 1810 ; à l'armée d'Italie, 8 novembre 1810 ; à l'armée d'Allemagne, 27 mars 1811 ; à l'armée d'Espagne, 11 août 1811 ; à l'armée du Portugal, 3 octobre 1812 ; général en chef de cette armée, 29 novembre 1812 ; commandant la 8e division du 3e corps de la grande armée, 17 janvier 1813 ; grand croix de l'ordre de la Réunion, 3 avril 1813 ; grand officier de la légion d'honneur, 3 juin 1813 ; blessé à Leipzig, 18 octobre 1813 ; commandant la 2e division de réserve de Paris, 4 mars 1814 ; commandant le 6e corps de la grande armée, 1er avril 1814 ; trahit le premier l'Empereur, 4 avril 1814 ; commandant la 20e division, 20 avril 1814 ; chevalier de Saint-Louis, 1er juin 1814 ; mis en disponibilité puis destitué, le 3 avril 1815 pendant les cent-jours ; commandant la 20e division, 21 juillet 1815 ; inspecteur général, 1816, 1817 ; commandant la 5e division, 12 août 1818 ; grand croix de la légion d'honneur, 1er mai 1821 ; mis en disponibilité, le 15 novembre 1830 ; retraité le 1er juin 1832 ; mort à Paris, le 18 avril 1837.

taires de la Corrèze, nommé général de brigade à la place d'un de ses camarades, Labory, grâce au crédit d'un ami, commissaire à l'armée du Nord, Calliez.

Souham avait trente-trois ans. Il était loin d'avoir la valeur et l'expérience de son prédécesseur, mais il avait les opinions exaltées du jour, une âpreté et un aplomb qui ne devaient jamais se démentir dans le courant de sa curieuse carrière. Le 27 août, il était à Dunkerque, prenait le commandement et lançait une proclamation :

« Citoyens, la discipline et la subordination sont de tous
« les états ; sans elle vous vous plongeriez dans l'anarchie,
« et tous les malheurs qui en sont la suite inévitable vien-
« draient vous assaillir.

« Ecoutez-donc, citoyens, la voix d'un général qui veut
« vous sauver des fureurs de l'ennemi de votre patrie.

« Ecoutez la voix de vos magistrats qui veulent votre
« bonheur et qui s'en occupent avec constance, mais qui ne
« pourraient vous le procurer, si vous-même y portiez
« obstacle ».

En fait, il n'y eut rien de changé dans la situation. Dans les journées des 26, 27, 28, 29 et 30 août, 1er, 2 et 3 septembre, les batteries anglaises continuèrent leur tir sur la place sans grand danger pour les habitants. Toutefois ceux-ci, en prévision des évènements qui pouvaient survenir, avaient fait transporter à Gravelines les archives du tribunal et dépavé les rues situées en arrière du front d'attaque.

D'ailleurs la confiance était en partie revenue. Des renforts arrivaient chaque jour de Calais, St-Omer, Boulogne-sur-Mer. Les nouvelles de l'intérieur étaient meilleures. On parlait de délivrance prochaine.

Le 27 août, le général Berthel annonçait l'arrivée prochaine du général Houchard à Cassel. Le 30, ce fut le tour des représentants Duquesnoy, Hentz et Colbert ; le 4 septembre,

celui des conventionnels Treilhard et Berlier. Ces derniers précédaient, assuraient-ils, l'armée de secours. Le général Houchard, en effet, venait d'achever sa concentration autour de Cassel. Il avait sa droite à Steenworde, sa gauche de Cassel vers la Peene, son centre à Cassel même. Ses instructions, apportées par Carnot, étaient formelles. Il devait attaquer Freytag, manœuvrer de manière à couper ses communications avec le duc d'Yorck ou les acculer tous deux à la mer pendant que la garnison de Dunkerque ferait une sortie offensive, en dernier lieu, s'emparer de Furnes.

La journée du 5 se passe en préparatifs. Le 6 au matin, l'armée coalisée est ainsi répartie : le duc d'Yorck à Leffrinckoucke, Freytag à Hondschoote et Bambecque, les Hanovriens à Herzeele. Les troupes françaises prennent l'offensive. A la droite Hédouville commence le mouvement, s'empare de Poperinghe, de Wlœmestinghe et marche sur Rousbrugghe. Jourdan occupe Herzeele après une lutte violente, deux fois renouvelée. Houchard attaque Bambecque et ses hauteurs, s'y établit et se dirige sur Rexpoede et Killem. Un instant même il en est maître. Le maréchal Freytag y est blessé et même prisonnier, mais un retour offensif du général Walmoden le dégage, et tous se replient sur la position d'Hondschoote restée intacte.

A Dunkerque, le bruit du canon avait surexcité tout le monde. A trois heures de l'après-midi, les batteries des forts et des batteries commencent le feu ; quatre colonnes exécutent une sortie vigoureuse. Rosendael est enlevé, le général Dalton blessé mortellement, douze cents Hessois faits prisonniers.

En résumé, la journée était glorieuse pour les armes républicaines ; malheureusement, elle avait été incomplète. Elle allait nécessiter un nouvel effort.

Le 7 septembre fut employé comme le 5 à des préparatifs d'attaque et de défense. Le général de Walmoden acheva de se concentrer autour de Hondschoote et de s'y fortifier.

Le duc d'Yorck disposa tout en vue d'une action décisive. De son côté, Houchard donnait ses derniers ordres ; à Dunkerque comme à Bergues on se mettait en mesure de prendre une part vigoureuse à la lutte dont l'issue allait décider du sort des deux places.

Ce fut dans cette situation d'attente anxieuse que se passèrent la nuit et les premières heures de la grande journée du 8 septembre. Tout-à-coup le canon se fait entendre du côté d'Hondschoote ; presqu'en même temps les nouvelles batteries anglaises établies à Rosendael par le colonel Moncriff ouvrent un feu terrible sur Dunkerque, pendant que les tirailleurs s'avancent vers les glacis et qu'une forte colonne de cavalerie longe la plage et se dirige vers le poste de l'Estran. Mais le mouvement a été aperçu de la tour, les canonnières du capitaine Castagnier viennent s'embosser près de terre et foudroyer les escadrons ennemis. Bientôt, ceux-ci se replient. C'est le commencement de la déroute ; tirailleurs et réserves se retirent à leur tour. Le feu des batteries cesse.

En effet, les nouvelles reçues d'Hondschoote au camp anglais sont mauvaises. Le général de Walmoden s'est vu dans l'obligation de battre en retraite. Attaqué sur sa gauche par le général Hédouville, sur son centre par Jourdan et Vandamme, il espérait pouvoir encore tenir dans les redoutes du moulin d'Hondschoote, lorsqu'il voit déboucher sur sa droite la colonne Leclerq achevant son mouvement tournant. En même temps les réserves de Jourdan, ayant à leur tête leur général et le représentant du peuple Delbret, s'élancent vivement en avant, au chant de la *Marseillaise*. La position est intenable et Walmoden donne l'ordre de se replier sur Furnes.

En présence d'un tel désastre, le duc d'Yorck n'a plus qu'à suivre l'exemple de son subordonné, et le soir même, à minuit, ses troupes s'éloignent silencieuses, le général Alvinet à droite, le long du canal de Furnes, le général Biéla à gauche, par Leffrinckoucke, le général Warnek à

l'arrière-garde, abandonnant tout, canons, matériel et munitions [1].

Le matin du 9 septembre il n'y avait plus un ennemi devant Dunkerque, rien que des cadavres et des débris de toutes sortes.

A Dunkerque, comme à Bergues, on comprend aisément ce que fut ce réveil, ce calme après l'orage. C'était un véritable affolement. Chacun allait voir les traces de cette lutte sanglante, chacun tenait à se rendre compte par lui-même du résultat obtenu.

Le 10, le général Houchard vint à Bergues et à Dunkerque. Il y fut reçu avec un enthousiasme indescriptible; une Dunkerquoise, Charlotte-Henriette Schotte, née Stein, lui récita des vers de sa façon, les vers d'une patriote :

CHANSON A LA GLOIRE DE DUNKERQUE

Après la valeur des Lillois,
Chantons celle des Dunkerquois,
Qui, sur leurs bas remparts,
Bravent tous les hasards.

   Dansons la carmagnole,
   Vive le son, vive le son,
   Dansons la carmagnole,
   Vive le son du canon.

Yorck pensait qu'à la Saint-Louis
Dunkerque et Bergues seraient pris;
Mais le canon tonna
Et son projet manqua.

   Dansons, etc.

---

[1] *Matériel laissé par l'ennemi :* 4 pièces de canon en fer de 27$^{m/m}$ de balle, 14 pièces de canon en fer de 27, 3 mortiers, 17000 boulets de divers calibres, 32.000 sacs à terre vides, 850 barils de poudre à 100 livres chaque, des bombes, 3.000 gabions, 3.000 grandes fascines, une quantité considérable de projectiles de toutes sortes, des brouettes, des pioches, des pelles, des forges de campagne, des affûts, etc.

Nos citoyens sont tous soldats
Et briguent l'honneur des combats.
Tous les jours, nos guerriers
Se couvrent de lauriers.

  Dansons la... etc.

Les tyrans avaient projeté
Que nous serions pris ou brûlés;
Mais nos républicains
Sont vaillants et humains.

  Dansons la... etc.

Où sont-ils donc ces fiers anglais?
Eh mais! ils craignent les Français
Qui, le sabre à la main,
Arrivent à grand train.

  Dansons la... etc.

Déjà la gloire prend l'essor
Et suit le drapeau tricolor;
Oui, nous triompherons
Au bruit de nos canons.

  Dansons la... etc.

Gendarmes, chasseurs, fédérés,
Vos grands exploits seront chantés
 Sous le chêne sacré;
 Vive la liberté.

  Dansons la... etc.

Vous surtout, braves vétérans,
Qui pour abattre les tyrans
Quittez vos chers foyes,
Vous cueillez des lauriers.

  Dansons la... etc.

Vive la brave garnison !
Faisons bien ronfler le canon,
Vive tous les Français !
En dépit des Anglais.

Dansons la... etc.

Le soir même, le général Houchard était à Hondschoote, le 11, il se dirigeait sur Ypres. Le 12, le général Vandamme s'emparait de Furnes.

Le programme du Comité de Salut public était rempli, Dunkerque débloqué et les Anglais, chassés de cette terre de France où ils avaient eu la prétention de s'établir comme au vieux temps de la féodalité.

Le 13 septembre, le général Carrion prenait le commandement du camp formé sous Dunkerque. Le même jour, le général Souham, qui venait d'être nommé général de division, faisait ses adieux en proclamant la levée de l'état de siège :

Citoyens républicains,

« Les satellites des despotes ont fui devant vos murs.
« Votre courage a secondé celui des troupes, vous avez
« vaincu votre ennemi ; votre territoire est libre comme vos
« personnes le seront toujours.

« La patrie, qui vous retrouvera éternellement au chemin
« de l'honneur et du patriotisme, vous rend en ce moment à
« vos travaux ordinaires.

« Je déclare et proclame donc que la place de Dunkerque
« n'est plus en état de siège et que les choses y rentrent
« dans l'ordre prescrit par les lois générales de la Répu-
« blique ».

Quatre jours plus tard, on pouvait lire dans le *Moniteur* un décret de la Convention nationale déclarant que *Dunkerque avait bien mérité de la patrie.*

C'était justice.

A Dunkerque, comme à Bergues, conseil municipal, citoyens, citoyennes, officiers et soldats, tous avaient fait leur devoir, tout leur devoir.

Honneur donc à ces héros modestes !

Rappelons-les toujours au souvenir de nos contemporains et de nos successeurs.

Que leurs noms soient inscrits en lettres d'or sur les murs de nos écoles !

Rappelons-nous l'œuvre colossale de la Convention nationale, sachant, au milieu de la crise la plus terrible qu'ait subie une nation, trouver la méthode, la seule qui pût assurer le succès, *l'unité de direction et le choix de représentants énergiques autant qu'intègres*.

Réfléchissons donc sans cesse à ces choses.

L'histoire est la grande école de l'humanité.

C'est la vraie. Vive Dunkerque !

Général JUNG,
ex-Gouverneur de Dunkerque,
ex-Commandant la 8e Subdivision,
ex-Commandant supérieur des places du groupe de la défense,
Calais, Bergues, Gravelines et Dunkerque.

31 mai 1893.

PROCÈS-VERBAL DU CONSEIL GÉNÉRAL
de la Commune
DE LA VILLE DE DUNKERQUE
PENDANT LE SIÈGE

Commencé le 22 Août et clos le 17 Septembre 1793
L'an second de la République une et indivisible.

L'AN second de la République française, dix sept cent quatre vingt treize, le vingt deux août, huit heures et demi du matin, le Conseil Général de la Commune en permanence assemblé.

Sur le rapport fait par le tourrier que le Camp de Ghyvelde paraissoit levé, a été arrêté d'envoyer sur le champ deux cavaliers vers le Camp pour s'informer des mouvemens.

Vers les neuf heures s'est présenté le Procureur-Sindic du district, auquel le Citoyen Maire a exposé ses inquiétudes de la Commune à cause du refus du district d'envoyer les deux cents razières de blé qui avaient été promis, a quoi il a répondu que

la municipalité de Bergues s'y était opposé, ainsi que nombre des habitants.

Vers les neuf heures et demi sur le rapport du tourrier ; le Procureur de la Commune s'est transporté sur la grande Tour, et de retour a fait rapport qu'il avait vu tirer plusieurs coups de canons au devant du Camp.

Vers les dix heures a été fait rapport que le Commandant temporaire avait reçu une lettre de Bergues portant que l'ennemi marchait sur Bergues.

Au même moment un Membre du Conseil a annoncé qu'il venait devoir un chasseur d'ordonnance venant du Camp qui lui a dit que tout y était tranquille, que c'étaient les avant-postes qui s'étaient fusillés, et qu'il venoit presser l'envoi des effets de campement.

A été fait lecture d'une lettre du Directoire du district de Bergues relative aux subsistances.

A dix heures se sont présentés les Commandant temporaire, Commandant d'Artillerie, Ingénieur en Chef et autres officiers militaires, le Commandant temporaire a communiqué une requisition du Commandant de Bergues de lacher les eaux de mer pour former une inondation ; a été observé que le Conseil, n'avoit rien à y opposer que c'était au Commandant à prendre ses mesures.

A été arrêté d'écrire au District de Bergues et d'envoier Copie de ladite requisition en observant la surprise du Conseil de n'avoir reçu aucune nouvelle de sa part.

S'est présenté le citoyen Hardy préposé aux subsistances auquel a été dit que n'aiant point reçu des bleds de Bergues pour la consommation des habitans il devait en fournir de ses magasins.

Lui a été donné communication de l'arrêté des Représentans du Peuple Duquenoy et Lebat qui sursoit toutes poursuites à sa charge.

Lecture faite d'une lettre de la Société Populaire par laquelle elle propose de défendre aux brasseurs de brasser de la forte bierre ;

et d'ordonner aux boulangers de ne faire qu'une sorte de pain. Demande aussi que les navires hambourgois soient déchargés.

A été arrêté de répondre à la Société que ces mesures ne pouvaient être adoptées, que si on défendait de brasser la forte bierre le peuple se plaindroit, et avec raison qu'il était à propos de laisser cuire par les boulangers leurs différentes sortes de pain aiant besoin de son pour la cavalerie, et que quant aux navires hambourgois le Conseil n'avait rien à ordonner.

Vers quart d'onze heures s'est présenté un chasseur d'ordonnance qui a dit avoir quitté le camp à neuf heures, qu'il était alors levé, mais qu'il n'avait pas entendu le canon, et à l'instant a remis une requisition pour dix chariots pour transporter des fourrages au Camp.

A été proposé de faire passer des bélandres dans le canal de Furnes pour transporter les vivres et fourrages au camp ou au moins jusqu'au batardeau de Zudcoote.

A été appelé d'appeler l'écrivain des bélandriers et le Commissaire des guerres pour prendre les arrangements.

Vers onze heures s'est présenté un chasseur d'ordonnance venant de Bergues, porteur d'une lettre pour le Général de brigade au Camp de Cassel, présumant que c'était une erreur dans l'adresse on l'a renvoié au Commandant temporaire.

A onze heures et demi s'est présenté une ordonnance de la part du Général Omeara pour presser le départ des effets de campement, et a dit que tout y était tranquile, et qu'on lui avait dit que nos troupes s'étaient emparées d'Hondschoote.

S'est présenté le citoyen Espanet qui a dit qu'aiant été à Bergues, il a appris que l'ennemi s'est porté sur le pavé de Cassel par Claphouck, qu'il est passé à Sox et est passé du côté de Bierne et s'est porté du côté de Milbrugghe.

La séance aïant été rendue publique le citoyen Maire a annoncé au peuple tout ce qui était venu à la connaissance du Conseil.

La séance publique aïant été levée, s'est présenté vers midi le

Citoyen Millet qui a fait part qu'il venait de Sox, qu'il lui avait paru que l'ennemi était en force, s'étant avancé jusqu'à Sox, qu'il avoit remarqué que c'étaient des troupes habillées de rouge, qu'il a vu hier des troupes venant de Cassel et allant à Bergues.

Est arrivé un des Cavaliers qui avaient été envoiés au Camp de Ghyvelde qui a rapporté qu'il n'y a eu qu'une affaire des avant-postes.

S'est présenté un particulier de Warhem fuyant avec ses effets, qui a dit que l'ennemi était campé du côté de la maison Rouge au delà de Bergues.

Sur la demande des Chefs de la Garde Nationale a été arrêté de remettre à leur disposition les mousquetons et fusils qui se trouvent au Greffe ainsi que les sabres et baudriers pour armer ceux de la Garde Nationale qui ne le sont pas.

Vers midi et demi est arrivé le cavalier qui avait été envoié au district de Bergues apportant la réponse à la lettre écrite ce matin à dix heures, portant que la route de Cassel est occupée par l'ennemi, et demande des canons pour la défense de la place.

A été arrêté que Copie sera envoiée au Commandant temporaire ainsi qu'au général Omeara.

A été arrêté de requérir le Commandant temporaire de prendre toutes les précautions possibles pour éviter à cette place toute surprise.

A aussi été arrêté, attendu la nécessité que toutes les autorités se communiquent promptement, d'offrir au commandant temporaire un emplacement dans la maison commune pour y tenir les Conseils de guerre.

A une heure se sont présentés des députés du district et de la municipalité de Bergues, qui ont confirmés la teneur de la lettre du district, et ont réclamés des secours en artillerie, munitions et subsistances et ont demandés l'Ingénieur et le Commandant d'Artillerie pour conférer avec eux, s'étant rendus à la maison commune les dits députés ont demandé des canons, et des bois

de blindage, le Commandant d'Artillerie a annoncé qu'il était impossible de fournir du Canon qu'il n'en restait en cette ville que ce qui était nécessaire pour sa défense.

L'ingénieur a dit que les bois qui se trouvent ici lui étaient nécessaire pour blaindage que cependant il se prêterait volontiers à en céder la moitié pour être emploié dans la ville de Bergues pour sa défense, qu'on pouvait les faire transporter mais le citoyen Coulier l'un des administrateurs du District a soutenu que ces bois appartenaient à Bergues que le district en avoit fait l'acquisition, un Membre du Conseil a observé que ces expressions lui paraissaient singulières que partie de ce bois étant nécessaire pour Dunkerque qui faisait partie de la République comme Bergues, un administrateur du district ne pouvoit donc pas prétendre que Bergues avoit seul le droit d'en disposer, et que le temps étoit venu de ne plus faire de distinction de l'une ville à l'autre, sur ces divers débats le Procureur de la Commune a dit en s'adressant aux citoyens administrateurs du district de Bergues qu'il ne pouvoit l'empêcher de reconnaître dans tout ce qui se disoit une partialité trop marquée en faveur de la ville de Bergues sur celle de Dunkerque, il a sommé les dits administrateurs de déclarer s'ils se considéraient ici comme Administrateurs de la ville de Bergues seulement, ou comme administrateurs de tout le district : a quoi aiant été déclaré par les administrateurs que le district devoit indistinctement protection à tous les lieux de son arrondissement.

Le Procureur de la Commune a dit, « Citoyens administra-
« teurs je réclame au nom de la loi cette protection pour la ville
« de Dunkerque qui me paroit être depuis longtems le plastron
« des petites rivalités et d'une foule de petits moyens de Consi-
« dération : les habitans de Dunkerque y ont droit : ils sont
« prets à défendre la chose publique au prix de leur sang, et je
« demande pour mettre à l'abri la responsabilité et le civisme
« des habitans que je représente que mention exacte soit faite
« au procès-verbal de tout ce qui s'est passé dans cette séance ou
« pourrait s'y passer à l'avenir. »

Vers deux heures et demi s'est présenté une ordonnance portant requisition d'envoier des fourrages à Bergues, cette requisition a été lue en présence des administrateurs du district a qui l'Etat des fourrages a été communiqué.

A été arrêté de prévenir les Commandants des postes du pont Rouge, du port, de la barrière de Nieuport et de Tornegat, de ne pas laisser sortir personne, sauf ceux qui seraient muni de passeports du jour.

A été arrêté de requérir les bélandriers de fournir deux bélandres pour transporter des bois de blindage à Bergues.

D'après la requisition du Conseil s'est présenté le citoyen Bourotte Commissaire de guerre auquel a été communiqué la requisition du Commandant de Bergues pour avoir des fourrages sur ses représentations a été arrêté d'en referer au Conseil de guerre et de lui envoier la requisition.

Vers les trois heures le Greffier Militaire est venu communiquer l'arrêté du Conseil de guerre tenu ce matin.

A été fait lecture d'une lettre des envoiés des assemblées primaires qui demandent a être présens aux deliberations secretes.

A été arrêté que cette demande seroit discutée publiquement, qu'a cet effet les membres du Conseil actuellement absens seraient requis de se rendre au Conseil à quatre heures precises.

Vers trois heures et demi s'Est présenté le citoyen Herrewyn, Commandant de la Garde Nationale d'hontschoote qui a dit que hier il a du évacuer hontschoote pour ne pas s'exposer à la fureur des ennemis; que le Commandant du bataillon campé au dit lieu avait jugé à propos de se retirer après au Conseil de guerre prévoïant qu'il aurait été tourné par la Cavalerie ennemie, qu'il avait passé au camp avec une trentaine d'hommes de la garde nationale qui l'avaient suivis. Et que le Général Oméara lui avoit conseillé de déposer leur drapeau et leurs armes à Dunkerque d'autant plus que plusieurs etaient hors d'Etat de bien s'en servir.

A été arrêté de recevoir les d. gardes nationaux de les loger et de leur fournir l'étape.

S'est présenté le citoyen Salomez fils, Lieutenant des canonniers citoyens qui a rapporté que sur des propos tenus que les canons qui se trouvaient dans la Basse-Ville n'étaient pas en état de service, il avait été commandé pour en faire la visite que s'y étant rendu il avoit remarqué qu'il manquoit quelques ustanciles et à l'instant a été fait une requisition au Commandant d'Artillerie de les faire fournir.

S'est présenté le Cavalier qui avoit été chargé des depeches pour le Général Omeara et le commandant des chasseurs Lanoue, et a rapporté que le citoyen Lanoue se disposait à se rendre En ville, et que le Général Omeara venait de convoquer au Conseil de guerre et qu'à l'issue, il répondroit à la lettre qu'il lui avoit remis.

S'est de nouveau présenté le citoyen Herrewyn avec les gardes nationaux qu'il a annoncé, qui ont apporté leur drapeau et ont déposé à la municipalité d'après l'ordre du Général Omeara en date de ce jour, ont pareillement déposés leurs armes, et a été arrêté qu'Extrait du présent procès-verbal sera remis au dit citoyen Herrewyn et que l'ordre du Général lui sera rendu.

Vers quatre heures s'est présenté le citoyen De Ray, receveur des droits de timbre et d'enregistrement qui a demandé qu'il fut donné un passe-port à son commis pour porter des fonds au receveur du District de Bergues, et a aussi demandé si le chemin d'ici à Bergues est libre.

Lui a été répondu qu'on délivreroit le passeport mais qu'on ignorait si la route étoit libre ou non, qu'on n'a a cet égard aucun Renseing.

Vers les quatre heures Et un quart la séance Etant publique.

Le citoyen Maire a annoncé ce qui s'est passé depuis la séance publique de ce matin.

Lecture faite de la lettre des Envoiés aux assemblées primaires, cy devant mentionnée la discussion aiant Eté ouverte sur sa de-

mande y contenue tendante a Etre présens aux délibérations secretes. Le procureur de la Commune aiant obtenu la parole a dit :

« La demande formée par les citoyens qui ont reçu une mission
« des assemblées primaires pour porter à la Convention leur
« vœu sur la Constitution me parait devoir Etre Examiné sous
« deux differents points de vue : car si les députés ont effet de
« pouvoirs qui autorisent cette demande, ces pouvoirs ne sont
« pas connus et par conséquent vous ignorez s'ils sont de nature
« à justifier la pétition qui vous est faite. Si au contraire ces
« citoyens n'ont pas de pouvoirs, de deux choses l'une, ou l'ad-
« ministration a perdu leur confiance puisqu'ils parlent de la
« surveiller, ou le peuple de qui a émané la qualité de ces citoyens
« leur a fait connaître qu'il n'avoit pas en ses magistrats la con-
« fiance qu'il mérite.

« Si vous n'avez, citoyens, perdu que la confiance des péti-
« tionnaires, c'est un malheur sans doute, parce qu'il n'est pas
« un seul citoyen de la Commune de qui vous ne désiriez l'avoir ;
« si c'est au contraire la confiance de vos concitoyens en géné-
« ral que vous avez perdu, ces citoyens ont du le déclarer sans
« quoi la demande des députés ne peut être considéré que
« comme leur vœu personnel, il faudrait donc que le peuple en
« général l'expliquent.

« Car jusques-là, c'est-à-dire jusqu'à ce que le déléguant ait
« dit aux délégués, nous voulons un supplément de représen-
« tans, les citoyens qui réclament ne peuvent être admis.

« Le vœu de la Commune émis par ses habitans est émis
« suivant et en vertu de la loi, il vous a donné un caractère,
« votre nomination vous a assuré la confiance de vos concitoyens
« votre serment est le garant de votre bonne foi et de votre dis-
« crétion, votre responsabilité est devenue leur sauvegarde.

« Je ne vous parlerai pas, Membres du Conseil Général, de
« vos travaux, de vos services passés, vous avez fait votre devoir
« la reconnaissance publique peut vous récompenser, mais vous
« n'avez pas le droit d'exiger cette récompense.

« Mais je dis, que si vous accedés à la demande qui vous est
« faite, il faut que le vœu de vos concitoyens bien connu, l'ap-
« puie et que si ce vœu vous est connu, il faut que le peuple vous
« dise, qu'il a recours à un moyen extrême et hors de la loi.
« Et qu'il vous réponde de ceux qu'il vous propose, qu'il reçoive
« leur serment de garder le secret, et qu'il fasse peser sur
« eux la responsabilité sous laquelle vous administrés, et que
« l'on y fasse bien attention dans le danger qui menace une
« ville lorsque l'ennemi est à ses portes, vous ne devenez plus
« qu'administrateurs d'exécution, vous n'êtes plus que les confi-
« dents de l'autorité à laquelle la loi fait passer tous vos pou-
« voirs : vous recevez des secrets sous la foi de vos serments,
« ces secrets par conséquent n'appartiennent qu'à ceux de qui
« le serment en assure l'inviolabilité.

« Je soumets ces réflexions préliminaires à votre sagesse et je
« demande quel qu'en soit le résultat qu'il soit tenu procès-
« verbal de votre délibération. »

Et après une ample discussion a été arrêté de passer à l'ordre du jour.

Est arrivé un courier extraordinaire porteur de dépêches du Comité du Salut public, lecture faite d'ycelles, a été reconnu que c'étoit un mandat sur le paieur de la guerre qui met à la disposition de la municipalité une somme de cent mille livres pour continuer les travaux pour l'équipement des troupes et effets de campement.

Et une lettre du citoyen Carnot membre du dit Comité qui annonce l'envoi du mandat et prévient qu'il a parlé le Ministre de l'Intérieur pour accorder à la ville le remboursement des deux cents sept mille livres qu'elle a avancée à l'hopital.

A été arrêté d'écrire au citoyen Carnot pour lui marquer la reconnaissance de la Commune, et lui faire part du moment critique dans lequel se trouve la ville.

Le citoyen Maire a annoncé que la séance étoit levée.

Vers les cinq heures s'est présenté le citoyen Toustain ordon-

nateur civil de la Marine par intérim, qui a représenté que n'aiant que quatre hommes de garde près les magazins de la Marine qui sont mal armés il seroit à propos de renforcer cette garde ou au moins de faire patrouiller très fréquemment dans les environs des magazins de la Corderie, s'y trouvant des chanvres et des matières combustibles; a été arrêté de recommander aux Chefs de la force armée d'y faire patrouiller fréquemment tant de jour que de nuit.

Sur la proposition faite de mettre en requisition les chevaux de fiacres pour être emploiés à mettre en sureté les effets des habitants de Rosendale.

A été arrêté de mettre en requisition tous les chevaux qui se trouvent en ville.

Le citoyen Pauwels, Capitaine de la Garde nationale citoyenne, a amené un homme de sa Compagnie et s'est plaint de son insubordination et des propos qu'il a tenu et sur le rapport du Commandant du bataillon a été arrêté de mettre ce particulier en arrestation.

A l'instant le citoyen Duriez, officier municipal a dit qu'il venait de près de Bergues, qu'il y avoit vu entrer deux trompettes ennemies probablement pour sommer la ville.

S'est présenté le citoyen Querangal Receveur du Bureau de la Douane nationale situé en la Basse-ville de cette ville qui a exposé avoir des fonds à la République provenant de sa recette montant à cinquante mille livres, que désirant les mettre à couvert il demandait à les déposer dans la Caisse municipale; a été répondu au citoyen Querandal que s'il avait des craintes, qu'il pourroit déposer ses fonds en faisant l'énumération des Assignats.

A été annoncé par un particulier qu'il venoit d'apprendre d'un fermier que les ennemis s'étaient avancés jusqu'à la ferme nommé Le Crayhof le long du pavé de Bergues.

Vers les six heures le Tourrier est venu annoncer qu'il venoit devoir à la droite d'Oyenkerque un Corps de troupe en

bataille qu'il avait vu aussi de la cavalerie aiant des manteaux blancs.

Qu'il n'avoit rien remarqué du côté de Bergues.

A été arrêté d'informer sur le champ le Général Omeara du rapport du tourrier et d'en faire part aux administrateurs de la Marine.

A l'instant une ordonnance a apporté une Lettre du Général Omeara qui marque d'envoier des Commissaires dans la Campagne pour faire entrer dans la place les vivres et bestiaux. A été arrêté de communiquer à l'instant cette Lettre au Conseil de guerre assemblé.

Vers six heures et demie le Conseil de Guerre a fait passer son arrêté pour envoier quinze chasseurs à cheval et quinze cavaliers de la Garde nationale accompagnés d'un Commissaire dans les fermes depuis Ghyvelde jusqu'à Dunkerque pour faire amener les bleds et fourrages; En conséquence de cet arrêté le Conseil Général a nommé pour Commissaire le citoyen Vandewalle officier municipal, et l'a autorisé à faire au besoin toutes les requisitions qu'il jugera nécessaires, aux municipalités de l'arrondissement et de protéger avec la force armée les opérations qui lui sont confiées et pour les accélérer le citoyen Thiery ancien Maire a été requis de fournir son cheval de selle.

Vers les sept heures s'est présenté le citoyen Naninck qui a rapporté qu'il venait de quitter le Général Omeara qui lui avait dit qu'il était informé que l'ennemi était en bataille au delà de la maison Rouge et que des tirailleurs se trouvaient à Teteghem et qu'il croioit qu'il devrait lever le camp pour l'approcher de Dunkerque.

Vers sept heures et demi s'est présenté le citoyen Josselin un des administrateurs de District qui a dit que l'Ennemi avait fait sommer la ville de Bergues et que le commandant y avait répondu à la sommation par un refus.

Vers huit heures s'est présenté le citoyen Daele qui a déclaré

demander au nom de ses concitoyens l'exécution de la loi relative aux Etrangers.

Il lui a été répondu que la loi, n'étant pas encore parvenue officiellement, n'avait pas été exécutée, qu'au moment ou les députés l'ont requise et ont déclaré passer à cet égard le principe Général : que le Requisitoire du Procureur de la Commune a été donné de suite le Renvoi pour les renseignements sur le compte des Etrangers demandés aux Comités chargés de cette partie par la loi du vingt un Mars dernier, que ce travail est parvenu ce soir et que demain la loi serait exécutée.

A huit heures trois quarts le Conseil de guerre a envoié une députation des citoyens Petit, Bon et d'Augustin qui a fait part que la ville était déclarée en Etat de Siège.

A l'instant s'est présenté le tourrier a annoncé qu'il a vu tirer plusieurs coups de fusils et un coup de canon à la hauteur du camp de Ghyvelde au moment où il répondait au signal de la Rade.

Vers neuf heures et demi s'est présenté le tourrier qui a annoncé avoir entendu tirer quelques coups de fusils ; et qu'il n'a rien vu depuis.

Un officier du fort français s'est présenté à dix heures et a dit qu'il n'y avait point de vivres pour demain quoique l'ennemi soit autour du fort, il a été renvoié au commandant temporaire en lui observant cependant qu'il trouvera toujours dans le Conseil les secours qu'il demande de lui.

A été annoncé au commandant temporaire qu'il se trouve chez Vanhille quatre cents livres de pain cuit qu'il offrait.

A été arrêté de faire défenses de laisser sortir les enfants des barrières.

Vers les dix heures et demi la séance étant publique le citoyen Maire a rendu compte de tous les avis reçus, et que des députés du Conseil de guerre étaient venus annoncer que la ville était en Etat de siège, et au nom du Conseil l'a proclamé ainsi.

Sur la demande du Conseil de guerre tendante à ce qu'il lui

fut adjoint deux de ses membres il a été procédé à leur nomination par appel nominal, et les citoyens Duriez, officier municipal et Camus notable ont été nommés, lesquels ont été prévenus qu'ils n'avaient que voix consultative.

Un caporal venant du camp a dit qu'il conduisait trois personnes qui avaient été arrêtés au camp pendant qu'on était aux prises avec les ennemis, a été arrêté qu'ils seraient mis en arrestation séparément pour être remis au Conseil de guerre.

Le Procureur de la Commune a fait lecture de la loi sur les places déclarés en Etat de siège ; et le Maire a dit, que, quoique le Conseil général voit ses pouvoirs diminués il concourerait toujours de tout son pouvoir à la défense de la place et déférerait aux requisitions que lui ferait le Conseil de guerre.

Le citoyen Colnet, adjudant de la Garde nationale citoyenne a fait rapport qu'aiant disposé le troisième bataillon pour faire le service, le citoyen Hypolite Le Danois avoit fait des motions en disant qu'il ne marcherait que lorsque tout le monde marcherait, après avoir entendu ce particulier, considérant que les chefs doivent être respectés, a été arrêté de le renvoier après l'avoir semoncé.

Vers onze heures et demi, le tourrier a fait rapport que depuis dix heures et demi jusqu'à onze heures ses camarades ont vu tirer plus de trois cents coups de fusil au camp de Ghyvelde et qu'au moment ou il descendoit la tour on tirait encore.

Le citoyen Salomez officier municipal a été nommé pour conférer avec la municipalité de Coudekerque pour qu'elle engage les jardiniers à apporter en ville toutes les légumes possibles.

S'est présenté le citoyen Courtin contrôleur à Milbrugghe qui a rapporté qu'il s'étoit sauvé de chez lui au travers des fossés, qu'il étoit arrivé à Milbrugghe environ trois à quatre cents hommes anglais qu'ils traitaient les citoyens très humainement et que s'il avait trois cents hommes il les prendrait tous, d'après ce rapport a été arrêté de le renvoier au Conseil de guerre.

Un volontaire du poste du port est venu annoncer qu'un vo-

lontaire se présentait à la barrière pour remettre une dépêche il a été renvoié au Conseil de guerre.

23 Août.

Du vingt trois août continuant la permanence, après minuit sont arrivés deux blessés du camp qui ont été renvoiés à l'hôpital.

Vers une heure et demie le tourrier est venu annoncer qu'il venait de voir Elever un feu au Ballon des dunes, et qu'il ne connaissait pas ce signal et que probablement c'est un signal ennemi.

S'est présenté le citoyen Farconnet, Ingénieur qui a annoncé que le Camp s'est levé et qu'il se trouvait présentement devant la Campagne du Citoyen Devinck et que la Garde nationale devra se trouver sur les Cavaliers et en avant avec des Canonniers.

Vers les deux heures est arrivé le citoyen Wattel Cavalier de la Garde nationale qui a annoncé l'arrivée d'une partie de bled en gerbes et bestiaux venant de la frontière. En conséquence a été pris des dispositions pour mettre ces objets à couvert.

Ledit Citoyen Wattel a aussi rapporté que le batardeau de Zuydcoote était rompu, il en a aussitôt été donné avis au Conseil de guerre, qui a ordonné l'ouverture de l'Ecluse de Kesteloot afin de profiter du restant de la marée de cette nuit.

D'après la requisition du Conseil de Guerre le Conseil général a fait une proclamation pour défendre aux femmes et enfans de se trouver dans les rues après la retraite ou lorsque la Générale seroit battue et contenant d'autres dispositions relatives aux circonstances.

Le citoyen Van de Walle officier municipal de retour de sa mission a dit qu'il a fait tous ses efforts pour obliger les paysans a rentrer tout ce qu'ils pourraient, que déjà des voitures devaient être arrivées et qu'il avait suivi l'armée dans sa retraite.

Vers les quatre heures a été fait rapport qu'il se trouvait une grande quantité de soldats à la barrière de Nieuport, aussitôt il en a été fait part au Conseil de guerre qui a fait renforcer le poste de la dite barrière pour empêcher toute entrée.

Un instant après est arrivé le Commissaire des guerres Hebert qui a annoncé que les équipages de l'Armée étaient à la barrière pour entrer en ville, qu'il y avait aussi de l'Artillerie. En conséquence et pour prévenir les troubles a été arrêté d'ordonner à un bataillon de la Garde Nationale citoyenne de prendre les armes pour renforcer ce poste.

A quatre heures le Conseil de guerre a levé la séance.

Vers les 4 heures et demi, aiant remarqué qu'il y avait apparence de pluie le citoyen Hardy, a été requis d'enlever et faire mettre en magasin les Bleds en gerbes qui se trouvent sur la place de l'Egalité.

Informé qu'il se trouvait une colonne de l'armée devant la barrière de Nieuport avec trois à quatre pièces de canon et qu'ils murmuraient sous prétexte qu'ils n'avaient point de pain, persuadé que c'était plutot l'envie d'entrer en ville que le manque de pain puisqu'il ne leur a pas encore manqué, et qu'il leur allait en être fourni à l'instant, il a été fait requisition au Général Oméara de les faire aller au camp ou ils ont certainement besoin avec leurs canons.

A six heures le Tourrier s'est présenté et a dit qu'il ne voioit pas jusqu'à Zuydcoote mais qu'il avait reconnu notre camp à Leffrinckhoucke.

Vers les sept heures, a été fait requisition au citoyen Hardy de délivrer ce jour aux boulangers trois cents razières de bled des magasins d'approvisionnements pour la consommation des habitans.

A été fait requisition aux commandants des postes des barrières de laisser entrer et sortir de la ville toutes personnes apportant des commestibles et les paysans qui sauvent leurs meubles et effets.

Vers sept heures et demi on est venu faire rapport que l'ennemi était à un quart de lieue de cette ville, et à l'instant il en a été fait part au commandant pour faire battre la générale.

S'est présenté le tourrier qui a annoncé avoir vu avancer une colonne ennemie du coté de l'Estran, qui au moment de l'approche des canonniers, s'est porté dans les dunes à la hauteur du Fort de Leffrinckhoucke.

A l'instant le commandant d'artillerie a requis six voitures attelés de deux chevaux et six traineaux attelés d'un cheval pour se trouver à l'instant à l'arsenal.

A été arrêté que des commissaires se transporteront en ville pour engager les femmes de rester chez elles et d'y retenir leurs enfants.

A été arrêté de faire sonner le tocsin et battre la générale.

Sur la demande du tourier a été écrit au citoyen Toustain administrateur civil de la Marine de lui faire connaître les signaux convenus avec le citoyen Castegnier commandant en rade.

Le citoyen Vigreux adjoint-secrétaire de la municipalité a observé que la générale étant battue il était obligé de se rendre à sa compagnie. Considérant que les occupations multipliées ne permettent pas qu'il quitte son poste ou il doit se trouver comme fonctionnaire public, a été arrêté qu'il ne pouvait quitter son poste et qu'il lui sera délivré extrait du procès-verbal.

Vers huit heures le tourrier est venu annoncer qu'il voioit arriver beaucoup de troupes le long de la digue, qu'il avait vu pareillement beaucoup de chariots qui suivaient, et qu'on avait vu tirer un coup de canon du Fort de Leffrinckoucke.

A été arrêté que conformément à la loi on ne pouvait forcer les boulangers à quitter leurs fours pour prendre les armes.

Le citoyen Josselin s'étant présenté à l'assemblée il a été requis d'y rester et d'en faire part au District dont il est membre.

Se sont présentés plusieurs marins demandant des armes, leur aiant été observé qu'ils peuvent être utiles au canon, ont dit

qu'ils sont prêts de s'y rendre, mais qu'ils demandent qu'on leur fournisse au moins des sabres.

Le tourier est venu annoncer que le camp de Leffrinckhoucke était détendu, qu'il avoit vu tirer plusieurs coups de canon du Fort et qu'il avait vu descendre l'ennemi dans l'emplacement du camp de Ghyvelde.

A été enjoint au chef de Légion de donner ses ordres pour qu'on ne retire pas les boulangers de leur travail.

A été arrêté de requérir le préposé aux subsistances de redoubler sa cuisson afin de fournir du pain aux habitants en cas de besoin.

S'est présenté le citoyen Toustain qui a dit qu'il se trouvait quelques ressources en armes dans les magasins de la Marine, et offrait de les fournir, et qu'il avait donné des ordres pour les délivrer.

Sur la réquisition de l'Equipage du Corsaire commandé par le capitaine L'Hermite celui-ci s'est chargé de leur fournir des armes.

A été arrêté de requérir le Chef de la Légion de former un corps de réserve d'au moins deux cents hommes non armés pour être employés au besoin aux pompes.

S'est présenté le tourrier qui a annoncé que trois maisons brulaient du côté de Bierne.

Le citoyen Josselin a observé qu'il croioit à propos d'envoier les voitures du côté de Grande Sainte et Tornegat pour ramasser des fourrages et vivres.

Arrêté qu'il était à propos d'en faire la proposition au Conseil de guerre actuellement assemblé.

A été amené un Gendarme pris de boisson par les chasseurs pour être remis à la disposition du Commandant temporaire a été arrêté de le mettre en état d'arrestation.

Sur l'avis donné que Louis Hermel demeurant à la Citadelle

avait chez lui des fusils, a été arrêté que le citoyen Liébaert se présenterait sur le champ chez le dit Hermel pour s'en assurer.

A neuf heures un quart le Maire a annoncé qu'il venait de voir la Garde Nationale citoyenne sous les armes et sur le terrain qui leur avait été indiqué qu'il a applaudi au courage des uns, animé les autres et qu'il a eu la plus grande satisfaction de voir leurs bonnes dispositions; qu'il a visité plusieurs postes, qu'il lui a été fait des plaintes qu'il manquait des cartouches et des boëtes à mitraille aux canons, qu'il en a fait rapport au Conseil de guerre. Le Commandant d'Artillerie a donné ordre sur le champ d'en délivrer aux Canonniers.

Le Capitaine du port s'est présenté et a observé qu'il était à propos de placer une pompe aux incendies sur le port. En conséquence a été arrêté d'ordonner aux citoyens Morel de fournir sur le champ une pompe à feu.

A été annoncé au Particulier qui avait été arrêté dans les avancées, par une patrouille qu'il a été arrêté de le tenir en arrestation jusqu'à plus ample information.

Lecture faite d'une Lettre du District de Bergues annonçant les périls de Bergues et demandant des canons de Campagne.

A été arrêté de la renvoyer au Conseil de guerre.

Vers le quart de dix heures le Tourrier est venu avertir qu'il a vu défiler la Cavalerie par le pont de Leffrinckhoucke vers la mer qu'il a entendu plusieurs coups de canon.

Des gendarmes ont amené le citoyen Grégoire qu'ils avaient arrêté chez lui, a été arrêté sur sa demande de lui accorder un permis de retourner à la campagne chercher sa femme et sa sœur.

A la demande du Conseil de guerre de fournir une bélandre avec un cheval pour transporter des vivres au fort de la Liberté le long du chemin de Bergues, En conséquence les bélandriers ont été requis de fournir sur le champ la bélandre.

Sur la proposition d'un membre de former un comité qui se retirera au greffe pour entendre à toutes les demandes des particuliers et d'y répondre sauf à faire leur rapport à l'assemblée, a été

arrêté d'établir ce comité et à cet effet les citoyens Delbaere, Lieven & Gourdin ont été nommés.

Le citoyen Liebaert a fait rapport qu'il a été chez le citoyen Hermel à la Citadelle qu'il avait trouvé chez lui huit fusils et quelques paires de pistolets, qu'il avait pris des arrangements avec le commandant du septième bataillon de la Garde nationale pour en faire l'usage qu'il jugerait nécessaire.

A été fait rapport par Brouw commandant de bataillon qu'il n'avait pas trouvé les clefs d'une poterne n° 6 qu'on avait été obligé d'abattre la serrure pour établir le pont de communication, a été arrêté qu'il ferait rapport au Conseil de guerre.

Le citoyen Delaly est venu annoncer qu'il a vu chez plusieurs Boulangers que leurs boutiques étaient dégarnis et sur les représentations par lui faite les Boulangers ont dit qu'ils avaient du pain dans le four et que les habitans l'enlevaient aussitôt qu'il sortait du four.

Le citoyen Duflos est venu annoncer qu'il a visité les Écluses que les eaux étaient montées et demandait des ordres pour la continuation. Lui a été dit que le Conseil n'avoit pas des ordres à donner, & qu'il devait se rendre au Conseil de guerre.

Le Procureur de la Commune est venu faire rapport que le citoyen Lanoue a fait éclairer jusqu'à Bergues que le chemin est libre et que chaque fois qu'il y aura quelques rapports inquiétans on n'a qu'à le prévenir qu'il fera éclairer.

A été remis un ordre du Conseil de guerre de délivrer les fusils, sabres et Pistolets qui se trouvent dans les Magazins de la Marine, sur la demande du chef de Légion de la Garde Nationale citoyenne sur la responsabilité.

A été remis une réquisition du Conseil de guerre de faire fabriquer des cuillières pour ramasser les Boulets rouges, a été arrêté de donner des ordres pour la fabrication & le citoyen Le Roy notable a été chargé de l'exécution.

A été fait rapport qu'un pêcheur avait vu sur les hauteurs de

Zuydcoote une colonne d'environ quatre mille hommes arrêté d'en faire part au Conseil de guerre.

Le citoyen Maeyeur, charpentier chargé de la part du préposé aux subsistances de mettre en état des moulins à bras a demandé qu'il lui fut donné la permission d'aller travailler avec les ouvriers qu'il peut avoir besoin. En conséquence dispensé de se trouver sous les armes, a été arrêté de lui donner la réquisition attendu la grande urgence.

Vers dix heures & demi a été amené par un Gendarme un homme portant l'uniforme de la Légion Batave, qu'il a déclaré avoir trouvé dans les dunes près la Tente verte a été arrêté de le mettre en état d'arrestation.

S'est présenté un chasseur d'ordonnance venant de Bergues & a rapporté que des canonniers avaient mis le feu à plusieurs maisons autour de Bergues, que le passage était encore libre lors de son départ et que les ennemis occupaient Bierne, Steene, Grand & petit Milbrugghe.

Le chef de Légion est venu représenter qu'il y avoit beaucoup de plaintes de la part des chefs de bataillon que plusieurs volontaires manquaient, & qu'ils demandaient à les faire chercher.

A été arrêté que les chefs de bataillon remettraient les états de ceux qui manqueraient au chef de Légion qui constaterait les motifs de leur absence.

Le citoyen Salomez, officier municipal est venu faire rapport que le citoyen Laffon chargé de fournir quatre cents boëtes de mitraille, se voiait exposé à manquer au service ses ouvriers aiant été forcés de prendre les armes, Considérant qu'il est urgent de préparer ces boëtes a été arrêté que les ouvriers qui lui sont nécessaires seront dispensés de prendre les armes.

Vers onze heures a été fait rapport qu'il se trouvait aux barrières plusieurs voitures attelées, que les chevaux n'avaient pas eu à manger depuis plus de douze heures faute de fourrages. Considérant qu'on ne peut laisser périr les chevaux dont on a un grand besoin a été arrêté d'engager le Conseil de guerre de donner ordre de fournir des fourrages.

Sur ce qui a été observé que plusieurs habitans des Campagnes aiant amené des bestiaux en ville n'avaient point de fourrages pour les nourrir et demandaient à les transporter du côté de Gravelines a été arrêté d'en référer au Conseil de guerre.

A été arrêté de proposer au Conseil de guerre de faire une proclamation & d'y annoncer que les femmes, enfans & vieillards pourraient sortir de la ville & qu'il leur serait fourni des passeports & voitures.

A été arrêté de représenter au Chef de la Légion qu'il serait à propos de faire relever les bataillons de la Garde nationale citoyenne qui ont bivaqués, pour les laisser reposer & le citoyen Vausse s'étant rendue à l'assemblée lui a été fait part de l'arrêté ci-dessus.

Vers onze heures & demi le citoyen a fait rapport relativement à l'inondation a été arrêté de communiquer le rapport du Conseil de Guerre.

Le citoyen Lefebvre Grenadier accompagné de plusieurs de ses camarades s'est présenté pour demander la permission au nom de neuf compagnies des Grenadiers de faire une sortie sur les ennemis, a été arrêté de faire mention honorable de leurs offres, mais leur a été observé que le Conseil ne pouvoit donner des ordres, qu'ils doivent s'adresser au Conseil de guerre, s'y étant rendus, sont rentrés et ont dit avoir obtenu la permission, qu'ils allaient se choisir un chef, le Maire leur a représenté que leur ardeur était d'une bonne augure qu'il la voioit avec la plus vive satisfaction, mais les prioit de se modérer que le calme était nécessaire, que leurs services pouvaient devenir très nécessaires & qu'ils devaient se réserver pour les rendre dans le besoin.

Le citoyen Braquehaye est venu offrir ses magasins & a prié le Conseil d'en disposer lorsqu'il le jugeroit à propos a été arrêté d'accepter l'offre et d'en faire mention honorable.

Vers midi le citoyen Farconnet s'est présenté et a annoncé qu'aiant été au dehors il a appris qu'il n'y avait qu'environ quinze cents chevaux et de l'Infanterie.

A été arrêté, vu la multiplicité des occupations graves du Conseil général de la commune, de renvoier aux chefs de la Garde nationale pour prononcer sur tous les délits relatifs au service.

Vers une heure et un quart a été apporté par un adjudant de la trente deuxième division des Gendarmes une lettre qu'il a dit lui avoir été remise par un Général anglais ainsi qu'une lettre pour le Général Omeara, ouverture faite d'ycelle, a été reconnu qu'elle était du Duc de York, datée du quartier général de l'armée combinée devant Dunkerque, le vingt trois août conçu en ces termes :

« L'amour de l'humanité qui caractérise la nation anglaise,
« me fait chercher toutes les occasions de diminuer les fléaux
« de la Guerre, cette puissante considération, l'insuffisance des
« moyens que vous avez de résister à l'armée formidable que je
« commande, qui entrainerait, si vous aviez la folle prétention
« de vous y livrer, l'anéantissement de votre ville et la destruc-
« tion du peuple nombreux qui l'habite, Exposé à toute la fureur
« du soldat, m'engage à vous sommer de vous soumettre aux
« armes victorieuses de Sa Majesté Britannique, Et de recevoir
« une Capitulation qui, en vous faisant profiter des avantages et
« des douceurs que le gouvernement de la grande Bretagne offre
« à tous les peuples qui vivent sous ses lois, ramenera le bon-
« heur et à l'abondance dans une ville autrefois florissante ;
« mais qui gémit maintenant sous le poid des calamités qui l'ac-
« cablent.

« Je dois vous prévenir en même tems que si vous étiez
« assez aveuglé pour vous refuser à une proposition qui me dicte
« le seul désir d'épargner le sang humain, si vous écoutiez au
« contraire les conseils funestes de ceux qui cherchent à vous
« égarer et qui sacrifieraient l'existence de votre ville à leur in-
« térêt particulier, je n'employerais plus alors que la force irré-
« sistible des armes et à la douceur qui me guide dans ce moment
« succèdera l'extrême rigueur de la Guerre dont Valenciennes a
« senti les Effets et qui pourroit être encore plus terrible pour la
« ville de Dunkerque dénuée de défense.

« Je vous accorderai un délai de vingt quatre heures pour

« recevoir votre réponse. Signé Fréderick Duc de York Com-
« mandant l'armée combinée devant Dunkerque. »

Vers les deux heures les citoyens Lefebvre grenadier, Dufour et De Rousseau canonniers ont avec le citoyen Landais adjudant de la Place, amené un gendarme qu'ils ont accusé d'avoir dit au Caffé de la Providence que toute la municipalité de Dunkerque étaient des Matins et qu'il aurait fallu faire des Dunkerquois un second dix Août, à quoi ce gendarme a répondu qu'il n'avait pas tenu ces propos, en ajoutant qu'il était singulier, pour un propos qu'un citoyen auroit pu lâcher qu'on étoit si severe, a été arrêté de mettre ce gendarme provisoirement en arrestation et qu'il en serait fait rapport au Conseil de guerre.

Vers les deux heures & demi, s'est présenté le citoyen Mallier adjoint adjudant général chargé de faire mettre en état les armes, piques, &ᵃ et demandait des ouvriers, lui a été observé que la ville étant en état de siège et tous les bras étant nécessaires pour la défense de la place il étoit impossible de lui procurer des ouvriers.

S'est rendu à l'assemblée le citoyen Josselin un des administrateurs du district de Bergues qui a été invité à prendre séance et à ne pas quitter le Conseil.

Vers les trois heures le citoyen Goyer, capitaine de la Garde nationale citoyenne a fait rapport qu'aiant été tiré un coup de pistolet du quartier Bourgeois il s'était porté au quartier & avoit trouvé dans une chambre un pistolet qu'il avait enlevé et que des femmes qui s'y trouvaient avait dit que c'étoit l'imprudence d'un jeune homme qui s'y était trouvé & qui était parti.

Le tourier est venu annoncer qu'il y avait au moins trois bataillons dans les Dunes et qu'il a remarqué qu'ils étaient habillés de gris & que d'autres troupes se plaçaient derrière la campagne du citoyen Devinck à la droite du canal de Furnes.

Le particulier qui avait tiré le coup de pistolet aiant été amené, il a observé qu'ignorant qu'il étoit chargé, il avoit essayé s'il faisait feu & qu'il avoit été surpris en le voyant partir. Considé-

rant qu'il ne paraît pas qu'il avoit tiré de propos délibéré a été arrêté de le renvoier en lui enjoignant d'être plus circonspect à l'avenir.

Sur les représentations faites par le citoyen Van Rycke Etapier que n'aiant pas touché des fonds et étant considérablement en avance il ne pouvait plus continuer le service, considérant que ce service ne peut cesser a été arrêté qu'il sera fait une avance à l'Étapier d'une somme de trois cents livres, et qu'à cet effet il lui sera expédié une ordonnance sur la caisse de la Commune.

Aiant été fait lecture de la lettre du Duc de York portant sommation de rendre la ville, Le Maire a dit qu'il s'agissoit de délibérer si l'on y répondrait ou non, si on rendroit la lettre publique, ou si on la renverroit au Conseil de guerre.

A été arrêté qu'avant de discuter les points, le Maire se rendrait au Conseil de guerre pour demander son opinion.

Au même instant le citoyen Lefebvre commandant du huitième bataillon a dit que des hommes d'une compagnie de son bataillon s'étant présenté chez le citoyen Lea demeurant à la citadelle, sa femme leur avait dit qu'il n'y était pas qu'il était en ville, que ces hommes étant retournés de nouveau le citoyen Lea s'esquiva mais fut arrêté au moment qu'il franchissait la muraille, qu'aiant visité la maison ils y trouvèrent un fusil & une espingole chargés qu'ils ont enlevé et apporté à la maison commune.

Le dit Lea entré en Chambre, la dénonciation aiant été répetée devant lui en anglais a été arrêté de le mettre en état d'arrestation.

Vers trois heures & demi, le Maire a dit qu'il a communiqué au Conseil de guerre la lettre du duc de York et aiant eu lecture de celle adressée au Commandant temporaire qui est dans les termes plus impératifs, il a déclaré que le Conseil de guerre étant investi de tous les pouvoirs il avoit remis la lettre sur le Bureau et demandé que le Conseil délibérat & donnat réponse au Conseil de la Commune dans l'heure.

Le citoyen Lanoue Commandant des chasseurs s'est présenté

au Conseil et a rapporté la lettre en disant que le Conseil de guerre avait décidé qu'on devoit la rendre publique qu'il seroit injurieux à la Commune de la tenir secrète, en même tems a communiqué la lettre du duc de York adressée au Commandant temporaire dont lecture a été faite.

Vers les quatre heures s'est présenté le citoyen Deconinck Éclusier de l'Écluse de Bourbourg qui a observé que les Eaux ont passées par dessus les portes de l'Écluse et qu'on pourrait empêcher le mélange de ces eaux en plaçant des poutres, il lui a été dit de se concerter soit avec le citoyen Farconnet ou Verbrugghe Éclusier de l'Écluse de Bergues.

Sur la proposition faite de délibérer sur la lettre du duc de York a été arrêté de suspendre toute discussion jusqu'à ce qu'on sera informé de la réponse du Conseil de guerre.

A été arrêté que la lettre ne seroit rendue publique, que lorsqu'on connaîtroit la réponse du Conseil de guerre, et néanmoins a été arrêté d'opposer la résistance la plus vive aux armes des Ennemis.

Le Tourrier est venu annoncer qu'il présumoit que le citoyen Castagnier avoit découvert les ennemis, qui venoit de s'embosser après avoir tiré un coup de canon du calibre de six.

A été arrêté de prendre cette Notte que le citoyen Le Noue étoit convenu que la position des ennemis étoit celle qu'auraient du prendre notre armée & que, c'avoit été son intention.

Vers quatre heures et un quart le Maire s'est rendu au Conseil de guerre pour communiquer l'intention du Conseil relativement à la sommation faite à la ville qui est de se référer à la réponse du général Omeara.

23 Août.

QUART avant cinq heures un gendarme a amené quatre prisonniers allemands et a déposé trois fusils & quatre gibernes, en disant qu'ils pouvaient servir à armer de bons Républicains.

Le citoyen Desvignes Secrétaire du district de Bergues a annoncé qu'il vient du dit lieu et que les volontaires font des sorties fréquentes.

Vers cinq heures et un quart ont été amenés deux prisonniers de guerre sous la conduite du citoyen Mandrillon, adjudant de la trente deuxième division de la Gendarmerie Nationale et du citoyen Boulard Gendarme de la même division qui les avoit pris.

Il a été fait rapport que le peuple excité par la malveillance, et par les propos d'un officier des volontaires nationaux soldés vouloit se porter à des Excès, que le Procureur de la Commune l'avoit arraché à sa fureur l'avoit enveloppé de son écharpe & l'amenoit pour le confier entre les mains de la municipalité à la sauvegarde de la loi.

Le Procureur de la Commune entendu sur ces faits a déclaré qu'ils étaient vrais et a ajouté que le Courage et le zèle des Citoyens Mandrillon et Boulard ont secondé ses efforts et il a demandé qu'il fut fait mention honorable de la Conduite de ces deux braves militaires.

Et sur le champ plusieurs voix sorties des Tribunes ont demandé qu'il fut déclaré que le Procureur de la Commune avait bien mérité de la Patrie et de la Commune par sa conduite ferme et vigoureuse.

Le Maire aiant mis ces deux propositions aux voix, il a été unanimement arrêté que le Procureur de la Commune avoit bien mérité de la Patrie et de la Commune et que les citoyens Mandrillon et Boulard s'étaient conduits en bons et loyaux républicains français.

Et comme les prisonniers faits par Boulard avaient été pris les armes à la main et que le citoyen Boulard a déclaré faire don à la nation de ces armes, Le Maire a offert à ce brave gendarme au nom de la Commune une gratification de Cent livres qu'il a refusée en disant que la récompense était dans la satisfaction d'avoir fait son devoir ; le Procureur de la Commune a

requis que mention honorable fut faite au procès-verbal de la Conduite vertueuse et loyale du gendarme Boulard et que pour marque de la fraternité et de l'union, que la Commune voulait contracter avec les Corps de la Gendarmerie nationale citoyenne, il requerait que le Maire donnat aux citoyens Mandrillon et Boulard au nom de la Commune de Dunkerque le baiser fraternel, et qu'insertion du tout fût fait au procès-verbal dont Extrait serait envoié aux Corps de la Gendarmerie sous la place.

Cette réquisition a été adoptée et le Maire a donné le baiser fraternel aux citoyens Mandrillon et Boulard au bruit des acclamations et des applaudissements d'une grande foule de citoyens présents.

A été arrêté de proposer au Conseil de guerre une proclamation par laquelle il seroit dit que tout citoyen qui s'aviseroit de porter la main sur des prisonniers de guerre serait puni de mort.

Vers six heures des particuliers sont venus annoncer que l'ennemi s'avançoit jusqu'à la Corderie.

Sont arrivés trois canonniers qui ont dit qu'une forte colonne s'avance sur la ville que l'Ennemi était à la veille d'entrer, que c'était une forte colonne qui avançoit et qu'il paraissoit d'après l'indolance avec laquelle on agit, que nous sommes trahis. En conséquence et puisque le Conseil de guerre n'agissait pas a été arrêté de faire battre la Générale.

Le citoyen La Noue commandant des chasseurs s'est présenté et a demandé pourquoi on battait la générale, lui a été répondu que les rapports continuels donnant les plus grandes inquiétudes puisqu'on assure l'ennemi à moins de douze cents toises de la ville, et qu'il ne paraît pas que le Conseil de guerre se disposoit à agir, les citoyens s'étaient portés en foule au Conseil pour se plaindre de l'inaction. A l'instant le Procureur Sindic du district s'est présenté à l'assemblée.

Sur ce qui a été observé par un membre du Conseil que malgré les requisitions faites aux charretiers de tenir leurs chevaux

prêts à marcher sur les ordres qui leur seraient donnés, ils les emploiaient à aller chercher des futilités dans le Rosendale.

Voulant empêcher de pareils abus a été arrêté de faire défense aux chartiers d'emploier leurs chevaux que sur les ordres du Conseil.

Sur le rapport fait que des Suédois s'étaient avisés de hisser le pavillon sur leur navire, qu'on leur avoit fait défense, mais aiant ressidivé, la garde l'avoit arrêté et conduit près la maison Commune, a été arrêté de les mettre en état d'arrestation.

Le Procureur Sindic a dit que n'aiant pu fournir à Dunkerque le Bled promis par les raisons dont il avoit cy-devant fait part, le district avait écrit de tout côté et commis le citoyen Marin l'un des administrateurs de faire faire diligence pour la fourniture du bled.

Sur la proposition du citoyen Maire a été arrêté de prier les membres du district de se rendre en cette ville pour y former une administration.

Vers sept heures s'est présenté le citoyen Poindon, Commandant de l'avant-Garde des grenadiers qui a dit que ses grenadiers se sont battus depuis quatre heures, qu'ils se trouvent dénués de tout secours demande qu'on y fasse transporter du vin bierre ou eau-de-vie & a aussi demandé vingt paires de soulliers pour les grenadiers à qui il en manque.

A été arrêté qu'on fera toutes les démarches pour faire fournir ces secours et que le Comité militaire fournira les soulliers.

A aussi été arrêté d'envoier cinq tonnes de moienne bierre à l'avant-garde aux dépens de la Commune et le citoyen Vandenbussche a été chargé de fournir sur le champ.

Vers sept heures & demie s'est présenté le tourrier qui a annoncé qu'on tire continuellement jusqu'au bord de la mer.

A été arrêté d'observer au Conseil de guerre qu'il paraît urgent de faire une proclamation pour faire respecter les prisonniers qu'on pourrait faire sur l'ennemi et amener en ville, sous les peines qu'il jugeroit a propos.

Arrêté d'écrire à la municipalité d'Ardres pour avoir des avoines et d'y députer le citoyen Chartier officier municipal.

Lecture faite de la réponse du général Omeara à la sommation conçue en ces termes :

« Investi de la confiance de la République française, j'ai reçu
« votre sommation de rendre une ville importante j'y répondrai
« en vous assurant que je saurais la défendre avec les braves
« Républicains que j'ai l'honneur de commander. »

D'après cette réponse a été arrêté de ne pas répondre par la municipalité motivé sur ce que la réponse faite par le général Omeara s'accorde avec les sentiments des citoyens de cette Commune.

Vers huit heures un quart la Compagnie des grenadiers du septième bataillon de la Garde nationale citoyenne s'est présentée demandant à faire une sortie sur les ennemis leur a été observé qu'on ne pouvait pas les autoriser, qu'ils devaient se rendre au Conseil de guerre.

Est arrivé le citoyen Courtin venant de Grand Milbrugghe a dit que les forces n'y étaient point augmentées si ce n'est de douze hommes de cavalerie.

La nuit a été assez tranquille.

Août 24.

Le vingt quatre août sept heures du matin, a été ordonné de Conduire à la Campagne du Côté de Gravelines les bestiaux qui sont aux capucins, le citoyen Le Roy a été chargé de l'exécution.

Le citoyen Farconnet a requis de réunir le plus de charpentiers possibles pour couper les arbres.

Vers sept heures et demi le citoyen Josselin administrateur du district de Bergues s'est rendu à l'Assemblée.

Vers huit heures le citoyen Duriez officier municipal, adjoint au Conseil de guerre est venu annoncer qu'il était arrêté de faire entrer sans délai de la Campagne tous les fourrages et vivres qu'on pourra ramasser. En conséquence le citoyen Vandewalle officier municipal a été chargé de se transporter aux villages de Petite Sainte, Grande Sainte, Mardick, Loon, &ª &ª.

Vers les neuf heures le citoyen Grisperre adjudant Général s'est présenté et a dit qu'il s'était présenté au Conseil de Guerre pour demander du service, qu'on lui avait répondu qu'on ne pouvait pas l'employer, et Comme il désire servir la République, et qu'on pourroit former quelques soupçons sur son compte il déclaroit se mettre sous la protection du Conseil Général de la Commune.

S'est présenté le citoyen Brassart, Procureur Sindic du District.

A neuf heures les ennemis s'approchant la Générale a été battue.

On est venu annoncer que les boulets tombaient sur le port, on en a rapporté de seize livres de balle et de deux et trois livres.

A neuf heures et demi a été faite une proclamation pour engager les habitans à se confier aux précautions prises par le Conseil de Guerre et le Conseil de la Commune, et d'observer la plus grande tranquilité.

On est venu d'annoncer qu'une partie de la Garde Nationale citoyenne se disposoit à sortir, aiant formé un bataillon des neuf Compagnies de grenadiers, Commandé par le citoyen Maurin Commandant en second du neuvième bataillon.

Vers dix heures est arrivé l'avant-garde d'une Brigade de gendarmes venant de Calais à l'aide de la Ville.

Le citoyen Gerbidon revenant de la Tour a rapporté qu'il a vu les volontaires aux mains avec les ennemis, a vu tuer trois ennemis, qu'il a aussi vu tuer un de nos gens & prendre un autre.

Sur la réquisition du Conseil le citoyen Hardy s'étant rendu à l'Assemblée lui a été annoncé que plusieurs boulangers étant

dépourvus de pain, il serait à propos qu'il se mettroit en état de suppléer, a répondu qu'il s'étoit précautionné et avoit actuellement dix mille rations prêtes à délivrer.

Vers dix heures et demi la séance étant publique, le citoyen Mazuel officier municipal a fait rapport, qu'aiant appris qu'on amenoit un prisonnier, il s'étoit rendu vers la barrière, qu'un Canonnier Gendarme venant au devant a tiré son sabre menaçant d'en frapper le prisonnier, mais l'aiant rappelé à la loy, il a cédé à son ordre, aiant été amené le Maire portant la parole a remontré à ce Canonnier son tort, qui en est convenu, et l'a loué de son obéissance, ce Canonnier marquant son repentir a été mis en liberté.

A l'instant le citoyen Mazuel a observé que le défaut de la grande écharpe peut faire méconnaître les officiers municipaux. En conséquence déclaroit qu'il allait prendre la sienne et a juré de ne pas la quitter aussi longtems que la ville serait en danger ce qui a été suivi par tous les autres officiers municipaux.

Sur les représentations faites que les troupes & les volontaires citoyens qui sont sortis ainsi que ceux qui bordent les remparts se plaignent beaucoup de n'avoir rien pour se rafraichir a été arrêté de leur envoier de la moienne bierre, et les citoyens Vandenbussche à Dunkerque chargés de l'exécution.

A l'instant on est venu annoncer que le citoyen Philippe canonnier citoyen dirigeant la batterie du Cavalier aurait démonté une batterie ennemie.

Sur la réquisition du Conseil de guerre le citoyen Gourdin notable a été chargé de se transporter à Gravelines, Calais St-Omer et partout ailleurs pour requérir des poudres pour la place en exposant la pénurie de cette munition.

Le citoyen Hennet, Chef d'artillerie s'est présenté et a observé que la grande consommation de cartouches l'expose à en manquer au premier moment, en conséquence désireroit trouver des personnes pour travailler à former les cartouches la nuit afin de les remplir le jour, a été arrêté d'établir un attelier et le citoyen Salomez a été chargé d'y veiller.

Un cavalier citoyen est venu demander des charpentiers pour faire un abatti dans le Rosendal.

Le citoyen Gibert Gendarme de la trente deuxième division aiant amené un prisonnier a remis au Conseil son fusil et sa giberne pour qu'on en arme un citoyen. Le Conseil par l'organe du Maire lui en marque toute la satisfaction qu'il en ressentoit.

Le citoyen Marescaux Capitaine de la Garde Cavalerie nationale citoyenne, a amené deux jeunes gens qui étaient à la fenêtre chez le s^r Bischop aumonier des Dames anglaises, le peuple s'ameutant, et paraissant vouloir forcer les postes, qu'il les mettoit sous la sauvegarde de la municipalité.

Vers onze heures et demie le Tourrier est venu dire qu'il avait vu venir du côté de Gravelines des troupes qui prenaient le chemin de Bergues.

Vers midi le Chef de Légion a observé que les Grenadiers avaient demandé des vivres et boisson lui a été dit qu'on avait pourvu à la boisson, et le chef de légion s'est chargé de faire transporter des vivres.

S'est présenté le chef de brigade Lenoue qui a dit, qu'étant sorti de la ville avec des grenadiers pour déloger l'ennemi établi à l'entrée de Rosendale, les Compagnies des différents corps qu'il commandait ont d'abord hésité longtemps d'exécuter des ordres qu'il donnoit mais que s'étant mis à leur tête avec quelques uns de ses chasseurs ils ont attaqué vigoureusement et ont repoussé l'ennemi après lui avoir tué ou blessé cinquante ou soixante hommes, qu'aiant ordonné à cette colonne de garder son poste tandis qu'à la tête d'une autre il allait faire une attaque sur un autre point toute cette colonne avait abandonné son poste, s'était dispersée et avait gagné le chemin couvert, malgré les ordres et les efforts de son lieutenant-colonel qui la commandoit ; que ce désordre l'avoit empêché de repousser les ennemis plus loin, et de faire couper par les charpentiers de navire commandés à cet effet les arbres qui couvraient et offusquaient les remparts.

Il a ensuite observé à la municipalité que toute sortie faite en

masse pouvait avoir les plus grands inconvénients si les troupes chargées de les exécuter n'obéissent pas strictement, que de pareilles sorties pouvaient compromettre la sûreté de la ville, qu'il invitoit le Conseil de faire connaitre aux habitans ces inconvénients et de les prémunir contre les sugestions qu'on pourrait leur faire à cet égard.

S'est présenté le citoyen Warin l'un des administrateurs du district de Bergues qui a annoncé qu'il avoit appris qu'il avançait des troupes du Côté de Cassel.

Vers une heure le citoyen Mazuel est venu annoncer que l'Ennemi s'avançait du côté de la basse ville, qu'il en avoit rendu Compte au Conseil de guerre.

S'est présenté le citoyen Macnamara Médecin des armées a représenté que l'hôpital étoit trop petit pour contenir les blessés qu'il était urgent de choisir un local propre. En conséquence le citoyen Coppin a été dénommé pour procurer le local.

Vers une heure et demi le Tourier est venu annoncer qu'il restait peu de monde dans le camp et qu'il paroit qu'une Colonne arrive par la ville du côté de Rosendal.

Un instant après est arrivé une ordonnance venant de Gravelines apportant une dépêche du citoyen Chartier annonçant l'envoi de cent cinquante boisseaux d'avoine et six cents bottes de paille et foin.

Vers deux heures et demi le Conseil des guerres a requis le Conseil de procurer des matelats et draps pour les blessés.

Des Commissaires ont été nommés pour aller chez les citoyens les engager à les fournir.

Sur la demande du commandant du poste au pont Rouge, si les Roulliers qui sont à la Basse-ville peuvent sortir lui a répondu que non ; qu'on avait besoin de leurs chevaux.

Vers trois heures le citoyen Gerbidon venant de la tour a rapporté que le feu était mis aux maisons des quatre Moulins, qu'il a vu jouer les batteries & renverser plusieurs cavaliers, qu'il a remarqué des batteries dans les dunes & une quantité considérable de troupes.

Le citoyen De Baecque a fait rapport que plusieurs chasseurs d'ordonnance se trouvent avec leurs chevaux dans la Cour de la Conciergerie dépourvus de fourrages il avait pris sur lui d'ordonner la veuve Briot de leur en fournir.

Se sont présentés François Vachette Brigadier de la Sixième Compagnie de la trente quatrième division des Gendarmes Charles François Lefebvre Gendarme & Benoit Leturcq Marin aiant fait un prisonnier on a voulu l'égorger qu'ils l'ont défendu & sauvé de la fureur du Peuple. Le Conseil leur a marqué sa satisfaction & arrêté qu'il seroit fait mention au procès-verbal.

A été arrêté de faire publier au son du Tambour que toutes les femmes qui se trouveront sur la rue seront mises en arrestation.

S'est présenté le Citoyen Claude François premier Lieutenant de la première Compagnie des Grenadiers citoyens a apporté avec quelques volontaires des effets appartenants à Sequin enveloppés dans une couverte qu'on a mis de coté avec une addresse.

A été amené Goddaert fils par quelques volontaires qui ont dit qu'il refusait de faire le service, qu'on lui a déjà fourni deux fusils dont il a démonté la batterie, a été arrêté qu'il sera mis en état d'arrestation.

Un membre du Conseil a proposé d'envoier des députés vers les représentans du peuple à Cassel pour leur faire part de notre situation critique & qu'il est impossible de résister si on continue à nous abandonner.

Vers cinq heures et demi des fermiers des environs d'Aremboutscappel sont venus annoncer que l'Ennemi s'avançait en force du Côté de Petite Sainte.

Le Commissaire de guerre Bourrot est venu faire rapport que les médecins et chirurgiens de l'hôpital militaire surchargés de besogne par la quantité des blessés, demandent que les médecins & chirurgiens soient priés de prêter leurs soins & de les assister, en conséquence, les médecins et chirurgiens ont été invités de se rendre à l'hôpital & d'aider leurs confrères.

Vers les six heures se sont rendus à l'Assemblée les citoyens Warin & Josselin administrateurs du District de Bergues & Brassart Procureur Syndic, leur a été fait part de nos craintes, et de la proposition faite d'envoier des députés vers les représentans du peuple à Cassel; Considérant que cette ville actuellement en état de siège et sommée de se rendre n'a en force militaire que Mille hommes de garnison dont quatre cent vingt à l'hôpital, trois mille six cents hommes provenant du cy-devant camp de Ghyvelde replié devant la place et sa garde nationale citoyenne, qu'elle est sans une quantité suffisante de subsistances & notamment sans fourrages.

Considérant qu'elle a à repousser une armée conséquente & d'une force disproportionnée à celle de la place si on a égard à la faiblesse de ses fortifications.

Considérant que la ville de Bergues qui est sa forteresse, est attaquée & presque totalement cernée.

Considérant enfin que le Conseil de guerre formé en exécution de la loi est composé de militaires qui peuvent avoir de bonnes intentions, mais dont plusieurs et notamment le Général ne paraissent pas avoir les connaissances nécessaires de la défense d'une place, après avoir ouï le Procureur de la Commune.

A arrêté en Comité et sous secret en présence & de l'avis du citoyen Procureur Sindic du district et des citoyens Josselin & Warin administrateurs du district que le Conseil de guerre sera impérativement invité à prendre toutes les mesures utiles à la défense de la place & à sa conservation, et que sur le moment deux députés du Conseil Général de la Commune se rendront près des représentans de la Nation à l'armée du Nord près du Général Berthel & du Général Houchard & même du Comité du Salut Public à l'effet de présenter l'Etat de nos forces & la position actuelle & fâcheuse de la Ville, le Conseil général nommant à cet effet les citoyens Dauchy officier municipal & Blaisel notable auxquels il confère tous pouvoirs & qualités aux fins du présent arrêté recommandant cette mission à leur civisme & à leur amour pour la patrie.

Vers sept heures on est venu annoncer un convoi de poudre de Gravelines & quatre voitures de fourrages.

Vers sept heures & demi le Tourrier est venu annoncer que les ennemis avaient dressé deux batteries à la hauteur de Leffrinckhoucke qui tirent sur les batteries flottantes.

A été arrêté de faire annoncer au Conseil de guerres que des boulets tombent dans le Jardin de l'Arsenal & de le requérir de prévenir les inconvénients.

Le citoyen Vandewalle de retour a dit qu'il s'est rendu aux municipalités de Petite Sainte, Grande Sainte, Mardick & Loon auxquelles il a fait connaître sa mission, qu'il a trouvé des personnes de bonne volonté & d'autres récalcitrans, qu'on doit amener demain matin plusieurs voitures qu'il a vu beaucoup de personnes armées qui ont dit n'avoir point de munitions, qu'il les avait engagés de rapporter leurs armes à la ville ou en s'en servirait utilement, le citoyen Maire au nom du Conseil a applaudi au zèle du citoyen Vandewalle & déclaré qu'il avait bien mérité de la Commune.

Quart avant dix heures sont entrés des officiers de Gravelines qui ont annoncé l'arrivée des fourrages & des poudres.

Août 25.

Le vingt cinq dudit mois d'Août, sept heures & demi du matin, aiant été rapporté que des malintentionnés tenaient des propos qui pouvaient compromettre le citoyen Maire, et avaient dit qu'il avait donné des ordres sur les remparts aux Gardes Nationales a été arrêté de demander l'Officier commandant le citoyen Goddefroy & s'étant rendu à l'Assemblée, Le Maire l'a invité de répeter devant le conseil les ordres qui lui avoit donné sur les remparts, a quoi il a répondu qu'il ne lui avoit donné aucun ordre ni à aucun autre l'aiant constamment suivi.

A été fait rapport que la Municipalité de Grande Sainte venoit

d'envoier vingt deux razières de bled, cent cinquante gerbes de bled, trois cent cinquante gerbes d'avoine, cinq cents bottes foin blanc, cent bottes foin de treffle et cinq cents bottes de paille, a été ordonné de conduire le bled au Magazin des subsistances et les fourrages au Magazin à ce destiné.

Vers huit heures et un quart le Conseil de Guerre a requis de procurer trente milliers de plomb pour faire des balles à fusils, a été arrêté de charger le citoyen Meurillon de la Commission.

Sur la représentation faite que le Conseil d'Administration de la Garde Nationale citoyenne, rachetait les fusils pris sur les Ennemis et envoiait des Mandats pour le paiement, a été arrêté qu'il serait remis entre les mains du citoyen Six, Commis au Greffe une somme de six cents livres pour subvenir au paiement des armes pris sur les ennemis et que les preneurs rapportent. En conséquence sera expédié une ordonnance sur le trésorier de la dite somme qu'il prendra dans la Caisse des impositions.

Vers neuf heures et un quart le citoyen Bagghe Courtier des Suédois et Danois est venu réclamer le Capitaine Danois et son Equipage mis en arrestation le vingt trois de ce mois pour avoir hissé le Pavillon au moment qu'on disait que les Ennemis s'approchaient de la ville. Considérant que ce capitaine n'avait fait hisser son Pavillon dans la vue de se mettre à l'abri du pillage; a été arrêté que le dit Capitaine et son équipage seraient élargis et qu'il serait fait remise des pavillons.

Vers dix heures, sur le rapport fait qu'on soupçonnait la Conduite d'un meunier demeurant le long du chemin de Bergues, a été arrêté que le Citoyen Lancel notable se transportera chez lui avec la force armée pour l'interroger et au besoin de faire amener à la municipalité.

Le citoyen Laroche commandant de la trente quatrième division de la Gendarmerie Nationale est venu annoncer qu'aiant été informé qu'il se trouvait des bleds dans une ferme au delà de la Basse-ville, il avait fourni des chevaux pour les transporter en ville.

Qu'aiant remarqué que les arbres vis-à-vis la batterie près le

pont Rouge nuiraient beaucoup s'ils restaient sur pied, il avoit donné des ordres pour les faire abattre, qu'il espérait que le Conseil ne désaprouverait pas sa Conduite.

S'est présenté le tourier qui a annoncé qu'il venait d'arriver de l'infanterie au Camp qu'il avait remarqué qu'on travaillait à une batterie dans le bas fond des Dunes sur la ligne du Jardin du citoyen Marchand.

Sur le rapport fait par les Commissaires aux passeports que les malheureux qui viennent d'être incendiés, réclament des secours, qu'ils ont épuisés leur bourse et demandent que le Conseil Général de la Commune prenne en considération leurs représentations.

A été arrêté de mettre à la disposition des Commissaires une somme de mille livres pour aller au secours des malheureux laquelle somme sera fournie par le Trésorier sur la Caisse des impositions.

Vers onze heures et demi a été amené un particulier arrêté dans le Rosendale pour avoir frappé un enfant à coups de sabre.

A été arrêté de le mettre en état d'arrestation.

Aiant été fait rapport qu'il se trouve chez Charles Louis Pieus, Meunier le long du chemin de Bergues, une partie de six mille pesant d'orge perlé, Considérant que cet objet est de première nécessité et que dans les circonstances présentes on ne peut trop se précautionner, a été arrêté d'enjoindre audit Pieus de faire transporter à l'hôpital de cette ville son orge perlé pour y rester à la disposition du Conseil Général de la Commune.

Vers midi et demi un citoyen venant de Gravelines a remis une lettre de la municipalité du dit lieu, annonçant un convoi de poudre & fourrages.

Vers deux heures et demi le tourier est venu annoncer que le camp ennemi était totalement sous les armes en bataille & qu'une grande partie de la Cavalerie était en avant filant dans les Dunes.

Vers quatre heures & un quart de relevée le Conseil aiant été requis de joindre partie de ses Membres au Conseil de guerre

permanent établi dans la place, a fait prier les Membres de l'administration du district de Bergues réunis à Dunkerque de se rendre dans son sein a mûrement délibéré sur ladite requisition du Conseil de guerre conçu en ces termes :

« Les Commissaires des guerres ont proposés de requérir les
« autorités Constitués du district et Membres du Conseil Géné-
« ral de la Commune de s'adjoindre au Conseil de Guerre, afin
« de former des Comités d'Administration il a été résolu que le
« Conseil Général de la Commune seroit requis de s'adjoindre à
« ce Conseil de Guerre pour former divers Comités qui seroient
« chargés de prendre Connaissance de toutes les mesures et dé-
« tails particuliers des différents services afin de laisser une forte
« partie du Conseil à aviser aux grands moyens de la Défense
« de la place ».

Considérant qu'aux termes de la loi le Conseil Général n'a pu prendre une délibération fixe sur la nature de cette requisition sans y être autorisé par l'Administration Supérieure et sans le consulter.

Considérant que l'Administration du district son procureur Sindic entendu a reconnu que le danger éminant de la ville exigeoit tout ce qui peut sauver la chose publique.

Considérant qu'il est interdit par la loi aux Corps administratifs de se mêler en rien des opérations militaires pour la défense des places et postes attaqués et que lorsqu'ils se déterminent à aider de leurs soins et de leurs services le Conseil de Guerre sur sa requisition ce ne peut être que pour opérer la célérité dans l'exécution de ses délibérations.

Ouï le Procureur de la Commune a arrêté de l'avis et du consentement des Administrateurs et Procureur Sindic du district de se rendre près du Conseil de guerre permanent séant dans la place sur la réquisition expresse pour l'aider de ses soins et de ses services mais sans aucunement délibérer ni y avoir aucune prépondérance d'administration et sans être tenu en quoi que ce soit et sous aucune Modification d'aucune responsabilité quant

aux voies ou moïens de défenses qui pourraient être arrêtés par le dit Conseil de guerre.

Sur le rapport fait par Scharp, un anglais avait refusé de prendre les armes il a été mis en état d'arrestation.

Vers cinq heures et demie, sur la proposition faite par le Procureur de la Commune de nommer des Commissaires pour assister à l'Arrêté du bordereau de la Caisse du Trésorier, les citoyens Edouard et Masselin ont été nommé pour à l'instant de la réquisition du Procureur de la Commune procéder à la dite opération.

Vers six heures le citoyen Macnamara Médecin de l'hôpital est venu annoncer qu'après Examen des locaux, il avoit reconnu que celui des Pénitentes était convenable, en conséquence a été arrêté d'y faire sur le champ toutes les dispositions nécessaires.

A aussi annoncé que les citoyennes de cette ville donnent les plus grands soins aux blessés qui se trouvent à l'hôpital en leur procurant tous les secours dont ils peuvent avoir besoin.

A été amené un prisonnier pris par des citoyens, qui a dit que les hessois établissent des batteries à la droite, et qu'ils sont en avant.

Le Commandant du huitième bataillon a dit que le nommé   marin, demeurant à la Citadelle a joué toutes sortes de stratagèmes pour nuire aux ennemis qu'il en a tué plusieurs.

Un officier et des volontaires du bataillon des Bouches du Rhône ont dit qu'un de leurs volontaires s'est avisé d'aller de maison en maison demander de l'argent pour les blessés, qu'aussitôt qu'ils s'en sont apperçus ils l'ont arrêté et Conduit dans plusieurs maisons où ils ont rendu l'argent, mais n'aiant pu découvrir les autres maisons ils venaient déposer le restant des billets qui après Compte montent à soixante neuf livres qu'ils avaient dégradé le volontaire et mis en prison, Le Maire au nom du Conseil a applaudi à leur conduite, les a engagés à Continuer et d'après leur vœu a été arrêté que l'argent sera employé à soulager les prisonniers.

Vers sept heures & demi, un des mêmes volontaires nommé Beauséjour, sergent-Major dans le premier bataillon des Bouches du Rhône a amené une femme qui s'étoit avisée d'aller de maison en maison demander du linge sous prétexte que c'était pour les blessés, a été arrêté de la mettre en état d'arrestation & le citoyen Vandereruel Juge de Paix du canton du Nord a été chargé de faire l'instruction.

Le tourier est venu annoncer qu'il a remarqué que le tiers du Camp de Cassel était levé.

A été fait rapport que le Conseil de guerre surchargé de besogne avoit arrêté d'établir trois Comités, Le premier pour l'Artillerie et Génie, Le second pour les subsistances, fourages, Comptabilité, paiements, hôpitaux, prisons, etc. Et le Troisième de Police et de Passeport, et requéroit le Conseil Général de nommer un nombre des Membres pour composer les dits Comités. En conséquence et obtempérant à la dite réquisition, les citoyens Devinck, Vandenbussche, Meurillon, Le Perre & Everaert ont été nommés pour le Comité d'Artillerie et Génie, Blarisel, Lancel, Boubert et Delaly pour le Comité des subsistances, fourages &ᵃ. Et que le travail du troisième Comité se ferait par le Conseil Général de la Commune, auquel s'adjoindraient les Juges de paix pour ce qui concerne la police & quant aux passeports et permis de sortir, par une Commission du Conseil de trois Membres choisis tous les trois jours.

Sur la proposition du citoyen Maire de former la permanence du tiers des Membres du Conseil pour ne pas fatiguer tout le monde à la fois, Considérant que les fatigues Journallières auxquelles le Conseil est sujet et qu'il est impossible de les Continuer la nuit a été arrêté que la permanence de nuit sera composée du tiers des Membres du Conseil.

A été arrêté que les Membres du Conseil chargés d'exécuter des mesures urgentes pourront employer la force armée.

A dix heures & demie un feu de file & de canon s'est fait entendre ce qui faisait présumer une fausse attaque qui a été re-

poussé, tous les citoyens ayant pris les armes, au moment que la générale a battue.

Des chasseurs d'ordonnance venant de Cassel par St-Omer ont dit qu'on attendait aujourd'hui dix mille hommes à Cassel qu'il y avait eu une affaire à Ekelsbeque & que les ennemis étaient en possession d'un Château.

Le citoyen Vandewalle a fait rapport que le citoyen Laffon avait répandu le bruit que l'ennemi étoit sur le rempart a été arrêté d'envoier chercher le citoyen Laffon.

A été arrêté que différents commissaires se répandront dans la ville pour y annoncer que le calme étoit rétabli et faire éteindre les illuminations.

Des Membres du Conseil de guerre aiant ouvert une lettre du Général Berthel qui annonce que le Général Houchard arrive ce jour à Cassel et qu'il fera passer le résultat de la Conférence.

A été fait lecture d'une lettre du district de Bergues adressée aux Administrateurs séant à Dunkerque, qui leur annonce aussi que des forces sont arrivées à Cassel.

Le surplus de la nuit s'est passé très tranquillement.

Août 26.

Et ce vingt six août, neuf heures et demie du matin.

A été fait rapport que l'Ennemi a forcé les paysans de Spycker de travailler aux retranchemens.

A été annoncé au Chef de Légion que dès demain la Garde Nationale Citoyenne étant en permanence aura la paie, le pain et la viande.

Vers dix heures a été remis une lettre de la Municipalité de Grande Sainte qui s'informe de la situation de la Ville et faisant offre de service et de fournir les fourrages et grains qui sont en leur possession, a été arrêté de les répondre, de leur marquer

toute la reconnaissance du Conseil et d'en faire mention au procès verbal.

A été arrêté que toutes les femmes et enfants pourront sortir indistinctement de la ville par le pont rouge et barrière de Tornegat sans être porteurs de permission, auquel effet les commandans de ces portes seront prévenus.

Vers onze heures et demi s'est présenté le Général Souham a qui le Maire a fait part de notre situation.

Le Procureur de la Commune du Fort de Mardick est venu annoncer qu'une frégate et cinq à six caiches sont mouillés près de Mardick.

Le citoyen Mazuel a offert de loger le Général et son adjudant, offres qui ont été acceptées.

Le citoyen DeBaecque a représenté que le citoyen Landais aiant été nommé adjudant de la place par le Général Oméara n'a pas obtenu son Brevet et cependant aiant dû Compter naturellement sur le paiement de ses appointements, il a quitté son établissement, cependant il n'avoit rien touché jusqu'à présent, il se trouvoit en détresse et demandoit une avance sous la condition de la restituer aussitôt qu'il aura touché ses appointements; Considérant que le citoyen Landais n'a accepté la place d'adjudant que dans la vue d'être utile à ses concitoyens et qu'il est de justice d'aller à son secours, a été arrêté qu'il lui serait fait une avance de six cents livres, auquel effet une ordonnance sera expédiée.

Vers midi & demi les Membres du District présents.

Sur la représentation faite que plusieurs particuliers font des offres Considérables aux chartiers pour avoir leurs chariots & chevaux que cette mesure entrave les opérations des charrois étant nécessaire de prendre des mesures.

A été arrêté que tous les chevaux des chartiers seront en réquisition permanente qu'aucun d'eux ne pourra faire aucun transport sans la permission expresse du Conseil.

A été arrêté que les fermiers qui apporteront des grains &

fourrages pourront se charger du transport des femmes, enfants et vieillards ainsi que de leurs effets.

S'est présenté le citoyen Gourdin a fait rapport qu'arrivé à Gravelines, il avait demandé à la Municipalité en permanence cinquante milliers de poudre qu'on le lui avoit promis mais qu'il avoit appris qu'on n'avoit envoié que cinq milliers parce que l'administration de Calais avoit refusé d'en verser.

Qu'il a été ensuite à St-Omer et à Cassel où il a trouvé les représentans du peuple qui lui ont fourni différents mandats pour avoir des poudres et Cartouches, à Aire, St-Omer, Béthune et Calais, a été arrêté d'en faire part au Comité de la Guerre.

S'est présenté le citoyen Lorenzo architecte qui a remis une pétition pour établir un Moulin à moudre bled, a été ajourné a y délibérer dans un temps plus Calme.

Vers une heure et demi, Varon, Guibert et Malche, Gendarmes de la trente deuxième division ont amené un prisonnier allemand, et remis ses armes pour en armer un citoyen renonçant à toute récompense.

Vers trois heures et demi le citoyen Maire a dit qu'il venoit de visiter l'hôpital qu'il a vu les blessés, qui sont traités avec tous les soins, que plusieurs citoyennes s'occupent à donner tous les secours nécessaires, qu'il a aussi remarqué que tous les officiers de santé travaillent avec toute l'activité dont ils sont susceptibles tant de nuit que de jour, qu'il leur a promis une récompense.

A aussi observé que les Officiers de santé ont demandés un chapentier et mandellier pour être emploiés aux hôpitaux, à fabriquer des machines nécessaires pour le pensement des blessés.

A été arrêté de requérir les Citoyens Grujot, charpentier et Danis, mandellier de se transporter sur le champ à l'hôpital pour être aux ordres des officiers de santé.

Quant à la gratification aux Elèves en chirurgie, a été ajourné d'y prononcer, Depuis et sur une nouvelle proposition a été

arrêté que la gratification aura lieu et qu'elle sera fixée au premier jour.

Sur l'observation faite qu'il est urgent de se procurer des poudres de Guerre; le citoyen Gourdin a été chargé de partir sur le champ pour les faire amener, et requerera les municipalités de lui fournir assistance pour la prompte Expédition.

Sur la pétition du Citoyen Coffyn Agent des Etats-unis de l'Amérique d'avoir un passe-port pour lui et sa famille, et a fait offre de vingt huit barils fleur de farine.

A été arrêté que le passe-port lui sera délivré, et d'accepter les fleurs de farine qui seront remises au Comité des subsistances, et qu'il sera fait mention au procès-verbal du don par lui fait.

Sur la proposition faite d'établir un Commissaire pour païer les ouvriers qu'on employe journellement.

A été arrêté qu'il sera mis entre les mains des citoyens Peychiers et Bernaert une somme de Six mille livres pour paier les journées d'ouvriers sur les bons du citoyen Devinck. En conséquence ordonnance sera expédiée par le Trésorier.

Vers quatre heures et demie de relevée.

Sur la proposition faite de la part du citoyen Lorenzo d'achever un moulin à moudre bled moiennant qu'on lui fournisse les ouvriers nécessaires ou qu'on lui permette de se transporter dans les endroits voisins et qu'à cet effet il lui soit délivré un passe-port a été arrêté qu'on lui délivrera le passe-port.

Vers cinq heures le tourier est venu annoncer qu'il a vu tirer trois coups de canon au fort Louis du côté d'Hondschoote.

Se sont présentés des volontaires de Calais qui ont annoncé qu'il arrivait quarante six voitures chargées de farines qu'ils avaient escortés.

Vers six heures les Généraux accompagnés du Maire, de deux officiers municipaux, et officiers militaires ont été publier une proclamation dans les différentes places de cette ville, ainsi qu'aux troupes.

Vers sept heures et un quart on est venu annoncer que l'avant-garde des troupes était au pont rouge.

Le Tourier a annoncé qu'il a vu flamber dans la batterie derrière le bois du citoyen Destouches.

Vers huit heures le citoyen Hennet est venu annoncer qu'on l'a instruit que les Anglais doivent venir bombarder la ville du côté de la mer.

Quart avant neuf heures une forte fusillade accompagnée de Coups de canon s'est fait entendre aux remparts, et d'après le rapport fait il parait que cela a été occasionné par l'apparition de quelques patrouilles ennemies.

Vers neuf heures et demi se sont présentés les nommés Trallage préposé à la douane, Boudry, Grenadier de la Compagnie de Dismail et Laurent journallier qui ont rapporté deux habits d'uniforme National, qu'ils ont déclarés avoir trouvé dans la rue Concorde vis-à-vis du Cabaret de la Tourterelle ignorant à qui ils appartiennent.

Le surplus de la nuit a été très tranquile.

Août 27.

LE vingt sept août sept heures et demi du matin, le citoyen Pollet, demeurant le long du chemin de Bergues a fait offre de dix mille Bottes de foin de treffle et vingt à trente razières de sucrion, pour servir à l'approvisionnement de la place.

A été arrêté d'accepter l'offre et d'envoier sur le champ des voitures pour faire l'enlèvement et le transport.

Vers huit heures et demi les citoyens Michaud et Harté députés du district de Calais se sont présentés et ont déposés un arrêté de ce district qui porte en substance que vu la position où se trouve la Ville de Dunkerque il propose

1° d'établir un courier Journallier entre Calais et Dunkerque.

2° d'aviser aux moyens de fournir à Dunkerque des approvisionnements d'artillerie de subsistances ou forces militaires.

Le Conseil Général pénétré d'admiration et d'estime envers les frères de Calais

Arrête qu'un de ses membres écrira tous les jours au district de Calais pour lui donner le Bulletin des Evènements de son siège.

2° Qu'acceptant avec reconnaissance les offres que lui fait le district, il le prie de lui faire promptement et abondamment du foin de la paille et de l'avoine, dont la place a le plus grand besoin.

Vers neuf heures a été arrêté de requérir les citoyens Foissey père et fils de délivrer au Comité militaire quatre vingts paires de soulliers qu'il a dans ses magasins et qui leur seront payés sur le champ.

Vers dix heures se sont présentés des députés du premier Bataillon de la trente deuxième division de Gendarmerie, qui ont annoncé qu'ils venaient de recevoir l'ordre de partir pour Bergues, qu'ils ne croiaient pas que cet ordre provenait sur des plaintes de notre part, d'autant que ce jour dernier le Conseil les avoit comblés d'Eloges et donné le baiser fraternel, que depuis lors comme avant ils avaient donné des marques de bravoure et de courage qu'ils désirent de continuer leurs travaux connaissant actuellement le terrain, priant d'engager le Conseil d'Engager les Généraux à faire partir de préférence le second Bataillon.

En conséquence a été arrêté que le citoyen Maire se transportera au Conseil de la Guerre pour solliciter le Conseil de guerre de les laisser ici, et d'envoyer de préférence le second Bataillon.

Le Général Jourdan s'est présenté et a dit qu'il venait avec des troupes au secours de la place et promettait de la défendre avec courage.

A l'instant le citoyen Maire a fait part au Général de la demande des gendarmes.

Vers trois heures le tourier est venu annoncer qu'on coupoit les arbres du côté de Bergues derrière L'abbaïe et qu'il a vu différents navires qui sont entrés dans Nieuport.

Sur la demande du district les Chartiers ont été requis de fournir un Chariot attelé de quatre chevaux aux ordres du citoyen Desvignes Secrétaire du district pour le transport des papiers.

Vers six heures le Tourier est venu annoncer qu'il venait de voir lever tout le camp et s'avancer vers la ville, qu'il avoit vu très distinctement une baterie de deux canons qui lui ont paru du calibre de dix-sept et qu'elle est pointée directement sur la tour.

Vers sept heures et demi du soir le Conseil général réuni avec les citoyens Faulconnier, Josselin et Marin administrateurs du district, présents le Procureur Sindic dudit District et le Procureur de la Commune, le citoyen Maire Président l'Assemblée a dit : que sur la réquisition du Conseil de guerre permanent séant en cette ville, le Conseil Général de la Commune a fait les efforts les plus incroyables et les plus continus pour seconder tous les ordres et toutes les mesures dont il lui a demandé l'exécution : qu'il ne craint pas de dire qu'il est impossible que le Conseil de guerre puisse avoir le moindre reproche de négligence, de défaut d'exécution ou de retard à lui faire, que Cependant quoique le travail de ce Conseil fut par cela même diminué, on ne voioit pas qu'il eut pris de ces grandes mesures de salut, desquelles seulement il avait à s'occuper. Que les rapports des mouvements de l'ennemi sont propres à jetter l'alarme ; que des secours sollicités et promis depuis plusieurs jours non seulement ne sont envoiés, mais paraissent même avoir reçu dans leur marche des ordres de se diriger ailleurs que sur cette place : qu'il est arrivé successivement plusieurs généraux, notamment le Général Jourdan, qui à peine arrivé a été appelé à une autre mission ; qu'Enfin sans s'allarmer il fallait cependant prendre une délibération sur la position fâcheuse où l'on se trouvoit.

Toutes ces Considérations aiant fait la matière d'une longue

et sérieuse discussion, le Conseil général a cru que sa Conscience, son devoir et ses serments l'obligeait à prendre l'arrêté suivant :

Considérant qu'il est incontestablement certain que l'Ennemi a élevé des retranchements et des Batteries.

Considérant que la nécessité de prompts secours tant de troupes, qu'en officiers généraux a été reconnue de la part du Général Houchard.

Considérant que ces secours Commandés par le Général Jourdan ont été dirigés vers cette place qu'ils n'y sont arrivés qu'en faible partie et que même le Général Jourdan a reçu une autre mission.

Considérant que l'Ennemi vient de faire des nouvelles dispositions qui paraissent annoncer un projet prochain d'attaque.

Considérant qu'il importe de redoubler d'efforts et de surveillance et par conséquent de recourir à tous les moïens possibles de salut.

Tout murement pesé le Conseil général de la Commune après avoir entendu et de l'avis des administrateurs du district;

Arrête que le Conseil de Guerre sera prié de déclarer de suitte, et positivement et par écrit s'il croit qu'avec les moïens actuels en son pouvoir il puisse conserver la place à la République, attendu qu'en cas qu'il déclarat ne le pouvoir pas, le Conseil Général fera partir sur le Champ une députation auprès des Représentants de la Nation pour en obtenir en vertu de leurs pouvoirs, les secours indispensables, auquel effet Expédition du présent procès-verbal sera renvoié au Conseil de Guerre.

Vers dix heures et demi les nommés Charles Pierre Compagnie de Roy et Louis Droit de la Compagnie de droit Bataillon de la Vienne, ont été amenés, aiant été arrêté au moment qu'ils voulaient être logés de force chez un citoyen, a été arrêté qu'ils seront mis en état d'arrestation.

Vers onze heures est entré le Général Souham qui a fait part que s'étant rendu aux remparts pour voir qu'elle était la fusillade, il a reconnu que ce n'était rien, Ensuite il a parlé relative-

ment aux inquiétudes que le Conseil Général a communiqué au Conseil de guerre et a dit que l'on n'y répondrait que demain.

Le citoyen Maire lui a fait part de l'indiscipline des soldats et de la négligence dans le service, et lui a dit que le Conseil espérait beaucoup que sa fermeté ramènerait les troupes à leur devoir.

Le surplus de la nuit s'est passé tranquilement.

Août 28.

Le vingt huit août au dit an neuf heures et demi du matin, le Tourier est venu annoncer qu'il venoit de remarquer trois batteries à la Campagne du citoyen Destouches qui s'élèvent et auxquelles les ennemis travaillent vivement.

Sur le rapport fait que les troupes de garde aux barrières s'avisent de mettre à contribution les jardiniers et laitiers à leur entrée en ville. Considérant que cette conduite pourroit les éloigner d'apporter des vivres, a été arrêté de dénoncer ces abus au Général et de le prier de prendre des mesures pour les faire cesser.

Vers dix heures et un quart, le nommé Jean Baptiste Homans Etranger a été amené et conduit en prison jusqu'après information sur son compte.

Sur la réclamation du Greffier du Tribunal du district séant en cette ville qu'il lui fut fourni un local pour mettre à l'abri des événements de la Guerre tous les Registres, titres et papiers intéressants pour la conservation des fortunes publiques et particulières ensemble les Registres des minutes du Tribunal. Considérant que le Greffe du Tribunal du District étant devenu le dépôt Général de tout le district, que par conséquent il faut un dépôt très considérable pour le contenir et que la ville n'en contient aucun qui réunisse l'étendue et la sureté.

— Le Conseil général de l'avis des Administrateurs du district réunis à Dunkerque arrête que les papiers du Greffe du Tribunal

du district séant en cette ville seront transportés à Gravelines pour y rester provisoirement en dépôt jusqu'à ce qu'il en ait été autrement statué par les autorités supérieures.

Arrête en outre que la présente disposition aura lieu en ce qui Concerne le Greffe du gros auquel Effet seront remis des Expéditions aux Greffiers respectifs.

Vers onze heures le citoyen Diot a fait rapport qu'il a vu les caves du magasin Général de la Marine qu'elles sont très grandes et propres à s'y assembler et propres à contenir tous les Bureaux.

S'est présenté le Sergent du Poste de la porte de Nieuport qui a dit qu'en patrouillant il avait rencontré des Militaires qui venaient de Rosendale chargés de ferrailles, qu'il les avait arrêtés et demandait la conduite qu'il devait tenir.

A été arrêté de prier le Conseil de Guerre de vouloir bien statuer sur la question de savoir à qui appartiennent les ferrailles ramassées par les troupes envoiées en détachement pour protéger les travailleurs, et de décider si ces fers appartiennent aux militaires qui les ont trouvés, ou s'ils doivent se borner à en faire un dépôt, qu'il paroît que ce ne sera pas une petite besogne que de faire la retrouve de ces objets par ceux à qui ils appartenaient, dans tous les cas le prier de lui dicter une Règle de conduite pour la disposition de tous ces fers par quelque personne qu'ils soient ramassés. Cet arrêté aiant été porté au Conseil de Guerre permanent assemblé, a pris l'arrêté en ces termes.

« Le Conseil de Guerre permanent assemblé qui a pris en
« Considération la réquisition du Conseil Général de la Commune
« cy-dessus, défend à tous militaires qui seront chargés de pro-
« téger les particuliers qui vont enlever les ferrailles pour les
« rapporter en ville, d'en ramasser, et ordonne que tous les fers
« qui seront rapportés par ces particuliers seront mis en dépôt
« dans le local de la Bourse ou tout autre pour être emploiés au
« Service de la Fonderie des boulets.

« Le Conseil Général de la Commune est requis de tenir la
« main à l'exécution de la pesée des fers rapportés à ce local par
« les dits particuliers à qui ils seront paiés à raison de cinq sols

« la livre pesante et fera défense par proclamation à tous serru-
« riers maréchaux et autres d'en acheter. »

En conséquence le Conseil arrête que la disposition du Conseil de Guerre permanent à Dunkerque sera exécuté selon sa forme et teneur. En conséquence enjoint au Citoyen De Rudder, Peseur de la balance marché aux volailles, d'être à son poste pour la pesée du fer, de laquelle pesée il fournira un bon : Enjoint en outre au d. Citoyen De Rudder de déposer les fers pesés dans les Caves au dessous du bâtiment de ladite balance, pour y rester à la disposition dudit Conseil de guerre ; et fait défense à tous forgerons, Maréchaux ou autres de les acheter à peine qu'ils leur seront enlevés sans restitution de prix.

Vers cinq heures & demi de relevée, le Citoyen La Geule Lieutenant au quatrième bataillon des volontaires nationaux a fait amener le nommé Pierre Brunet volontaire dans la Septième Compagnie dudit bataillon, chargé de plusieurs effets et hardes que probablement il a été prendre chez quelque habitant de la Campagne, et a requis qu'il fut mis en état d'arrestation et dénoncé au Juge de Paix observant au surplus qu'il avoit quitté son poste ; a été arrêté que ce volontaire sera mis en état d'arrestation.

Vers six heures le tourrier est venu annoncer que les bâtiments qu'il a vu ce matin à l'auteur de cette ville sont disparus, que des navires qui étoient vis-à-vis Nieuport sont entrés dans le port & le surplus reste encore à l'ancre.

A été arrêté de requérir le Chef de légion de faire diviser les patrouilles pour qu'il puisse s'en trouver dans plusieurs rues à la fois pour empêcher les vexations que commettent les volontaires chez les bourgeois, et arrêter ceux qui en commettent & de les mettre de suite en prison et en faire un rapport par Ecrit.

Sur le rapport fait que des officiers et autres s'avisent de forcer le tourrier pour monter à la Tour a été arrêté d'en faire rapport au Général et de le prier de prendre un parti pour faire cesser cet abus.

A été fait lecture d'une lettre de la municipalité de Bourbourg portant avis d'un envoi de fèves et sucrion, a été arrêté de voter des remerciements.

Vers sept heures s'est présenté le citoyen Martin, lieutenant de la Garde Nationale Citoyenne de garde aux remparts lequel a dit avoir remarqué qu'on avoit approché de la ville de l'Artillerie.

Le Maire a observé que par un arrêté pris précédemment il avoit été arrêté de dépaver la place de la Liberté & différentes rues pour éviter l'effet de la Bombe, que cependant les ingénieurs ont dit qu'il seroit préférable de laisser le Pavé parce que sur cinq bombes qui tomberoient trois s'écraseraient et ne feraient point d'effet, qu'au contraire le sable ou la terre empêchant qu'elle se brise donne le temps d'allumer la poudre et de faire éclater la bombe, ce qui occasionne ordinairement de grands dégâts. Considérant la justesse de ces observations a été arrêté de suspendre tout dépavement.

A été observé par le citoyen Maire que le Conseil de guerre n'a pas fait réponse à la délibération du jour d'hier sept heures et demi de relevée.

A été observé par le citoyen DeBaecque que le Général Oméara a demandé qu'on lui procure un logement à portée du du lieu d'Assemblé du Conseil de Guerre, pour lui son aide de camp et six chevaux.

Le citoyen De Baecque a représenté que le citoyen Bon aiant été nommé adjudant de la place par le Général Omeara il se trouvoit dans le même cas que le citoyen Landais aussi adjudant & qu'il croioit de Justice de lui accorder une avance aux mêmes conditions qu'elle avait été faite au citoyen Landais. Lecture faite de la délibération du vingt six de ce mois au matin a été arrêté qu'il serait fait au Citoyen Bon une avance de six cents livres auquel effet il sera délivré ordonnance sur le Trésorier de la Commune.

Vers les dix heures et demi le Général Oméara est venu an-

noncer qu'il venait de recevoir une Lettre qui le suspend de ses fonctions et l'oblige à se retirer à vingt lieues des frontières.

La nuit s'est passé tranquilement.

Août 29.

Le vingt neuf août au dit an vers neuf heures du matin a été arrêté que les fers rapportés seront remis au citoyen Laffon qui les paiera à vingt cinq livres le cent d'après la pesée de la balance.

Sur la demande du citoyen Bourg cy devant Commandant temporaire de cette place de lui donner un Certificat de sa Conduite, a été arrêté que le certificat lui sera délivré.

A été arrêté que Pennemaecker sera employé à entretenir la propreté dans la maison Commune & pour afficher, aux appointements de soixante livres par mois à compter du premier Septembre prochain : tous autres arrêtés à son égard et de sa femme rapportés.

Vers dix heures, a été fait lecture d'une lettre du citoyen Joseph Thélu actuellement à Paris par laquelle il marque qu'il continue ses sollicitations et qu'il a obtenu qu'on échangerait pour quatre vingt mille livres d'assignats à Effigie du ci-devant Roi ; a été arrêté d'envoyer audit Citoyen Thélu les quatre vingt mille livres d'assignats à l'Effigie du ci-devant Roi.

S'est présenté le citoyen Coppens qui a fait rapport que sa maison à Watten a été pillée par un bataillon des volontaires nationnaux & qu'ils ont brisés les effets qu'il n'ont pu emporter.

Le Tourrier est venu annoncer qu'il vient de voir une frégatte avec sept Caiches qui est mouillée entre Furnes et Zudcoote.

Qu'il parait qu'on travaille à une batterie entre celles près des Dunes & le Canal de Furnes, qu'il n'a rien pu voir de plus, par la fumée qui s'élève de la maison de François où on a mis le feu.

Sur la plainte faite par les Consignes aux portes que depuis qu'ils doivent être paiés par le païeur de la Guerre, ils n'ont rien touché & se trouvent dans la plus grande détresse et sans pain priant le Conseil de leur faire donner des avances sauf à toucher pour eux du païeur de la Guerre, a été arrêté qu'il leur sera payé un acompte auquel effet il leur sera expédié des ordonnances sur le Trésorier de cette ville.

Sur la dénonciation faite que plusieurs propriétés et fermes sont incendiées sans prendre même les précautions pour en retirer les subsistances et sans les ordres précis des Généraux. Que ces incendies sont provoqués par l'appat du pillage, arrête que le Conseil de Guerre sera prié d'indiquer les propriétés dont la démolition est nécessaire à la défense de la place, que les incendies s'opèreront sous le commandement d'un Officier Supérieur qui répondra des délits des troupes qui lui sont subordonnées.

Vers onze heures et demie, le Conseil Général de la Commune a lui joint les Administrateurs du district de Bergues réunis en cetre ville. Considérant Combien il importe que dans l'Etat ou se trouve la place qui est menacée de toute la fureur d'un Ennemi qui est à ses portes avec des forces considérables, l'ordre et la discipline les plus stricts règnent parmi les militaires : Considérant que l'insubordination conduit à des excès de tous genres qui ne sont jamais suffisamment réprimés parce que le défaut d'établissement des tribunaux militaires rend illusoire tout moien de répression : Considérant que le Conseil de Guerre aiant trouvé utile d'opérer une infinité de moyens de défense qui n'avaient pas été prévus demande que la municipalité pourvoie au paiement des frais que ces mesures doivent occasionner : Considérant qu'indépendamment de la désolation et de la misère qui accueilleront la classe indigente de la Commune, les malheureux qui ont été incendiés dans l'alentour de la place s'y refugient, y sont accueillis & y reçoivent des secours. Considérant que la saison s'avance et le tems des provisions s'écoule sans que les habitans indigens puissent les faire, puisque les travaux sont interrompus

par le service Continuel du rempart : Considérant que quelque soit l'Evènement du siège de cette place, ses habitans doivent en éprouver toujours des effets désastreux pour leur fortune, et que par conséquent il faut pourvoir à leur existence ; après avoir consulté les administrateurs du district, et murement délibéré sur les seuls moiens de remédier aux inconvéniens que présentent pour la Commune tant l'indiscipline des troupes que la misère dont les habitans sont menacés ; Le Conseil Général de l'avis et du Consentement des administrateurs du district Arrête que deux de ses membres se rendront à Cassel auprès des représentans de la nation députés à l'Armée du Nord et y solliciteront un secours provisoire pour subvenir aux frais Extraordinaires dans les Circonstances : qu'ils solliciteront pareillement l'Etablissement du Tribunal militaire pour la ville de Dunkerque, ou tout au moins une Commission provisoire chargée de la poursuite des délits.

Arrête encore que les mêmes députés se rendront de suite à Lille pour percevoir du payeur de la Guerre les Cent mille livres qui sont dues à la Commune en remboursement des avances faites pour les effets de Campement et d'habillement qui ont été fabriqués dans cette Commune.

Arrête en outre que les mêmes députés se rendront de suite auprès de la Convention nationale pour en obtenir un secours d'un million nécessaire au soulagement de la Commune & aux secours à donner aux infortunés, dont la seule approche des ennemis a occasionné la ruine absolue eu égard à ce que les dispositions des défenses ont exigé la destruction de leurs propriétés.

Arrête enfin que les mêmes députés seront chargés de conférer avec le citoyen Joseph Thelu Membre du Conseil de présent à Paris sur l'Echange des assignats à effigie du cy-devant Roy ou de solliciter cet échange.

Et pour faire la présente députation le Conseil Général a nommé les citoyens Dauchy & Lieven auxquels il donne tout pouvoir pour l'exécuter.

Quart avant trois heures le Tourrier est venu annoncer qu'il

a vu débarquer de la frégatte qui est à la vue, dans un grand bateau et que deux hommes sont descendus au moien d'un petit bateau.

Vers trois heures et demi a été arrêté de prendre des précautions pour faire enterrer les cadavres qui se trouvent épars dans Rosendale, de prendre à cet effet des ouvriers suffisants et qu'on priera le Conseil de guerre de faire couvrir les travailleurs.

Vers quatre heures et demi s'est présenté le citoyen Hecquet, Chirurgien-Major de l'hôpital militaire et a observé qu'il seroit prudent de faire abattre la petite tour du couvent des cy-devant récolets pouvant servir de point de mire aux ennemis pour jetter des bombes, lui a été observé qu'il devoit s'addresser au Conseil de guerre, le Conseil n'aiant pas le droit de faire aucune disposition.

Vers cinq heures & demi s'est présenté le citoyen Hayaert venant de Paris qui a dit qu'en passant par St-Omer il a vu le citoyen Gourdin qui l'a chargé d'annoncer au Conseil qu'il y avait vingt cinq Milliers de poudre en route pour cette ville.

Vers six heures un quart le tourrier a annoncé que le Camp ennemi est en mouvement qu'il a remarqué que les troupes filaient vers Steendam.

Sur l'observation faite par le Procureur de la Commune a été arrêté que le tourrier tiendra un Journal de ce qu'il pourra observer des mouvemens des ennemis, qu'il fera des rapports de deux heures en deux heures au Général & au Maire qui en fera rapport au Conseil, et considérant qu'il est impossible que le tourrier suffise pour faire les observations & rapport a été arrêté de lui adjoindre deux Capitaines de navire, En conséquence les citoyens Allemes et Renard qui ont accepté la mission.

Quart avant minuit une Canonnade s'est fait entendre.

Au même instant le citoyen Toustain s'est présenté accompagné d'une Garde qui conduisait une grande quantité de personnes tant hommes que femmes qu'il avoit fait arrêter par ordre du Conseil de Guerre, et qui ont été Conduits en prison.

Le surplus de la nuit est passé avec tranquilité.

Août 30.

Le trente août au dit an vers dix heures du matin, a été fait rapport, que l'Ingénieur a jugé à propos d'ordonner de dépaver en partie la place de la Liberté. En Conséquence a été arrêté de donner le dépavement à la toise que les pavés seront mis dans les fosses qu'on fera à cet effet & qu'on couvrira de sable.

Quart avant midi se sont présentés les Maire et Procureur de la Commune de Mardick qui ont dit avoir arrêté des bestiaux venant de Dunkerque avec les Conducteurs.

Considérant qu'on a fait évacuer ces bestiaux par le défaut de fourrages, a été arrêté, que ces bêtes ne peuvent être arrêtés. En conséquence les dits Maire et Procureur de la Commune ont été requis de ne plus s'opposer au passage des bestiaux.

Vers cinq heures et demi a été reçue une lettre du district de Bergues par laquelle ils demandent qu'on fasse rendre les chevaux fournis par la municipalité de Gravelines pour le transport de l'Artillerie du second bataillon de la trente deuxième division de la Gendarmerie.

Vers six heures a été fait lecture d'une lettre du Général Souham relative à la police à établir pour la sortie tant des troupes que des habitants.

A été arrêté de témoigner au Général la satisfaction du Conseil Général, & de faire imprimer sa lettre avec une proclamation à la suitte en ces termes :

« Le Conseil Général de la Commune permanent pénétré de re-
« connaissance envers le Général de brigade Souham, pour les
« mesures de rigueur qu'il est disposé de prendre à l'effet de ra-
« mener la discipline parmi les troupes : Considérant que l'in-
« térêt des habitants de cette Commune eux-mêmes, exige qu'ils
« secondent les vues d'un officier qui veut le bien et le bon
« ordre, invite les habitants de Dunkerque à prendre la lettre
« cy-dessus en très grande Considération : En Conséquence dé-

« clare qu'il déployera la surveillance la plus active pour qu'il ne
« se Commette de la part des citoyens de cette ville aucune con-
« travention aux dispositions annoncées par la dite lettre et que
« quiconque s'en rendroit coupable sera livré à toute la rigueur
« de la loi.

« Citoyens,

« La discipline & la subordination sont de tous les Etats ;
« sans elles, vous vous plongeriez dans l'anarchie et tous les
« malheurs qui en sont la suite inévitable viendraient vous
« assaillir.

« Ecoutés donc, Citoyens, la voix d'un Général qui veut vous
« sauver des fureurs de l'ennemi de votre patrie : Ecoutez la
« voix de vos magistrats qui veulent votre bonheur, qui s'en
« occupent avec constance, mais qui ne pourraient vous le pro-
« curer si vous même y portiez obstacle. »

Vers six heures et demi a été observé qu'il est impossible de répondre à toutes les personnes qui viennent réclamer des secours qu'il seroit à propos d'établir un Comité. Considérant que cet établissement aura le meilleur effet en ce que les Commissaires pourront mieux Connaître ceux qui ont des besoins, a été arrêté d'établir le Comité qui sera Composé des Citoyens Salomez Peychiers et Bernard.

A été fait lecture d'une lettre du citoyen Chartier annonçant l'envoi de fourages.

Lecture faite d'une lettre du département du Nord & d'un arrêté joint du vingt cinq de ce mois, qui charge la municipalité de fournir journellement au département différents états relatifs aux subsistances, Considérant les occupations sérieuses dont elle est chargée, de l'avis des Membres du district de Bergues séant en cette ville, a été arrêté que les dits Membres se chargeront de remplir les objets prescrit par le dit arrêté auquel effet leur en sera remis copie ainsi que du présent.

Vers sept heures, a été fait rapport qu'on avait remarqué des

mouvemens dans le Camp, que les Caiches sont encore en rade, que les navires à l'Est, font route.

A été fait lecture d'une lettre du Ministre de l'Intérieur adressée à l'hôpital de la charité par laquelle il annonce l'envoi de deux cents soixante quatorze mille six cents livres.

Vers sept heures et demi on est venu annoncer l'arrivée des représentants Duquenoy Hentz et Collombet, lesquels s'étant rendus à l'Assemblée, le Maire portant la parole leur a fait part de notre situation.

La nuit s'est passée tranquilement.

Août 31.

Et le trente un août au dit vers huit heures du matin a été fait rapport que l'ennemi a établi plusieurs batteries à la droite et qu'on a vu du Canon sur avenues.

Vers neuf heures et demi est parvenu au Conseil une lettre de l'adjudant Général qui prévient que toutes les portes de la ville resteront fermées jusqu'à nouvel ordre.

Vers dix heures le citoyen La Roche est venu demander qu'on lui fournisse un logement le Commissaire aux logements est chargé d'y pourvoir.

Lecture faite d'une lettre du Comité du Salut public du   de ce mois addressée à la municipalité de cette ville pour les citoyens a été arrêté de le faire imprimer pour la rendre publique.

Vers onze heures s'est présenté le citoyen Toustain administeur Civil de la marine dans ce port, qui a fait part d'une lettre du Citoyen Castagnier Commandant la flotte en rade par laquelle il rend Compte des motifs qui l'ont engagé à changer de position cette nuit.

A été arrêté de présenter aux représentants une pétition conforme à la délibération du vingt neuf de ce mois dont les citoyens

Dauchy et Lieven sont porteurs en y faisant quelque changement en ces termes :

« Après avoir consulté les Administrateurs du district et mu-
« rement délibéré sur la position actuelle des choses et la néces-
« sité de porter remède à tout ce qui pourroit troubler l'ordre
« ou entraver la défense.

« Arrête que les représentants de la Nation réunis dans cette
« Commune seront suppliés d'accorder le secours d'un Million
« nécessaire aux besoins de la Commune & aux secours
« de tout Genre à donner aux habitans indigens que par la
« suspension de tous les travaux se trouvent hors d'état de vi-
« vre, ainsi qu'aux infortunés du hameau voisin dont l'approche
« des Ennemis a occasionné la ruine absolue par la destruction
« de leurs propriétés que les dispositions de défense ont occa-
« sionné, et pour faire face d'ailleurs aux dépenses ruineuses
« qu'exigent les mesures de salut qu'il faut prendre eu égard à
« la position de la place : Arrête en outre qu'ils seront égale-
« ment suppliés de pourvoir à l'établissement d'un Tribunal
« militaire pour la ville de Dunkerque, ou tout au moins d'une
« Commission provisoire chargée de la poursuite des délits. »

A été arrêté de requérir l'ordonnateur de la Marine par intérim de faire préparer les caves du magazin Général de la marine pour y établir les différens bureaux et administrations civiles et militaires.

Vers les trois heures et demi se sont rendus à l'assemblée les citoyens Duquenoy Collombet et Hentz représentans du peuple près les armées du Nord auxquels le citoyen Maire leur a fait part de la situation critique de cette place et des précautions qu'avoit pris le Conseil pour la défense de la ville, que tous les citoyens avaient montrés le plus grand courage et la plus grande activité pour la défense de la place, que depuis le moment que l'ennemi a paru, ils n'avaient pas quittés les Remparts, que même les Compagnies de Grenadiers avaient fait une sortie dans les Dunes le vingt quatre et s'y étaient tenus depuis neuf heures du matin jusqu'à la nuit, qu'ils n'avaient eu que deux hommes

tués et deux blessés, que depuis ils n'avaient pas cessé le service, qu'il étoit urgent de faire avancer des troupes pour donner quelques repos tant aux troupes peu nombreuses qu'aux habitans qui sont accablés de fatigues.

Leur a pareillement rendu Compte des efforts qu'on avoit fait pour ramasser des vivres et fourages, qu'actuellement même il se trouve en route différents Commissaires pour engager les municipalités voisines à venir au Secours de la ville et des habitans que toutes s'y prêtaient et spécialement celles de Calais, Gravelines, Bourbourg & St-Omer que même elles avaient déjà fait passer des vivres et fourages considérables.

Ensuite les citoyens représentans ont dit qu'il convenoit de faire sortir de cette ville tous les Etrangers qui s'y trouvent notamment ceux des puissances avec lesquelles nous sommes en Guerre, qu'il serait dangereux, même à ces étrangers de demeurer dans une ville assiégée par leurs compatriotes.

En conséquence ont arrêtés de concert avec le Conseil Général, 1° Qu'à la diligence de la municipalité tous les Etrangers qui sont des nations avec lesquelles la République est en Guerre seraient sur le champ mis en sûreté pour être Conduits avec tous les égards possibles dans une place de guerre de troisième ligne jusqu'à ce que la ville sera délivré de la présence de l'ennemi, & être disposé d'eux conformément à la loi.

2° Que la municipalité demeureroit responsable de l'exécution de cet article.

3° Qu'elle feroit aux Commandants militaires toutes les requisitions qui ne compromettraient pas la défense de la place pour faire conduire successivement tous les étrangers mentionnés en l'arrêté dans une ville de troisième ligne.

4° Que les étrangers cy-dessus seraient Conduits en la ville d'Arras sauf d'après des observations ultérieures à indiquer d'autres villes, dans le cas où celle d'Arras ne contiendroit pas ou ne pourroit contenir tous les étrangers mentionnés au présent arrêté.

D'après l'arrêté cy-dessus le Conseil Général a arrêté de l'exécuter sur le champ. En conséquence que tous les individus étran-

gers de tout sexe & de tout âge appartenants aux nations avec lesquelles la République est en guerre seront mis en état d'arrestation pour être transférés en la ville d'Arras, auquel Effet chaque officier municipal accompagné de deux notables & de la force armée se portera dans sa section et y arrêteront tous les étrangers indistinctement sauf à élargir ceux dont les sentiments civiques sont Connus.

Sur les représentations faites aux représentants de la détresse dans laquelle se trouve la Commune, n'aiant pas de fonds pour faire face aux dépenses Considérables que les circonstances occasionnent étant obligés à secourir les malheureux habitans des Campagnes qui entourent cette ville dont les propriétés ont été détruites ; ils ont accordés un secours provisoire de trois cents mille livres à prendre chez le payeur de la guerre de laquelle somme sera rendu Compte.

A été fait lecture d'une lettre du District de Bergues relative aux secours à donner aux malheureux qui ont toutes leurs propriétés détruites, Et d'un arrêté par lequel le District a arrêté qu'il serait accordé des Secours aux infortunées victimes qui se sont réfugiées dans Dunkerque dans les proportions suivantes savoir :

Aux vieillards, Infirmes & aux femmes trente sols par jour à chaque enfant, à l'effet de quoi le district autorise la Municipalité à prendre les fonds nécessaires dans la Caisse du Receveur des Contributions de cette ville à charge de justifier de l'emploi.

Vers onze heures en vertu de l'arrêté de ce jour les Commissaires accompagnés des notables et de la force armée se sont portés chez les Etrangers qu'ils ont mis en état d'arrestation.

La nuit s'est passée tranquilement l'ennemi n'aiant fait aucun mouvement.

1er *Septembre.*

ET le premier septembre huit heures du matin on est venu annoncer que la flotille avait repris sa station à l'Est.

Vers neuf heures a été fait rapport qu'il arrive un bataillon venant de Gravelines.

Vers trois heures de relevée, a été arrêté de mettre en état d'arrestation le citoyen Dumoulin et d'apposer les scellés sur ses papiers, que les scellés seront aussi apposés sur les papiers des Citoyens Lavalley et Delpouve auquel effet nommons le citoyen Blaise qui s'y transportera sur le champ.

A été arrêté que le Procureur de la Commune sera chargé de faire partir les étrangers arrêtés a lui joint le citoyen Carlier officier municipal et Joseph Thelu notable.

Sur la représentation faite que le citoyen Topping Anglais devant se retirer à Arras d'après les ordres des représentans, demandoit un passe-port et la permission de prendre une voiture pour passer par Bourbourg et y prendre ses enfants, a été arrêté que le passe-port lui sera délivré et qu'il pourra prendre en passant à Bourbourg ses enfants.

Vers six heures a été fait rapport que les Ennemis faisaient le mouvement ordinaire.

Sur la représentation faite de la part du citoyen Hardy, d'un mémoire relatif au versement de dix mille quintaux de bled sur Lille, après avoir pris Communication de l'Exposé, le Conseil a certifié que les faits qu'il énonce sont vrais et Conformes aux divers arrêtés Consignés aux Registres du Conseil; En conséquence il pense que la réclamation du citoyen Hardy doit être d'autant plus favorablement accueillie que lorsque le Conseil Général a agi en ce qui Concerne ledit Citoyen Hardy, il l'a fait avec l'assentiment des citoyens Billaud Varennes & Nion représentans du Peuple alors en cette Commune et que depuis, les représentans députés à l'Armée du Nord ont ratifié tout ce que le Conseil Général avoit fait, et ont même bien voulu louer la conduite sage & prudente du Conseil Général et lui donner la satisfation de déclarer que ses mesures étaient également sages et prudentes.

Vers neuf heures et demi on a entendu une forte canonnade

en rade et le long des remparts, pendant environ une demi-heure. Le surplus de la nuit s'est passé tranquilement.

2 *Septembre.*

Et le deux Septembre vers dix heures, lecture faite de la proclamation des représentans et de l'Arrêté du Général à la suitte, a été arrêté de faire une proclamation interprétative.

Vers onze heures et demi, a été amené le citoyen Courtin habitant de Bourbourg, dénoncé comme suspect Et ouï le Procureur de la Commune qui a requis de prendre un parti à son égard lui a été dit de ne plus venir en ville sans être muni d'un certificat en bonne forme de Sa municipalité sinon qu'il sera mis en état d'arrestation.

Vers midi a été arrêté de requérir le Chef de la Garde Nationale de donner des ordres aux tambours de la Garde Nationale de se rendre le soir sur la place pour battre la retraite en se répandant en ville.

Sur la demande faite de faire arrêter le citoyen Boivredon pour le renvoier dans l'intérieur, a été arrêté qu'il sera mis sur le champ en état d'arrestation et renvoié avec les autres particuliers.

Vers midi & demi le citoyen Hardy a dit que le Boulanger qui fournit le pain à L'hopital militaire est venu lui demander du Bled pour Continuer la fourniture.

Que pareillement plusieurs autres boulangers se sont présentés pour avoir du bled, pour fournir le pain aux habitans; Observant qu'il n'a pu satisfaire à leurs demandes qu'il n'y soit préalablement autorisé par le Général ou le Conseil de guerre, En conséquence a été arrêté de présenter une pétition au Général en ces termes :

« La Commune de Dunkerque tirait habituellement ses approvisionnements en bled, du Marché de Bergues ce Marché n'est

« plus praticable & depuis longtemps nous n'avons d'autre res-
« source que les approvisionnements de la place que nous parta-
« geons avec l'armée qui nous défend, de sorte que le préposé
« aux subsistances fournit par chaque semaine environ dix sept
« à dix huit Cents quintaux de bled pour les subsistances de la
« Commune.

« Aujourd'hui, citoyen Général, la régularité du Service exige
« qu'il vous soit rendu Compte chaque jour de l'Etat des Sub-
« sistances & le préposé ne veut remettre à nos boulangers le
« Contingent indispensable que sous votre autorisation.

« Dans ces circonstances le Conseil Général réclame de votre
« justice comme de votre autorité que le préposé aux Subsistan-
« ces soit autorisé à fournir à nos boulangers, non dix sept ou dix
« huit Cents quintaux de Bled Comme il leur était fourni avant
« que la Garde Nationale citoyenne recevait le pain mais seule-
« ment neuf cents quintaux par semaine. »

Vers huit heures & demi, le Procureur de la Commune a dit que venant du Conseil de Guerre il a appris que le Général Souham venait de recevoir l'ordre de remettre son Commandement à l'Officier chargé aprep lui de la défense de la place.

Vers neuf heures est entré le Général Souham qui a donné Communication de la lettre qu'il venait de recevoir du Comité du Salut public qui lui ordonne de remettre le Commandement de la place à celui qui commande après lui, a été arrêté de Convoquer à l'instant tous les Membres absens.

Vers dix heures le Conseil Général permanent assemblé avec les administrateurs du district de Bergues réunis à Dunkerque informé que le Commandement de la place de Dunkerque venoit d'être retiré au Général Souham. Considérant qu'il est du devoir des administrations de donner aux pouvoirs constitués tous les moiens possibles d'écarter ce qui peut nuire à leur caractère et assurer la vérité des faits qui prouvent en leur faveur. Considérant que depuis Sept Jours que le Général Souham est dans la place, il y a opéré des choses qui ne pouvoient que donner de sa Capacité et des vues patriotiques et républicaines qu'il a mani-

festées, l'opinion la plus favorable : Considérant que son premier pas dans la Carrière qu'il a parcourue dans les lignes de Dunkerque, a été de rétablir la discipline militaire sans laquelle la force des armées n'est rien : Considérant que par ses discours, par ses actions, et par ses proclamations publiques il a usé de tous les moyens propres à maintenir le Courage des habitans, et à les déterminer à supporter avec résignation tous les efforts de l'Ennemi et les Suites de l'attaque désastreuse dont il les menace : Considérant que par les connaissances qu'il a constamment prises soit en se transportant sur tous les points des retranchements de la place soit par les renseignements particuliers qu'il a pris auprès des autorités ; il s'était attiré la confiance du Conseil Général & des habitans, tout murement pesé, a arrêté qu'il seroit délivré au Général Souham une attestation que tout dans sa conduite annonçait les dispositions de défendre la place et de s'y conduire comme un bon et loyal officier : auquel effet expédition du présent arrêté sera délivré audit Général Souham.

Vers onze heures se sont présentés les citoyens Deschamps et Becaert Commissaires du Comité de Salut public envoiés à l'Armée du Nord pour visiter les villes, les armées & rendre Compte des forces ennemies.

Sur l'observation faite qu'il se trouve en ville une quantité Considérable de chiens qui peuvent occasionner des Malheurs et qu'il seroit à propos d'en diminuer le nombre a été arrêté qu'il sera mis du poison dans les rues.

La nuit s'est passé assez tranquilement.

3 Septembre.

Et le trois septembre dix heures du matin sur l'observation faite par aucuns des Membres, que la mesure prise pour empoisonner les chiens, peut occasionner des accidents a été arrêté que l'arrêté du Jour d'hier sera rapporté.

Vers onze heures et demi, Considérant que le retard qu'éprouvent les remboursements qui doivent être faits au citoyen Espanet par l'Administration des subsistances l'expose à se trouver dans l'impossibilité de faire face aux fournitures de viande pour l'armée dans les lignes de Dunkerque : Considérant que si cette partie éprouvoit la moindre stagnation il pourroit en résulter des inconvénients très graves & sous le rapport du service de la République et sous le rapport de l'Ordre et de la tranquilité de la Commune, Considérant que la vérité des faits allégués par le citoyen Espanet sur le retard qu'il éprouve est établi par les démarches qu'il a faites à la Connaissance du Conseil Général auprès des représentans du peuple, du Comité du Conseil des Guerres chargé de la partie des subsistances et des Commissaires des guerres : Considérant enfin que le citoyen Espanet a la confiance de tous les Membres du Conseil Général individuellement et que sa probité Connue la lui mérite, il a été arrêté qu'il serait fait au Citoyen Espanet un prêt de Cinquante mille Livres, qui lui seront Comptés par le receveur de la Commune, à charge par le citoyen Espanet d'en faire la remise dans la huitaine, le Conseil Général restant subsidiairement garant de cette remise.

Vers deux heures et demi de relevée, le tourier a fait rapport qu'il a remarqué que l'ennemi avoit posé différens Canons sur les batteries du Coté de la Campagne du citoyen Destouches qu'il a vu plusieurs voitures venant de Furnes, qu'il n'a vu aucun mouvement au camp de Cassel.

Vers sept heures le tourrier a fait rapport qu'il a remarqué au Camp les mouvemens ordinaires, qu'il a vu trois bataillons marcher derrière la Campagne du citoyen Destouches avec deux pièces de Campagne qu'ils l'ont transportés dans leurs retranchements et qu'une partie des troupes est retournée au Camp.

A été fait lecture d'une lettre des Citoyens Dauchy et Liévin datée de Lille du premier de ce mois, renvoyant le mandat de Cent mille Livres sur le paieur de la Guerre et annonçant leur départ pour Paris.

La nuit s'est passée tranquilement.

4 Septembre.

Le quatre septembre, dix heures du matin, le tourrier a fait rapport qu'il a vu environ deux mille hommes entre les maisons de Campagne des Citoyens Woestyn et Aget, munis d'outils et qu'il les a vu Couper des petits arbres en grande quantité.

Sur le rapport fait que plusieurs Chefs de bataillons demandent des sabres, le Conseil d'Administration de la Garde Nationale Citoyenne a été autorisée de requérir les marchands d'armes de mettre à sa disposition les sabres qu'ils ont chez eux.

Vers onze heures le citoyen De Baecque a fait rapport qu'il a trouvé à la Citadelle des emplacements suffisants pour y loger les chasseurs, qui en ont été satisfaits.

Vers onze heures & un quart se sont rendus au Conseil les citoyens Toullard et Berlier représentans du peuple, qui ont annoncé avoir été députés pour cette ville. Et ont remis leurs commissions dont ils ont requis l'enregistrement.

Le citoyen Maire prenant la parole leur a fait un détail de tout ce qui s'est passé depuis le moment de l'approche de l'ennemi, et leur a fait connaitre la situation critique de la place, les dispositions connus des Ennemis et le peu de moiens qu'on a pour les repousser.

Vers six heures & demi de relevée le Tourier a annoncé qu'il n'a remarqué aucun changement dans le camp, qu'il a vu le mouvement ordinaire, qu'il a vu également abattre beaucoup de bois derrière la Campagne du Citoyen Aget, et former des gabions en grand nombre.

Vers huit heures, aiant été observé que les difficultés qui naissent à tout moment relativement aux permis de sortir & aux passeports, embarrassent Considérablement les Commissaires, désirant une Règle de Conduite pour la délivrance des dits passeports et permis de sortir et voulant en tout point seconder les vues et la surveillance du Conseil de Guerre.

A été arrêté que le Conseil de Guerre, sera invité de vouloir bien lui prescrire une Règle invariable de Conduite pour la forme que nos Commissaires auront à adopter.

La nuit s'est passée tranquilement.

5 Septembre.

Du cinq septembre vers dix heures du matin, s'est présenté le citoyen Laprun, Chef de bataillon au Sixième Régiment d'Artillerie qui a exhibé la Commission par laquelle il est nommé à la place de Sous-Directeur de l'Artillerie en cette ville à la place du citoyen Hennet nommé Chef de brigade Directeur de l'Artillerie à Saint-Omer.

Vers dix heures & demi, sur l'observation faite de la part des Commissaires formant le Comité de Secours, qu'il leur est impossible de subvenir à en fournir à tous ceux qui ont droit d'en prétendre, qu'il serait à propos de nommer des Commissaires dans les sections pour les aider dans les distributions, a été arrêté que le Comité proposera un mode par écrit qui sera discuté demain.

A été fait lecture d'une lettre des réprésentans à Cassel, adressée aux représentans actuellement en cette ville par laquelle ils annoncent le Secours prochain & l'arrivée du Général Houchard.

Lecture faite d'une réquisition du Conseil de Guerre tendante à faire fermer toutes les tourelles et belvédères qui dominent sur les maisons des citoyens et ceux des cy-devant Couvents dans le plus bref délai, et de la manière la plus certaine pour assurer la tranquilité publique.

A été arrêté que les scellés seront apposés sur les portes des tourelles des particuliers par les Juges de Paix qui y procéderont sur le champ et établiront les propriétaires pour gardiens aux scellés.

Sur différentes représentations faites a été arrêté que tous les

particuliers pourront embarquer leurs effets et marchandises à bord des bélandres qui ne seront pas requis pour le Service de la République.

Vers onze heures et demi a été arrêté d'établir un corps de pompiers & ouvriers qui sera soldé et le citoyen De Baecque chargé de la formation.

S'est présenté le citoyen Ferrand nommé au Commandement de cette place suivant la Commission à lui délivrée par le Général Houchard au quartier Général de Cassel le quatre de ce mois.

Vers midi a été fait lecture d'une Lettre du district de Bergues portant ordre de faire arrêter le citoyen Groslevin fils et d'en donner avis. En conséquence le Procureur de la Commune chargé de l'exécution, l'a fait arrêter sur le champ.

Vers sept heures de relevée a été remis de la part des citoyens représentans une lettre avec des exemplaires de leur proclamation qui a été affiché sur le champ.

A été fait rapport par le Tourier qu'il voiait dans le camp des ennemis les mouvemens ordinaires.

A été fait lecture d'une lettre du district de Bergues de ce jour joint copie d'une lettre des Administrateurs du département du 25 août dernier par laquelle ils demandent l'Etat de situation de tous les Magazins et attelliers.

A été fait lecture d'une réquisition du Bureau des Subsistances pour procurer des Magazins propres à y mettre du Bled.

Sur le rapport fait par le Procureur de la Commune d'une dénonciation à lui faite à la charge du citoyen Saladin soupçonné de Correspondre avec les ennemis, a été arrêté que le citoyen Saladin sera mis en état d'arrestation et que les scellés seront apposés sur ses papiers par les citoyens Blaisel et Théodore Thelu notables.

Vers sept heures & demi le citoyen Dusse paieur de la guerre est venu Communiquer une lettre qui annonce qu'il fera

l'Echange de Quatre vingt mille livres d'assignats à Effigie Royale pour pareille Somme en assignats républicains.

La nuit s'est passée assez tranquilement.

6 Septembre.

Le six septembre vers neuf heures un quart du matin a été fait rapport par le Tourrier qu'on voioit treize cotter depuis Ostende jusqu'à Dunkerque.

Vers midi a été fait rapport qu'on canonnait à force du côté du Canal d'Hondschoote.

Vers trois heures de relevée une vive Canonnade des Batteries des Remparts, des forts et des batteries flottantes se sont fait entendre, au même moment environ Sept à huit mille hommes divisés en quatre colonnes sont sortis de la place et ont attaqués les ennemis tant dans les dunes que dans le Rosendal les ont débusqués de plusieurs maisons où ils étoient retranchés, Ensuite y ont mis le feu ; mais la colonne du Canal de Furnes se trouvant battue par une batterie ennemie n'a pu avancer aiant eu un de ses canons démonté. La colonne qui marchoit dans les Dunes par l'Estran a fait le plus grand mouvement & avancé à grands pas, au travers d'un feu très vif faisant de son côté un feu aussi très vif, et a fait reculer la colonne ennemie mais une Colonne d'anglais étant venu renforcer la première, notre Colonne sur le point d'être enveloppée a été obligée de se retirer, nos troupes ont fait vingt neuf prisonniers dont huit blessés, que de notre Côté nous avons eu deux cents blessés dont plusieurs dangereusement, mais que les Ennemis ont perdu beaucoup plus de monde ; a aussi été fait rapport que treize grenadiers avaient attaqué un poste Ennemi composé de vingt quatre hommes leur avaient tués dix sept hommes, fait six prisonniers, et qu'un des vingt quatre hommes s'est sauvé.

Pendant tous ces mouvemens le plus grand calme a regné en ville, la Garde Nationale citoyenne était aux postes des remparts

& les citoyens non armés ainsi que les citoyennes, ont aidés à transporter les blessés et à leur donner des secours.

Se sont présentés des administrateurs du district de Calais qui ont dit s'être rendus de cette ville pour y prendre des ordres des représentants, & qu'en même tems ils assuraient la Commune qu'elle pouvait disposer d'eux dans toutes les occasions, qu'on pouvoit leur demander tous les secours qu'ils étaient prets de fournir ceux qui dépendaient d'eux.

S'est aussi présenté le citoyen Vermersch, administrateur du département du Nord qui a dit être chargé de procurer à la Commune des Subsistances.

Vers six heures et demi, sur le rapport fait que la quantité de blessés demandoit des prompts secours, de l'avis et en présence des administrateurs du département & du district de Bergues a été arrêté d'employer le citoyen Cumming. En conséquence lui a été enjoint de se rendre à l'hôpital pour y prêter ses soins aux malades et blessés, auquel Effet sera élargi des prisons, à charge de se représenter toute fois et quant il en sera requis.

S'est rendu à l'assemblée le citoyen Bourrot Commissaire de guerres qui a annoncé de la part du Général qu'on pouvoit permettre la sortie aux personnes de la Campagne entrées avec des vivres.

Vers sept heures et demi le tourier a rapporté qu'il a vu un navire de soixante quatorze canons à la hauteur de Gravelines qu'il a vu revenir de Bergues de l'Infanterie et de la Cavalerie.

S'est présenté vers neuf heures et demi le citoyen Hecquet, Chirurgien major des hôpitaux qui a dit que tous les blessés étaient pansés, qu'on en avoit le plus grand soin.

La nuit s'est passé assez tranquilement.

7 Septembre.

LE sept septembre vers huit heures du matin a été fait rapport qu'on était parvenu à retirer de la digue du Canal de

Furnes le canon qui avait été démonté hier, ainsi que les munitions du Caisson brisé.

A été fait rapport par le tourrier qu'il a vu à la hauteur de la fosse de Mardick le vaisseau de soixante quatorze canons, une frégatte de 30 Canons & sept Caiches que tout est tranquile au Camp, que le feu Continuait dans plusieurs maisons.

Vers dix heures et demi le Commandant temporaire s'est rendu à l'assemblée pour s'informer de la quantité de prisonniers ennemis.

Vers onze heures et un quart, a été remis de la part des représentans du peuple pour faire arrêter et déporter plusieurs particuliers y dénommés, parmi lesquels se trouve le citoyen Montgey.

A l'instant le Procureur de la Commune a déclaré qu'il a fait délivrer ce matin un permis de sortir aux citoyens composants le Tribunal du district pour se rendre à Gravelines, qu'aiant été obmis d'y comprendre le citoyen Montgey homme de loi faisant les fonctions de Commissaire National, il l'a ajouté entre lignes, son nom, qu'il ignore s'il est parti.

Ensuite a été arrêté, que l'arrêté des représentans ci-dessus mentionné sera sur le champ mis à exécution.

Vers onze heures et demi, les représentans ont envoié un Exemplaire de leur arrêté du cinq de ce mois portant établissement d'un Comité de surveillance.

A été arrêté de placer les personnes qui doivent être mis en état d'arrestation dans le Bureau du Procureur de la Commune.

Vers midi le tourrier a fait rapport qu'il a vu six navires de transport dont trois font route pour Ostende, et trois se disposent d'entrer à Nieuport.

Sur la pétition du Citoyen Audeval a été arrêté de lui accorder un certificat de civisme et d'y faire mention du tems qu'il a resté en ville.

Le citoyen De Baecque a annoncé qu'il vient d'apprendre du Général Ferrant que le Général Leclair lui avait écrit que les ennemis se retiraient vers Oostcappel qu'il allait se mettre à leur

poursuite avec deux Colonnes, & demandait un Régiment de Chasseurs à cheval.

Sur la demande du citoyen Laurent Chavrot, Maréchal des Logis dans la trente quatrième division des Gendarmes lui a été délivré un certificat d'avoir amené trois prisonniers ennemis.

Vers une heure de relevée a été arrêté que des Commissaires se transporteront avec les personnes mises en état d'arrestation pour visiter leurs papiers.

Vers deux heures et demi a été fait rapport que le Général Ferant faisaient des dispositions pour faire une sortie, a été arrêté en Conséquence de Commander sur le champ des ouvriers pour les répartir aux portes pour le transport des blessés, d'y faire trouver des Civières & échelles avec la paille pour les transporter.

Vers trois heures, le tourrier a fait rapport qu'une Colonne d'au moins trois mille hommes d'Infanterie part pour Furnes et une partie de Cavalerie.

Vers quatre heures les officiers de santé de l'hôpital se sont présentés et ont annoncé qu'ils avaient pris la résolution d'établir l'hôpital principal à la paroisse, où tous les blessés seront portés sur le champ. En conséquence demandent qu'il y soit établi une garde pour empêcher que les troupes qui apporteront les blessés ne puissent entrer & ne vexent les officiers de santé comme elles ont fait hier; ils ont aussi demandés cent paires de draps de pansement.

Arrêté de charger différents Commissaires pour aller en prévenir les Citoyens.

Vers quatre heures et demi les chasseurs à cheval se sont transportés sur le port pour sortir au premier signal, l'Infanterie est sortie sur deux Colonnes aiant à leur tête les Généraux et le représentant du Peuple Trulard l'une par le port et l'autre par la porte de Nieuport au même instant la Générale a battu pour assembler la Garde Nationale citoyenne, qui s'est rendu sur le champ aux postes indiqués, on a tiré aux différentes Batteries pour protéger la marche des troupes.

Vers six heures et demi a été fait lecture d'une lettre du Directoire du district addressée aux Membres réunis en cette ville par laquelle on annonce que les Ennemis se sont retirés dans les environs de Bergues.

A été amené le nommé Nicolas Van Worst arrêté près les remparts.

Se sont présentés les nommés Desessart et Jean Baptiste L'orient qui ont rapporté chacun un Boulet tombés sur les remparts et ont demandés qu'il en soit fait mention au procès-verbal.

Le citoyen Jaccaud a rendu Compte que s'étant rendu à la pauvre Ecole les Citoyens et citoyennes ont apporté quantité de draps, pour servir aux pansements des blessés, et qu'une douzaine de femmes travaillent à Couper des bandes.

Vers sept heures a été fait rapport que nos troupes continuent à se battre avec acharnement et des Gendarmes ont amenés des Prisonniers.

A été fait lecture d'une lettre du Comité du Salut public par laquelle il accorde à la ville un million pour être emploié au soulagement des malheureuses victimes et aux besoins de la place.

Vers sept heures et demi les troupes ont fait leur retraite dans le plus grand ordre.

La tranquilité a régnée pendant la nuit.

8 Septembre.

Le huit septembre vers six heures du matin, le tourrier a annoncé qu'il voioit beaucoup de mouvement dans le camp ennemi & qu'il élevoit une batterie.

Vers sept heures, le Général Ferrand a communiqué les ordres qu'il venoit de recevoir du Général Houchard de faire une sortie entre neuf et dix heures du matin.

Vers neuf heures le Tourier a fait rapport que le Camp Ennemi

est en mouvement que l'Infanterie se porte du Côté de la Basse-ville et la cavalerie du Côté de la mer.

Vers neuf heures trois quarts, se sont présentés deux matelots qui ont dit qu'étant prisonniers à Nieuport, ils y ont vu débarquer une partie d'Artillerie anglaise, qu'ils ont vu amener avant hier environ quatre vingt prisonniers, que le désir de revenir chez eux les a fait user de tous les moyens pour s'évader des prisons, qu'y étant parvenus ils se sont emparés d'un canot avec lequel ils sont parvenus à se rendre en ce port, que faisant route une frégatte anglaise a tiré sur eux trois coups de canon ; et sur ce qu'ils ont exposés qu'ils se trouvaient dans un dénuement total a été arrêté qu'il leur sera paié à chacun vingt cinq livres par le Comité des Secours.

A été dit par un membre que le Général Souham venoit de recevoir des nouvelles du Comité du Salut public qui le réintègre dans ses fonctions.

Vers dix heures le Procureur de la Commune a donné Communication d'une lettre des représentans, par laquelle ils annoncent qu'il faut suspendre la déportation du Citoyen Cailliez l'ainé, mais qu'il doit rester chez lui en arrestation avec un garde.

Sur ce qui a été observé qu'aucuns des notables ont été inquiétés par les Capitaines des Compagnies de la Garde Nationale citoyenne dans lesquelles ils font le service qui veulent les obliger à faire les Corvées.

Considérant que les notables étant en permanence ne peuvent faire le service dans la Garde Nationale ; que d'un autre côté ils ne peuvent se faire remplacer puisque tous les citoyens sont en réquisition permanente, a été arrêté de prier le Chef de Légion de prévenir les officiers qu'ils ne peuvent forcer les notables soit à monter la garde ou à faire des Corvées, puisqu'ils sont occupés au Service de la Commune nuit & jour.

Vers onze heures et demi a été fait rapport que les ennemis s'étaient retirés dans leur Camp mais qu'ils travaillaient beaucoup à former des retranchements dans les dunes.

Vers midi & demi a été fait rapport que l'Armée de la République gagnait du terrain du Côté d'Hondschoote.

Vers deux heures de relevée, les troupes se sont mis en marche pour faire une sortie les Canonniers s'avançant vers Leffrinckhoucke.

Vers deux heures & demi les batteries des Remparts ont Commencé le feu.

Vers trois heures on a remarqué le feu de différentes batteries des ennemis placées le long des Dunes, les Canonniers ont aussi fait un feu Continuel.

A la droite des Dunes une fusillade considérable et continuelle.

Vers quatre heures & demi a été fait lecture d'une lettre du Conseil Général de la Commune de Gravelines.

Sur les plaintes faites par les Officiers de santé de l'hôpital militaire que les salles n'étaient pas préparées, qu'il manquoit des Commis pour annoter la réception des malades a été arrêté d'enjoindre au Directeur de l'Hôpital de pourvoir à tout, et de le faire venir sur le champ à l'Assemblée.

Vers cinq heures, le citoyen Maire, arrivant de la tour a annoncé que l'Ennemi a levé son camp, qu'il a vu charger plusieurs voitures qui filaient vers Furnes, ainsi que quelques caissons.

Qu'on a vu la Cavalerie ennemie qui se portait jusqu'à deux cent cinquante toises des glacis.

A été fait rapport qu'on venait d'apprendre qu'une colonne avance sur Furnes du côté d'Hondschoote.

Vers cinq heures et demi s'est rendu à l'Assemblée le citoyen Du Ponchel, Directeur de l'hôpital militaire, à qui le Maire a observé que l'hôpital devoit être pourvu des objets nécessaires pour le soulagement des malades et blessés, qu'il est étonnant qu'il se soit addressé à la Municipalité pour lui faire fournir des pots de chambre, pots à thisanne et autres ustensiles, qu'il doit se les procurer à quoi le citoyen Du Ponchel a répondu que

depuis la réquisition qu'il avoit faite, il étoit parvenu à se procurer les objets qu'il avoit demandé et que le tout étoit préparé.

Vers six heures on est venu annoncer qu'il paroissoit que l'Ennemi avoit mis le feu aux fourages.

Vers six heures et demi un officier arrivant directement de Cassel a annoncé avoir vu à Bergues Cinq à six cents anglais avec leurs officiers arrivant en ordre sur trois rang mouillés jusqu'à la ceinture, que les troupes de la république les ont attaqués en traversant les eaux jusqu'à moitié du Corps, que vers dix heures la ville d'hondschoote avoit été emporté, qu'il présumoit le Général Houchard à Hondschoote.

Vers sept heures on a annoncé qu'il étoit arrivé des troupes nombreuses sous Bergues et qu'on demandoit du pain, que le citoyen Hardy en avoit fait part au Général, qui lui a fait défense de se dégarnir, prévoiant en avoir besoin pour les troupes qui devaient arriver ici.

Des officiers municipaux ont fait rapport qu'ils venaient de visiter les hôpitaux qu'ils y avaient trouvé les malades très contents des soins qu'on prenait d'eux, et que tous les secours y étaient abondants.

A été proposé par le Procureur sindic du district d'envoier des députés au Général Houchard pour lui marquer la reconnaissance de la Commune et l'inviter à s'y rendre, ajourné à demain pour y délibérer.

A été rapporté que du côté de Bergues on auroit pris un nombre considérable d'Ennemis et quantité de Canons.

Vers huit heures a été remis une lettre de la part des Membres composant le Comité de surveillance annonçant leur nomination.

Vers dix heures est arrivé un officier des chasseurs Bataves chargé d'une lettre par laquelle on annonce l'arrivée du Million par Bourbourg & demandant une escorte pour aller au devant, laquelle escorte aiant été fournie le trésor est arrivé vers deux heures du matin.

9 Septembre

Le neuf septembre vers cinq heures du matin, on est venu annoncé que l'Ennemi avait levé son Camp avec précipitation, s'étoit retiré vers Furnes & abandonné une partie considérable de ses Equipages.

Vers sept heures des volontaires sont venus déclaré avoir trouvé un magazin rempli de toiles.

Vers huit heures et demi un cavalier de la Garde Nationale citoyenne a fait rapport qu'il avait découvert à Betsforts Capelle un Magazin de sacs à terre des plus considérables et autres effets.

Vers neuf heures et un quart a été rapporté qu'on avoit trouvé quatorze pièces de canon de vingt quatre livres de balles, près de Leffrinckhoucke.

Vers dix heures le citoyen Dauchy s'est présenté et a dit qu'il étoit arrivé cette nuit qu'il avait été bien accueilli au Comité du Salut public & obtenu le secours demandé.

A été fait rapport par le Tourrier que l'Ennemi avait laissé beaucoup de fourages sur la plaine, qu'on avoit mis le feu à la Campagne du citoyen Destouches ainsi que dans deux maisons à Rosendale que le chemin de Bergues était rempli de troupes avec armes et Bagages.

Qu'il a vu deux vaisseaux et quatre frégattes mouillés devant Gravelines, et huit caiches à la voille dans le même parage.

Qu'il a aussi vu une frégatte mouillée dans la rade de Nieuport.

On est venu annoncer qu'il entrait en ville une grande partie de troupes, lesquelles ont filées au travers la ville et sont sorties par la barrière du port.

Le citoyen Jonclin a fait rapport qu'il avoit été jusqu'à Leffrinckhoucke qu'il a vu les quatorze pièces de vingt quatre et douze autres qu'il a remarqué, que les Ennemis avaient projetté

de prendre la ville d'assaut par les préparatifs considérables qu'ils avaient faits en chevalets, fascines gabions et saucissons.

A été remis une réquisition de la part des représentans tendant à faire travailler aux démolitions des maisons dans Rosendale et à l'abbati des arbres jusqu'à l'endroit qui sera indiqué, et de s'assurer à cet effet d'un nombre suffisant d'ouvriers, le tout sauf les indemnités de droit qui peuvent revenir aux propriétaires.

Dans l'après-midi on a fait rapport que les effets abandonnés par les ennemis consistaient en environ cinquante mille sacs à terre, huit cents chevalets, une quantité prodigieuse de planches, environ huit cents barils de poudre, quarante une pièces de canons la majeure partie de Siège, une partie d'affuts, environ Six mille boulets de vingt quatre une partie de fusils, caissons, forges pelles, pioches, fourgons et autres Equipages, soixante bœufs, une grande partie de fourages & une infinité d'autres objets dont on n'a pu donner le détail.

Vers six heures, le citoyen Meine placé à la tour pour observer la marche des Ennemis a fait rapport qu'il avait vu un très grand feu à la droite de Furnes, qu'à l'hauteur de cette ville il avoit vu des caiches venir prez de terre où il a vu embarquer des pelottons d'hommes.

Est arrivé une ordonnance apportant l'avis de l'arrivée du Général Houchard.

Vers six heures et demie le Général Houchard est arrivé en ville et s'est rendu au port, de là s'est rendu à l'Assemblée, le citoyen Maire portant la parole lui a fait connaître toute la reconnaissance que les habitans lui avaient de la diligence qu'il avoit fait pour délivrer la ville des Satellites & des despotes.

Vers huit heures, le chef de Légion a annoncé que le premier Bataillon de la Garde Nationale citoyenne s'offrait à aller travailler à la destruction des retranchemens des Ennemis et tous autres ouvrages qu'on jugerait à propos. Le Conseil a accepté l'offre, et a arrêté qu'il en sera fait mention honorable.

A été fait rapport par deux membres du Conseil et substitut du Procureur de la Commune que s'étant présenté pour monter à la grande tour, le commandant temporaire s'y trouvant leur a fait refus en observant qu'il étoit défendu par le Général d'y laisser monter la municipalité.

Pendant la nuit on a continué à transporter en ville les effets trouvés au Camp ennemi.

10 Septembre.

Le dix septembre vers sept heures du matin s'est présenté le citoyen Charles Couvelaere jardinier de Teteghem qui a déclaré qu'il a renfermé chez lui des effets appartenans à des inconnus consistant en chaises, tables et autres effets qu'il gardera à la disposition des particuliers à qui ils peuvent appartenir.

Pendant la matinée on a continué d'amener des effets de campement. Artillerie et munitions.

Vers onze heures a été arrêté que le citoyen L'Ainé et sa femme seront élargis de la prison.

Un membre du Comité de surveillance a présenté une nouvelle commission des représentans qui étend les pouvoirs dudit Comité, portés par l'arrêté du cinq de ce mois.

A été arrêté que tous ceux qui seront arrêtés pour signaux seront renvoiés au comité de surveillance.

Vers onze heures & demi le Général Souham a annoncé que l'avant-Garde des chasseurs et cuirassiers avaient été aux mains avec l'arrière-garde des Ennemis.

A demandé qu'on employe tous les chevaux pour ramener les effets abandonnés par les ennemis, lui a été répondu que tous les chevaux de la ville ont travaillés constamment depuis hier, qu'on a arrêté même les chevaux des étrangers qui ont été également employés & qu'on avait fait passer des bateaux dans le canal pour aider au transport.

Vers quatre heures et demi de relevée sont entrés les citoyens Berlier et Hentz représentans qui ont dit avoir visité les prisons et avoir reconnus que le local est trop petit & par conséquent Malsain, qu'ils avaient remarqué beaucoup de malpropreté et que la paille était réduite en poussière. Le Conseil a observé que depuis longtems il connoissoit les vices de l'emplacement, qu'il avoit sollicité le département pour obtenir un local propre ; que quant à la malpropreté de la prison, rien n'a pu empêcher puisque depuis près d'un mois elle avait toujours été remplie de prisonniers tant militaires que bourgeois, que quant à la paille on était assuré qu'on en fournissoit tous les quinze jours, et outre cela à l'entrée de chaque prisonnier, qui cependant se trouvoit réduit en poussière en moins de deux jours ;

Les citoyens représentans ont dit ensuite que le Conseil n'avoit qu'à indiquer un local propre et de leur donner une pétition raisonnée que provisoirement ils accorderaient l'emplacement et autoriseraient les dépenses à faire pour mettre le local en état. En conséquence des commissaires ont été dénommés pour visiter les différentes maisons et couvents pour indiquer le local.

Vers six heures a été arrêté de requérir toutes les personnes qui ont des chevaux de les faire trouver demain cinq heures du matin avec colliers et traits.

A aussi été arrêté de requérir les Membres du district de faire venir les chevaux des villages voisins pour aider à transporter les effets abandonnés par les ennemis.

A été fait lecture d'une lettre de la Municipalité de Calais portant félicitation sur notre délivrance des Sattellites des despotes.

A été fait lecture de l'arrêté de la Commune de Paris en réponse à la lettre des envoiés des assemblées primaires.

La nuit s'est passée assez tranquilement sauf le mouvement des troupes.

11 *Septembre.*

Du onze septembre au matin, différents rapports ont été faits que nos troupes tenaient les Ennemis cernés du côté de Furnes.

Vers onze heures s'est présenté le citoyen Herrewyn commandant du détachement de la Garde Nationale citoyenne d'Hondschoote lequel a observé qu'il s'est rendu en cette ville au moment de l'invasion de l'Ennemi du coté d'Hondschoote avec partie de la Garde Nationale citoyenne du dit lieu et le Drapeau du Septième bataillon de la Garde Nationale citoyenne de la dite ville, cinquième légion du district de Bergues, sur lequel ils ont juré de vivre libres ou de mourir qui a été déposé dans notre maison Commune, que Hontschoote étant libre, il se proposoit de retourner dans ses foyers avec son détachement et le Drapeau, qu'à cet effet il s'était addressé au Général Souham pour obtenir la permission de se retirer laquelle lui a été accordée.

Considérant que ledit citoyen Herrewyn ainsi que son détachement ont montré depuis leur arrivée en cette ville le plus grand courage & activité aiant constamment fait le service conjointement avec les gardes Nationale citoyenne de cette ville, ils méritent les plus grands éloges et toute notre reconnaissance.

A été arrêté que le drapeau par eux déposé sera remis sur le champ et que copie du présent arrêté leur sera délivré pour leur servir et valoir ce que de droit.

Le Conseil Général informé que le Général de brigade Jacques Ferrand envoié en cette place pour en prendre le commandement en chef, vient de recevoir l'ordre de prendre le commandement de la trente sixième brigade au camp de la Madelaine sous Lille. Considérant que c'est agir conformément aux principes qui l'attachent invariablement à la chose publique que de rendre la justice la plus éclatante aux officiers qui méritent la confiance du Peuple. Considérant que pendant le tems que le Général de Brigade Ferrand a commandé dans Dunkerque il a déployé le zèle le plus ardent & l'amour de son païs : Considérant que concurremment avec les autres officiers supérieurs il a fait tout ce qui étoit en son pouvoir de faire pour maintenir la discipline militaire qui double le courage et la force des Guerriers : Considérant qu'en toutes occasions le Général Ferrand a engagé le Conseil Général à l'aider de tous ses moyens pour l'avantage de la République

blique et a fait des efforts continus pour seconder ses intentions ; A arrêté que ledit Général Ferrand seroit remercié au nom de la Commune des soins qu'il a pris pour sa conservation et qu'Expédition du dit arrêté seroit remise au Général Ferrand comme une preuve d'estime et de reconnaissance.

Ensuite le citoyen Maire l'a prié de rendre justice à la Garde Nationale citoyenne et au Conseil Général de la Commune sur la conduite tenue pendant le tems du siège. En conséquence il a délivré le certificat dont suit copie :

« Le Général de Brigade Jacques Ferrand Commandant en chef
« dans la place de Dunkerque appelé au commandement de la
« Trente sixième Brigade au camp de la Madelaine sous Lille,
« Considérant que pendant tout le temps que l'ennemi a été
« sous la place de Dunkerque, la Garde Nationale citoyenne a
« fait un service constant et pénible : Considérant que son zèle
« et son activité sont égaux à la subordination à laquelle elle
« s'est soumise : Considérant que ni le danger ni les fatigues
« n'ont pu rebuter des citoyens qui pour se porter aux Rem-
« parts abandonnaient aux hazards désastreux du bombardement
« dont la ville de Dunkerque était menacée, leurs propriétés et
« leurs biens : Considérant que cette Garde Nationale a donné
« aux troupes de ligne et aux troupes soldées avec lesquelles elle
« servait l'exemple de la plus exacte discipline. Considérant que
« son courage était tellement prononcé que l'Ennemi aurait dû
« les faire tous périr avant qu'il eût pu songer à se rendre maî-
« tre de cette importante place : Considérant qu'une pareille
« conduite constamment soutenue, ne peut être puisée que dans
« un ardent attachement à la République & que le calme et le
« bon ordre qui ont régné dans la place sont tout à la fois
« l'Eloge des habitans en Général et de l'Administration civile
« qui les gouverne et qui a mérité à si juste titre leur confiance,
« tout bien examiné croit qu'il est de la justice en quittant ses
« braves frères d'armes les citoyens de Dunkerque de leur don-
« ner une attestation civique dictée par la Vérité & par la re-
« connaissance qu'il leur doit de l'ardeur avec laquelle ils l'ont
« secondé dans ses opérations militaires. »

A l'instant le Procureur de la Commune aiant pris connaissance de l'attestation donnée aux habitans de Dunkerque par le Général de brigade Ferrand : Considérant qu'elle est une Justice rendue & méritée par la Garde Nationale Citoyenne digne de son courage et de son civisme : Considérant qu'elle est également un Juste tribut d'Eloges dus à la Généralité des habitans de Dunkerque qui ont concourus par leur soumission aux lois & aux autorités constituées à faire éclater la conduite mémorable des Dunkerquois, requiert qu'il soit arrêté que ladite attestation sera imprimée et distribuée au public et des Exemplaires envoiés tant au Conseil d'Administration de la Garde Nationale Citoyenne qu'aux Communes environnantes qui ont pris l'intérêt le plus marqué au sort de la ville de Dunkerque.

Le Conseil Général faisant droit sur les conclusions ci-dessus arrête qu'elles seront exécutées selon leur forme et teneur.

Vers trois heures et demi de relevée des officiers municipaux de la ville d'Abbeville se sont présentés & ont dit qu'ils étaient charmés de notre délivrance et que les risques et dangers qu'avait couru notre Commune avait beaucoup inquiété.

Vers quatre heures a été fait rapport par le citoyen Marin, Membre du district de Bergues, que le citoyen Camuset, Membre du département du Nord, en entrant en ville avait dit au citoyen Pauwels, Capitaine de la Garde Nationale, Commandant le Poste du Pont rouge, que les Membres du district et la municipalité avaient rendu Dunkerque. Considérant que pareils propos tenus par un Membre du Département peuvent influer sur l'esprit du peuple, et tendent à faire perdre aux officiers municipaux la confiance dont ils ont jouis jusqu'à présent, a été arrêté que le citoyen Marin fera sur le champ sa déclaration au Juge de Paix du Canton du Midi pour le mettre à même d'informer de suitte.

Vers onze heures et demi a été donné ordre de rassembler deux bataillons de la Garde Nationale citoyenne pour renforcer les postes, la troupe ayant reçu ordre de partir.

12 Septembre.

Le douze septembre, vers six heures et demi du matin, le Citoyen Falconnet, Ingénieur, est venu demander des Capitaines de navire pour se rendre à la tour ; En conséquence le citoyen Perre, Capitaine du port, a été requis de déférer à cette réquisition.

Vers huit heures le citoyen Camus a remis un arrêté du Jour d'hier des représentans Hentz & Berlier portant que le nommé Saladin sera sur le champ conduit sous bonne garde à Arras pour y être détenu ; A été arrêté qu'il sera remis au Procureur de la Commune pour le faire exécuter.

Le Commandant temporaire a remis un ordre portant que les Commandants des postes laisseraient sortir librement des portes tous particuliers quelconques à l'exception de ceux attachés et faisant le service dans la Garde citoyenne.

A été arrêté que Copies seront envoiées sur le champ aux Commandans des différens postes aux portes de la ville.

A été rapporté que tous les effets abandonnés par les ennemis sont entrés.

Vers sept heures de relevée, a été fait rapport que tous les habitans de Ghyvelde, dans la crainte que l'Ennemi ne revienne, les armées s'étant retirées à Leffrinckhoucke ; retournant en cette ville, que ces malheureux se trouvent sans logement, qu'il serait à propos de leur en procurer, Considérant qu'il se trouve trente à quarante logemens dans le Couvent des cy-devants Carmes, dans lesquels il y a une partie de pois de l'approvisionnement de la place, a été arrêté d'écrire au citoyen Hardy pour l'engager à déloger les pois, afin de pouvoir disposer des logements en faveur des malheureux fugitifs.

13 Septembre.

Et le treize septembre, vers neuf heures a été donné ordre aux personnes logées chez le citoyen Brown de quitter la maison pour y loger le Général Souham.

Vers onze heures s'est présenté le Citoyen Garcia chef des touriers, qui a exposé qu'aiant été accusé ainsi que les autres touriers, d'avoir fait des signaux nuitamment, ils avaient été constitués prisonniers et leur procès fait que d'après l'instruction, leur innocence avait été reconnue, ainsi qu'il résulte du Jugement rendu par le Tribunal militaire provisoire le douze de ce mois, qui les rétablit dans leurs fonctions, et permet l'impression et l'affiche, qu'aiant été présenté aux citoyens représentans ils avaient confirmé le Jugement et leur réintégration ;

Considérant que les tourriers ont toujours été des plus exacts dans leur service et qu'ils méritent de la part du Conseil Général des Considérations.

A été arrêté que le Jugement et l'approbation des représentans seront imprimés aux dépens de la Commune et des exemplaires envoiés dans les Communes voisines.

A été Arrêté de faire défense aux touriers de prêter les clefs de la tour à qui que ce soit.

A été fait rapport par le tourrier qu'il vient de voir quatre frégattes, quelques navires et cotters devant Nieuport et d'autres bâtiments devant Ostende.

Sur ce qui a été observé que les tourriers, Gardes nuit et Sergents de Police ont rendu des services considérables et extraordinaires pendant le siège, a été arrêté qu'il leur serait accordé une gratification.

Considérant que les rues de la Ville se trouvent encombrées par la quantité de fumier qui a été versée pour être placée sur les entrées de caves, et les dangers du bombardement étant passés, a été arrêté de mettre à la disposition du Procureur de la

Commune tous les tombereaux de l'Entrepreneur de l'enlèvement des boues. Douze voitures et cent hommes pour faire enlever tous les fumiers qui seront déposés à l'Ile Jeanty ou derrière le Bassin.

A aussi été arrêté que les fumiers qui se trouvent dans les différentes maisons des cy-devant religieux et religieuses, et au Collège seront également enlevés et transportés avec les autres fumiers.

Etant informé que des particuliers qui ont été employés aux travaux dans le Rosendale se sont avisés de porter et garder chez eux des pelles, pioches et autres outils qui leur ont été confiés, a été arrêté d'inviter le Général à faire une proclamation pour faire rapporter les d. outils sous des peines corporelles.

A été arrêté d'inviter les Membres du Bureau du Génie & de l'Artillerie à fournir l'Etat des charpentiers et ouvriers qui ont été tués ou blessés.

A été arrêté que le citoyen Salomez procurera l'Etat des pêcheurs qui ont été employés aux ouvrages, et la quantité des Journées qu'ils ont été occupés, qu'il procurera également un état de ceux qui sont dans les prisons d'Angleterre.

A été arrêté qu'on continuera à fournir des secours aux habitans de Rosendale.

Considérant que les fonds destinés à soulager les femmes et parens de ceux qui sont au service ne sont pas encore arrivés, que cependant on vient journellement faire des réclamations, et qu'il est juste d'aller au secours de ces malheureux, a été arrêté d'établir un comité composé de deux commissaires assistés du citoyen Vigreux qui fera des avances provisoires; Auquel effet les citoyens Le Roy et Gourdin ont été nommés.

Vers trois heures & demi, le Tourrier a annoncé que les bâtiments qu'il avoit vu devant Nieuport et Ostende sont à la voille et qu'il croit qu'ils se proposent d'entrer dans ces ports.

Vers sept heures, le tourier a fait rapport qu'il a vu encore les navires à la voile mais que les vents et les eaux s'opposent à leur entrée dans les ports de Nieuport et d'Ostende.

14 Septembre.

Et le quatorze Septembre huit heures et demie du matin a été fait lecture d'une lettre des représentans de ce jour demandant qu'il leur soit indiqué l'heure pour conférer fraternellement, a été arrêté d'assembler tous les Membres du Conseil pour trois heures de relevée, étant actuellement pour la plupart employés à différentes commissions.

Lecture faite d'un arrêté des représentans par lequel ils invitent la Municipalité et le Général Commandant de la place de donner dans le jour leur avis motivé sur la pétition des sans culottes de Dunkerque tendante à faire abattre les bois de Rosendale jusqu'à Leffrinckhoucke, a été arrêté de remettre la discussion à ce jour de relevée.

Le tourrier a fait rapport qu'a six heures du matin il avait vu dans le port de Nieuport un bâtiment à trois mâts qui en est sorti à six heures dix minutes & parti de la rade de Nieuport pour la rade d'Ostende avec un autre de ceux qui étaient hier devant Nieuport, que le cachemarés qui était à Gravelines est arrivé ce matin en rade, que vers onze heures il a vu jusqu'à la rade d'Ostende qu'il n'y reste qu'une seule frégate à l'ancre, deux cotters à la voile & les deux bâtiments de Nieuport.

Vers deux heures et demi de relevée, s'est présenté un Gendarme conduisant le citoyen Camuset, Membre du département du Nord, qui a remis un ordre conçu en ces termes :

« Il est ordonné d'après l'ordre du citoyen Hentz représentant
« du peuple de faire partir de suitte le citoyen Camuset pour
« Dunkerque escorté d'un Brigadier & quatre Gendarmes qui
« le conduiront à la Municipalité de laquelle ils retireront un
« reçu à Bergues.

« Le 14 septembre 1793. L'an second de la République fran-
« çaise une et indivisible. Le chef de Brigade Commandant à
« Bergues. Signé Lˢ Ribotty. »

Ouï le Procureur de la Commune, Considérant qu'en donnant un reçu de la personne du citoyen Camuset, on ne pouvoit se dispenser de le mettre dans la maison d'arrêt provisoire a été arrêté que le dit citoyen sera transféré dans la maison d'arrêt provisoire, et que le reçu sera délivré au Gendarme.

Sur la connaissance donnée audit citoyen Camuset de l'arrêté ci-dessus, il a dit que la Municipalité connaissant les lois était dans le cas de savoir qu'un citoyen mis en état d'arrestation avait le droit de rester en ville sous la surveillance d'un Gendarme, qu'en conséquence il requeroit qu'on le laissât en liberté ; Considérant que sa prétention étoit mal fondée, que d'après l'ordre cy devant transcrit on ne pouvoit se dispenser de s'assurer de sa personne a été arrêté qu'il n'y avoit pas lieu à délibérer.

Ensuite le citoyen Camuset élevant la voix et ouvrant son habit a dit qu'il étoit administrateur du département, qu'on ne pouvoit le méconnaître, qu'il était chargé d'une Commission, que d'ailleurs il avait satisfait à un mandat d'amener décerné à sa charge par le citoyen Leleu, Juge de Paix du canton du midi de cette ville, qu'il protestait contre notre arrêté ; le Procureur de la Commune lui a observé que sa protestation est sans fondement, qu'il n'a point été amené comme administrateur du Département mais comme particulier ; qu'il ne pouvoit se prévaloir de l'honnêteté dont on a usé à son égard en l'admettant dans l'enceinte de l'Assemblée ; le citoyen Camuset sans avoir égard à ces observations, prenant au contraire un ton peu convenable s'est oublié au point de vouloir imposer silence au Procureur de la Commune et de le rappeler à l'ordre ; Considérant qu'une autorité constituée ne pouvait souffrir pareil despect, sur les conclusions du Procureur de la Commune a été arrêté que le dit Citoyen Camuset se rendrait à la Barre ; Et s'y étant rendu lui a été de nouveau donné connaissance de l'arrêté du Conseil ; et a été ensuite transféré dans la maison d'arrêt provisoire.

Vers quatre heures s'est rendu à l'assemblée le citoyen Berlier, représentant du Peuple, député près l'Armée du Nord, qui a dit que les occupations respectives l'avaient empêché ainsi que

son collègue de voir le Conseil aussi souvent qu'ils l'auraient désiré ; que la rentrée des effets du Camp ennemi laissoit un peu plus de loisir ; qu'il rendait un juste hommage au zèle qui a constamment animé le Conseil Général pendant ces tems difficiles, mais qu'il peut encore rester beaucoup à faire et que pour s'entendre sur de pareils détails, les conférences verbales seroient plus fructueuses que vingt lettres.

Le citoyen Maire portant la parole a répondu que la Conseil Général convaincu des occupations des citoyens représentans n'avait pas été surpris du peu de communication, que cela n'avait pas empêché d'employer tous les moiens en son pouvoir pour prouver son attachement à la République, qu'il avoit mis en œuvre toutes les ressources pour faire amener en ville et mettre à l'abri les effets de campements et artillerie abandonnés par les ennemis et qu'il avoit la satisfaction de voir le tout en magazin.

Lui a rendu compte du parti pris à l'égard des malheureux incendiés et ruinés du Rosendal ; que le Conseil Général se proposoit aussi de fournir des secours aux femmes et enfans de marins prisonniers en Angleterre et de faire des avances aux pères, mères, femmes et enfans des défenseurs de la Patrie, qui ont droit d'y prétendre et dont cinq états ont déjà été envoiés au district.

A également rendu compte des moiens employés pour procurer des subsistances pour les troupes et les habitans, et des fourages pour les chevaux de l'armée ; qu'à cet effet plusieurs Commissaires du Conseil ont parcouru le païs ; Le citoyen Berlier a approuvé toutes les mesures prises ajoutant qu'il étoit juste de secourir les femmes et enfans de marins prisonniers en Angleterre et de faire des avances aux pères, mères et femmes et enfans des défenseurs de la Patrie.

Ensuite le Procureur de la Commune a rendu compte de l'arrestation du Citoyen Camuset et de la conduite qu'il avoit tenu envers le Conseil.

Le citoyen Berlier a approuvé l'arrêté du Conseil et l'arresta-

tion du Citoyen Camuset d'autant plus qu'il y avait plusieurs dénonciations à sa charge.

A dit ensuite que lui et son collègue n'avaient établi le Comité de surveillance que parceque le Conseil Général était surchargé de grandes occupations, qu'on ne devait pas croire que c'était un défaut de confiance dans son activité et dans sa surveillance, qu'au contraire ils n'avaient qu'à se louer de sa conduite vigilante, & se flattaient qu'il la continuerait.

Le citoyen De Baecque a fait rapport qu'il s'était transporté avec le citoyen Trulard représentant du Peuple et le Général Souham que le Général avait donné ordre d'empêcher l'entrée des bois coupés au Rosendale; que la municipalité seroit chargée de surveiller les ateliers des travailleurs au dit Rosendale.

A l'instant est entré le citoyen Noche, Adjudant Général, qui a annoncé que les troupes de la République avaient remportées des avantages considérables et a communiqué la lettre que venait de recevoir à l'instant le Général Souham écrite par le Général Romaned datée de Bergues de ce jour, conçue en ces termes :

« J'arrive et apprends par le Général Leclaire que Wervick,
« Warneton sont pris, Menin aussi, la Garnison prisonnière de
« Guerre, quarante pièces de canon prises et beaucoup de Ba-
« gage ».

Le Citoyen Berlier s'étant retiré ; vers sept heures le tourrier a fait rapport de la marche des bâtiments ennemis.

Vers sept heures et demi, a été reprise la délibération relative à la pétition des Sans Culottes, le Conseil Général de la Commune délibérant sur ladite pétition signée d'un grand nombre de particuliers tendante à obtenir l'abatti de tous les bois du Rosendal sans exception jusques & compris le pont de Leffrinckhoucke et à applanir les Dunes, la dite pétition d'abord présentée au Chef de Légion de la Garde Nationale de Dunkerque, par lui renvoiée au Conseil Général et répondue du rescrit du Conseil Général portant qu'il en seroit référé aux représentans du peuple, vu le renvoi fait au Conseil Générale de cette pétition pour avoir son avis, et

celui des Généraux par les représentants du peuple ; tout considéré, le Conseil est d'avis qu'il est très nécessaire d'éclaircir le païs dans la plus grande étendue possible ; mais que c'est aux Généraux et aux ingénieurs seuls qu'il peut appartenir de prononcer et d'éclaircir les représentans sur la distance Jusqu'à laquelle il faut éclairer les environs de Dunkerque, pourquoi le Conseil estime, en adoptant la nécessité du principe, que l'exécution doit être fixée par ceux qui sont compétens pour en connaître.

Quant aux dunes, comme il seroit possible que leur applanissement pût occasionner quelques inconvéniens et dommage, le Conseil général estime qu'il y a lieu encore à cet égard de consulter les ingénieurs militaires et des Ponts & Chaussées, ainsi que les Marins expérimentés.

A l'instant a été remis de la part des représentans une réquisition conçu en ces termes :

« Instruit des désordres qui se sont passés ces jours précé« dents, de la part des ouvriers employés à détruire les restes du
« retranchement de nos Ennemis enfuitte ou a abattre les arbres
« ou Bâtimens du Rosendal, requérons le Conseil Général de
« la Commune de Dunkerque de nommer tant que ces travaux
« dureront des commissaires pris dans son sein lesquels auront à
« leurs ordres vingt cinq hommes à cheval pour exercer la Po« lice la plus exacte, sur ceux qui s'écarteraient de leurs devoirs,
« ordonnons donc aux dits commissaires de prendre tous les
« moiens qui seront en leur pouvoir pour hater les travaux et
« établir la plus grande surveillance sur tous les travailleurs. »

En conséquence de cette réquisition les citoyens Delbaere, Mazuel, De Baecque, Chartier, Duriez, officiers municipaux, Joseph Thelu et Jaccaud, notables, ont été nommés commissaires qui se rendront aux ouvrages dans les dunes revêtus de leurs écharpes, et s'entendront pour se diviser.

Vers huit heures s'est présenté le citoyen Camus, Membre du Conseil, qui a exhibé un reçu du citoyen Joonville, chef d'un des

bureaux de la guerre, du vingt deux novembre dernier, conçu en ces termes :

« J'ai reçu du citoyen Pinsot cy-devant Lieutenant dans le
« régiment Dauphin-Dragons la décoration militaire dont il fait
« hommage à la Nation, et sur la réquisition du dit citoyen
« Camus a été arrêté que le reçu sera transcrit au procès-verbal,
« et que copie en sera délivrée au citoyen Pinsot, et le reçu
« rendu. »

A l'instant sont entrés les citoyens représentans qui ont recommandé la plus grande activité pour accélérer les travaux, et ont remis un ordre pour le citoyen Van Rycke conçu en ces termes :

« Le citoyen Van Rycke cessera les fonctions de surveillant
« dont nous l'avions chargé sur les travaux & les travailleurs
« au Rosendal, il est remercié du soin qu'il s'est donné jusqu'à
« ce moment, s'il a fait des dépenses, il est prié d'en donner
« l'Etat, a été arrêté de l'envoier sur le champ au citoyen Van
« Rycke. »

La nuit s'est passée tranquilement.

15 Septembre.

Le quinze septembre au matin a été fait lecture de différens décrets de la Convention & Lettres du district.

Vers midi les citoyens Mazuel et De Baecque, Commissaires dénommés pour surveiller les travaux du Rosendael ont fait rapport que les travaux se suivaient, que la tranquilité commençoit à regner, tant par la surveillance des Commissaires que celle des chasseurs.

Vers trois heures de relevée,

Le Conseil Général, considérant le grand nombre de permissions de s'absenter qui ont été demandées et qui ont été accordées par les Citoyens faisant le service de la Garde Nationale ;

Considérant que cette garde est en réquisition permanente & que plus il y a de Membres absents, plus le service pèse sur ceux qui sont présents, après avoir entendu le citoyen Lefort, Adjudant Général faisant les fonctions de Commandant pour l'absence du Chef de la Légion, Et après avoir ouï le Procureur de la Commune arrête qu'il sera sursis à compter de ce jour à la délivrance de tous permis de sortir de la ville jusqu'à ce que les personnes qui en ont reçu soient rentrées : Arrête que copie du présent arrêté sera envoié au Conseil d'administration de la Garde Nationale avec invitation d'en donner connaissance aux Chefs de bataillons.

Le seize septembre vers neuf heures du matin a été fait rapport par le Commandant du poste de la porte de Nieuport qu'il avoit fait arrêter une voiture chargée de bois de chauffage venant de Rosendale, que le chartier a dit être destinée pour le Général Lemaire; demandant une règle de conduite.

A été arrêté que les bois seront amenés à la Cour de la Bourse jusqu'à ce qu'il serait statué autrement.

Quelques instants après s'est présenté le citoyen Fournier chartier qui a dit qu'il avoit chargé le bois cy-dessus par ordre du citoyen Lacotte, prez de Leffrinckhoucke qui l'a chargé de le conduire en ville chez le citoyen Le Maire, Général de Brigade.

De relevée s'est présenté le citoyen Claude Alexis Hudry, Commandant de bataillon de la trente quatrième division de la Gendarmerie Nationale temporaire en cette ville, qui a déclaré qu'il alloit rejoindre son Bataillon et demandé qu'il lui soit délivré un certificat de bonne vie et mœurs a été arrêté de lui délivrer un certificat en ces termes :

« Que pendant tout le temps qu'il a résidé en cette commune
« et pendant les différents emplois qu'il a rempli s'est toujours
« conduit comme un bon citoyen & que l'attestation la plus
« favorable peut être donnée. »

A été rapporté qu'on venoit d'afficher une proclamation du Général Souham qui déclare la ville hors d'Etat de Siège.

Le dix sept septembre vers huit heures et demi du matin, sur le rapport fait qu'on a remarqué dans les Dunes que le changement de vent a découvert une quantité de cadavres, Considérant qu'il est urgent de les enterrer assez profondément pour empêcher que le vent ne les découvre à l'avenir, a été arrêté de commettre le citoyen Bernard Jolly, qui s'est offert volontairement, pour surveiller les ouvriers qui seront employés à enterrer les cadavres, et qu'il fera travailler sur le champ.

Vers dix heures, le tourrier a fait rapport que les deux vaisseaux anglais qui étaient mouillés au travers de Gravelines sont partis la nuit dernière ; que vers neuf heures, une des frégattes qui était au travers de Nieuport a mis à la voille pour les cotes d'Angleterre et qu'il reste quatre frégattes et deux petits bricqs, qu'une Caiche est dans le chenal de Nieuport présentant son beaupré pour en sortir.

Vers onze heures a été remise une lettre datée de ce jour du citoyen Hebert Commissaire des guerres annonçant la vente d'une partie des bêtes à cornes appartenant à la République qui doit avoir lieu ce jour trois heures de relevée, et portant réquisition de faire publier cette vente sur le champ et de nommer deux Commissaires pour y être présents.

A été arrêté de faire publier à l'instant la dite vente et les citoyens Lancel et Dourlen notables ont été nommés Commissaires pour y assister.

Sur le rapport fait que ce jour vers trois heures de relevée la publication que la ville n'est plus en état de siège devoit être faite, a été arrêté d'enjoindre au citoyen Garcia de faire trouver à la tour vers trois heures de relevée les sonneurs et carillonneur pour au moment du signal qui sera donné avec la Cloche de l'hôtel commun, faire sonner toutes les cloches, carillonner et hisser la flamme et pavillon National.

Vers trois heures et demi de relevée, les représentans du Peuple, les généraux a eux joint la majeure partie du Conseil Général de la Commune, précédés et suivis de la Cavalerie Nationale citoyenne & de quelques chasseurs à cheval, sont sortis de la

Conciergerie pour se rendre dans les différens endroits de cette ville et y publier la proclamation que la Ville n'est plus en Etat de siège, à l'instant la flamme et le pavillon National ont été hissé, au bruit de toutes les cloches et du carillon ; et le Cortège s'est rendu sur la place de la Liberté, de là dans plusieurs autres places de la Ville, Basseville et Citadelle et finalement devant la maison Commune et y a été fait & publié la proclamation du Général Souham conçue en ces termes :

« Citoyens Républicains,

« Les Sattellites des despotes ont fuis de devant nos Murs ; « votre Courage a secondé celui des troupes, vous avez vaincu « vos ennemis ; votre territoire est libre comme vos personnes « le seront toujours.

« La Patrie qui vous retrouvera éternellement au Chemin de « l'Honneur et du Patriotisme, vous rend en ce moment à vos « travaux ordinaires.

« Je déclare et proclame donc, que la place de Dunkerque « n'est plus en état de siège, et que les choses rentrent dans « l'ordre prescrit par les lois Générales de la République. »

De tout quoi a été dressé le présent procès-verbal pour rester déposé au Greffe & y avoir recours au besoin, les dits jour et an cinq heures de relevée.

Signé, EMMERY, Maire, D^{me} CARLIER, J. BOUBERT, DUPOUY, Amand MOREL, PEYCHIERS, Jean J^s. VANDENBUSSCHE, P. LIEBART fils, Ph. LANCEL, B^{in} GERBIDON, François DEVINCK, CHARTIER, H^y EDOUART, L. DE BAECQUE, BLAISÉE, Charles F^s NEUVILLOY, DURIEZ, STIVAL, Th^{re} THELU, JACCAUD, THIERY, H. COPPIN, L^s DELBAERE, MAZUEL, J. B. LEROY, AGET, GOURDIN & DELALY.

LA MARINE

PENDANT LE SIÈGE DE DUNKERQUE

CORRESPONDANCE

de

TOUSSAINT, Ordonnateur Civil de la Marine

avec

Jean DALBAVADE, Capitaine de Vaisseau,
Ministre de la Marine.

(21 Août 1793 — 12 Septembre 1793)

21 août 1793.

Citoyen Ministre,

Batteries flottantes. — J'ai l'honneur de vous rendre compte que le Général commandant le camp de Zuydcote m'a envoyé avant midi une estafette pour me faire connaître que son camp pouvait être incessamment attaqué, celui d'Oestcappel à une lieue et demie de Bergues ayant été enlevé ce matin à force ouverte. Il m'a demandé de faire passer l'Ordre au citoyen Castagnier de prendre avec les 5 batteries flottantes la position la plus avantageuse pour la défense de la grève ou estran à l'Est du port. J'ai fait porter sur le champ cet ordre en rade où le citoyen Castagnier a ordonné toutes les dispositions nécessaires pour la marée de ce soir.

J'ai fait porter à bord de la batterie flottante un supplément suffisant de poudre, de grappes de raisin et de boîtes à mitrailles et, par précaution, un mois de vivres afin qu'à tout évènement ces bâtiments puissent tenir la mer et même faire voile pour un autre port si le cas l'exigeait.

Je vous tiendrai exactement informé de tout ce qui se passera dans ces cantons et je prends des mesures pour faire évacuer s'il en est besoin les principaux objets qui sont actuellement en magasin.

du dit jour

Prisonniers de guerre. — Les inquiétudes où l'on est que cette place soit attaquée si l'ennemi force le camp de Zudcoote comme il a forcé celui d'Oestcappel m'ont déterminé à faire partir aujourd'hui les 101 prisonniers de guerre qui étaient détenus dans la maison d'arrêt de cette ville. Je les fais transporter à St-Omer sur une bélandre et ils seront de là transférés à Doulens où le citoyen Pigeon leur avait fait préparer un emplacement propre à les recevoir.

du 22 du dit

Le tourrier me prévient à l'instant que le brouillard épais qui couvrait l'horizon vient de se dissiper et qu'il a découvert que le camp de Zudcoote était levé, et que nos troupes étaient aux prises avec l'ennemi.

Le camp de Guivelde parait encore dans l'état où il était hier soir.

du 23 du dit

Siège de Dunkerque. — Une colonne de l'armée combinée s'est portée hier sur Zudcoote et une autre sur Bergues, ville fortifiée à 2 lieues de Dunkerque. La ville a été enveloppée dans l'après midy, et les communications sont interceptées tant du côté du Brabant que des côtés de Cassel et de St-Omer. Il paraît

que l'ennemi se prépare à l'attaque puisqu'il commence à se retrancher.

La colonne qui s'était portée sur Zudcoote est environ de 14.000 hommes, ce camp s'est replié cette nuit et est venu occuper l'Affrinckouke à une petite lieue de Dunkerque. Si l'ennemi approche les troupes rentreront immanquablement en ville. Dunkerque courrera alors les plus grands dangers à moins d'un prompt secours. On se dispose néanmoins à la plus vigoureuse résistance.

du 24 août 1793

Siège de Dunkerque. — L'ennemi s'est porté sur l'Affrinckouke et nos troupes se sont repliées sur la Ville et les postes avancés. On croit l'armée anglaise forte de 14.000 hommes, elle est campée à droite et à gauche du canal de Furnes entre Guivelde et de Laffrinckoucke et son front s'étend jusqu'aux Dunes le long de la mer. Il n'y a point eu d'action si ce n'est des attaques de postes.

Les batteries flottantes viennent enfin de prouver leur utilité. J'avais fait passer en rade l'ordre au citoyen Castagnier de prendre une position tout à fait à l'Est de la rade. Cet officier s'est porté avant le jour le plus près de terre possible à peu près sous le fort de La Frenckoucke et, par la vivacité de son feu, il a forcé à rétrograder une colonne de 4 mille hommes de cavalerie qui sans doute masquait la grosse artillerie. Pendant tout le jour il a empêché le passage des détachemens de cavalerie qui étant sur l'Estran auraient coupé la retraite à nos tirailleurs et sur les 5 heures du soir il a arrêté une pièce de grosse artillerie et un mortier que l'ennemi n'a pu faire rétrograder qu'avec perte de chevaux.

Nous n'avons pas 6.000 hommes de troupes, il nous est promis des secours et il est temps qu'ils arrivent. Le Duc d'York a fait sommer hier à midi la place de se rendre ou de lui faire éprouver un sort plus affreux encore qu'à Valenciennes. Le commandant lui a répondu en bon Républicain.

du 25 du dit

Citoyen Ministre,

Siège de Dunkerque. — L'armée ennemie est toujours campée sur Leffrinckoucke. Plusieurs postes se sont avancés, un entr'autres a établi une batterie à une demi lieue au plus de la place et plusieurs boulets sont tombés dans la Ville. L'armée française est campée sous les remparts, il y a eu pendant le jour beaucoup d'actions de poste et les tirailleurs de part et d'autre ont fait un feu continuel. Sur les dix heures la garnison a fait une sortie vigoureuse et a repoussé les avant-postes à une lieue des fortifications et leur a tué beaucoup de monde. Les batteries de la place ont fait un feu terrible jusqu'à 9 heures du soir. Depuis ce moment jusqu'à six heures du matin, il n'a pas été tiré un seul coup de fusil et la nuit entière a été des plus tranquilles. Les troupes harassées de fatigues depuis 3 jours avaient besoin de se reposer.

Les batteries flottantes ont été aussi utiles que la veille. Le citoyen Castagnier a fait replier deux fois un corps nombreux de cavallerie auquel il a empêché le passage de l'Estran ainsi qu'à un train d'artillerie considérable. L'ennemi a élevé sur les Dunes deux batteries avec lesquelles il a canoné les batteries flottantes. Le C^n Castagnier a fait taire leur feu deux fois de suite et se portera plus à l'Ouest s'il ne peut parvenir à détruire ces deux batteries. Je ne puis trop faire l'éloge de cet officier dont la bravoure égale le patriotisme.

On nous annonce un renfort de troupes pour ce soir et nous en avons grand besoin car il serait impossible à la Place de soutenir long temps puisqu'elle a au plus 6 mille hommes. Nous sommes cependant disposés à deffendre cette ville importante jusqu'à la dernière extrémité. La Garde N^{ale} est dans les meilleures dispositions et Dunkerque soutiendra, j'ose vous l'assurer, la réputation qu'il s'est acquis sous les Jean Bart.

Appelé au Conseil de guerre dont je suis Membre, je n'ai pas négligé, Citoyen Ministre, l'Administration de la Marine qui

m'est confiée, j'ai pourvu à tous les moyens de sureté en cas de bombardement.

J'ai fait établir des bailles remplies d'eau à des distances très rapprochées le long des batiments de l'Arsenal et de tous les Magasins. J'ai fait évacuer tous les cables et autres cordages, les chanvres et autres matières combustibles. Elles ont été chargées à bord de deux grandes bélandres propres à la navigation du petit cabotage et que je tiens prêtes à partir de moment en moment. Elles seront conduites en rade et mises sous la protection des batteries flottantes et, dans le cas où la Ville serait en danger, les bâtiments qui ne tirent que 3 pieds d'eau au plus se rendront le long de la cote soit au port de Gravelines soit à celui de Calais. Je n'ai osé les confier sur le canal de l'intérieur qui pouvait être coupé par l'ennemi d'un instant à l'autre. J'ai également fait mettre à bord de ces bâtiments un objet précieux, les cuivres envoyés de la manufacture de Remilly et les mêmes inquiétudes sur la liberté de la navigation du canal de St-Omer m'ont déterminé à donner l'ordre au citoyen Delattre que j'avais envoyé dans cette ville pour l'expédition par bateaux des 300 barriques de vin venant de St-Valéry, d'en arrêter le chargement et de se procurer à St-Omer des caves pour y emmagasiner ces vins jusqu'à des temps plus heureux.

J'ai établi aussi des gardes assez nombreuses dans l'intérieur de l'Arsenal pour en assurer la conservation, et la moitié des administrateurs passait la nuit alternativement. Vous sentez, citoyen ministre, que tous les travaux sont interrompus et que le redoubage du Pandoue en souffre.

Je dois aussi vous rendre compte que je procure à la Place et sur la réquisition du Conseil de guerre tous les fusils, pistolets, sabres dont elle a besoin, ainsi que des boites à mitraille et grappes de raisin de différents calibres dont l'artillerie aurait pu manquer d'un instant à l'autre. Ces objets me seront remplacés. J'ai aussi fait porter à l'hopital tous les matelats du magasin. Nous avons beaucoup de blessés au secours desquels il a fallu venir.

J'ai pensé, Citoyen Ministre, que ma conduite mériterait votre approbation et je m'estime heureux que les approvisionnements dont je n'avais cessé de m'occuper aient pu procurer des ressources au Département de la guerre.

Non seulement la garnison est faible, mais il y a ici peu de canonniers. J'ai en conséquence mis les marins en état de réquisition et ils sont d'une très grande utilité sur les Batteries.

Du 26 à huit heures du matin.

Citoyen Ministre,

Siège de Dunkerque. — La nuit a été tranquille et à l'exception d'une alerte sur les dix heures du soir le repos des habitants n'a pas été troublé. Il n'a pas été fait de sortie parce qu'il n'y a au plus que 6.000 hommes, on nous promet des troupes mais elle n'arrivent pas. L'ennemi est toujours dans le même camp qu'il a commencé à occuper. Il a porté des redoutes en avant et il commence ses batteries à 700 toises environ du Corps de la Place : l'esprit des habitants de Dunkerque est excellent et ils défendront surement bien la réputation qu'ils se sont acquise autrefois.

Tous les objets précieux des magasins sont à bord des bélandres, mais j'ignore encore où les faire passer ; j'attendrai le moment favorable pour leur départ soit par mer, soit par les canaux. Celui qui conduit à St Omer et à Calais n'est pas sûr, l'ennemi y fait des incursions fréquentes et suffisantes pour s'assurer leur conservation.

Du 27 août 1793.

Citoyen Ministre,

Siège de Dunkerque. — La journée d'hier et la nuit ont été tranquilles ; il n'y a eu qu'une alerte vers les 9 h. 1/2 du soir. Il nous est entré mille hommes et l'on en attend encore un plus

grand nombre, mais l'ennemi a fort avancé ses travaux et tout annonce qu'il a deux batteries montées à 6 à 700 toises de la place. On s'attend à recevoir aujourd'hui les premières bombes car on a vu charger les mortiers. Le port court le plus grand danger d'être incendié et la ville même dont les magasins sont pleins de matières combustibles sera bientôt consumée.

Les batteries flottantes qui tirent constamment sur le camp y causent les plus grands dommages et elles ont tué beaucoup de Cavalerie.

Une lettre écrite à un négociant famé de ce port ce qu'il est venu communiquer au Conseil de guerre annonce que Dunkerque va être bombardé aussi par mer qu'il a été armé à cet effet des navires en Angleterre et que les villes de Bergues, St-Omer et Cassel seront attaquées en même temps.

Le Conseil de guerre sans ajouter foi à cette nouvelle n'a pas moins sérieusement délibéré de prendre toutes les précautions que la prudence indique et je n'ai négligé aucune mesure de sureté pour la conservation des propriétés nationales.

Une flotte composée d'une frégate et de 9 cottres et caiches anglais a croisée pendant tout le jour dans ces parages. Le bruit s'est répandu qu'elle projetait de jeter des troupes à terre pour couper toute communication avec Gravelines la seule route qui reste libre et tout annonçait que l'ennemi pouvait avoir ce dessin puisqu'il s'avançait dans le jour même sur Petite-Synthe d'où il pouvait opérer cette réunion. J'ai été chargé par le Conseil de guerre des dispositions de sûreté. J'ai en conséquence établi sur la côte des signaux de nuit au moyen de lanternes et de fusées, j'ai placé des gardiens surs et plusieurs bataillons ont eu ordre de protéger ces cantons.

Au point du jour les bâtiments anglais n'étaient plus sur les côtes, mais sûrement on les reverra dans la journée peut être aussi ces bâtiments sont-ils les avant-coureurs d'un convoi qui passera par Ostende.

Du 28 août 1793

Citoyen Ministre,

Siège de Dunkerque. — Il est entré hier dans cette ville un renfort de 1800 hommes, un petit camp avancé que les Anglais avaient placé exactement contre la première Dune, s'est reployé l'après-midi sur la grande armée. Il n'y a pas de doute que l'ennemi a été informé du secours qui nous arrivait et qu'il a sans doute cru plus nombreux : ses travaux avancent néanmoins vers la ville et ses retranchements sont à portée du canon on s'attend au bombardement d'une nuit à l'autre les 6 bélandres chargées des munitions qui se trouvaient dans les magasins de la Marine sont prêtes à partir au premier instant et je suis sur au moins de sauver ces objets précieux. J'ai aussi renfermé dans des caisses les papiers de l'Administration qui m'est confiée et les ai embarqués sur ces bâtiments qui sont destinés a se rendre à Calais.

17 bâtiments de transport sous l'escorte d'une frégate anglaise ont passé hier devant ce port et ont été mouillés entre Furnes et Ostende, à la marée plusieurs de ces bâtiments sont entrés dans Nieuport et les autres dont le tirant d'eau était trop fort, sont allés à Ostende ; il est à présumer que ces bâtiments sont chargés de vivres et munitions et peut être de forte artillerie.

Du 28 août 1793.

Citoyen Ministre,

Je reçois aujourd'hui joints à la lettre que vous m'avez adressée le 22 de ce mois, des exemplaires de la lettre des notes anglaises de la déclaration de Carrier et du rapport du Comité de Salut public dont la Convention Nationale a ordonné l'impression et l'envoi dans tous les départements.

J'en ai déjà distribué un grand nombre aux citoyens qui m'environnent, qui déjà pénétrés de la lâcheté, de la perfidie et de l'atrocité des ennemis de la République n'en vengeront que mieux dans ces moments critiques l'humanité outragée par les vils esclaves qui nous entourent.

Du dit jour,

Citoyen Ministre,

J'ai reçu aujourd'hui joints à votre lettre du 22 de ce mois, treize exemplaires des signaux de reconnaissance pour les bâtiments stationnés dans les différents parages de ces arrondissements dont je vous avais fait la demande le 10 de ce mois.

J'ai reçu également copie d'une lettre écrite dans les ports, au sujet des nouveaux signaux aux dispositions de laquelle j'aurai l'attention de me conformer scrupuleusement.

Du 29 du dit.

Citoyen Ministre,

Siège de Dunkerque. — La nuit dernière a été aussi tranquille qu'en pleine paix, il n'y a point eu une amorce tirée de part ni d'autre. Les retranchements de l'ennemi semblent achevés et une grue qui a été vue de la tour derrière les parapets de ces retranchements semblent annoncer qu'on y place des mortiers ou de la grosse artillerie.

Une des batteries est environ à 900 toises des glacis, mais une autre que l'on a lieu de craindre qui soit établie derrière des arbres au travers desquels on distingue un assez grand mouvement d'hommes ne serait qu'à environ 700 toises de la Ville et deviendrait par sa position extrêmement dangereuse. Les batteries flottantes continuent toujours à incommoder l'ennemi et arrêter le passage de la Cavalerie qu'elles forcent de rétrograder toutes les fois qu'elle cherche à pénétrer par l'Estran.

J'approvisionne ces bâtiments de toute espèce de munitions et en abondance et je nourris les Equipages en vivres frais, leur courage mérite les plus grands éloges depuis huit jours ils n'ont pas quitté le pont et ils sont infatiguables comme le brave Castagnier qui les commande.

Les sept bélandres chargées des effets et marchandises les plus

précieuses qui se trouvaient dans les magasins de la marine sont sur le canal de Bourbourg et prêtes à partir au premier danger.

On nous assure que nos troupes ont enlevé de vive force le poste que l'ennemi occupait sur la colline, conséquemment la communication de Dunkerque avec St Omer sera rétabli par le canal et aussitôt que le Conseil de Guerre en aura été instruit officiellement je ferai partir nos bélandres par le dit canal pour se rendre à Calais avec une escorte.

J'ai aussi fait mater le Pandoue et enverguer sa grande voile dans l'espérance de le faire conduire dans le port de Calais ou de Gravelines dans l'état où il se trouve, pour le soustraire à l'incendie que pourra mettre dans le port le bombardement auquel nous nous attendons d'un moment à l'autre. J'aurais fait mettre ce bâtiment en mer sans le voisinage de 23 Cottres ou Corvettes qui ont paru à la hauteur de Gravelines au point du jour et qui sont en partie ceux qui ont été vu avant hier et hier. Si je trouve un moment favorable aux marées prochaines, le Pandoue sortira et se refugiera dans le port le plus voisin, autant toute fois qu'il sera bien reconnu qu'il n'y aura pour lui aucun danger.

Il est entré à la marée de ce matin deux bâtiments dans le port de Nieuport, et une frégate de 36 canons venant des côtes d'Angleterre s'est jointe à celle qui avait mouillée hier devant le dit port. Le citoyen Castagnier, que l'on dit menacé d'une attaque prochaine, attend les deux frégates de pied ferme et a soin de tenir dans ses fourneaux des boulets toujours rouges. Je doute que ces frégates qui ne portent que du 12 osent approcher nos batteries flottantes.

Le général Omeara qui commandait cette ville et le camp retranché qui la défend a reçu hier soir l'ordre de céder le commandement au Général Souham.

La Garde Nationale de Dunkerque est animée d'un zèle et d'une activité digne de leurs braves ancêtres. Les matelots sortent et parcourent les Dunes avec le sabre et les pistolets seulement et font face aux chasseurs, tirailleurs et aux tirailleurs impériaux, ils en

ont tué plusieurs et ont fait deux prisonniers, l'intrépidité de ces hommes de mer surprend nos braves frères d'armes.

Ils se rendent également utiles aux batteries et aux travaux. Ils m'ont été d'un très grand secours dans le déménagement du Magasin Général ils s'y ont porté avec une activité et une constance infatiguable jour et nuit. Je crois devoir vous proposer, Citoyen Ministre, pour les marins employés au service de la place le même traitement que pour ceux employés à Boulogne et Calais.

L'ennemi pourra incendier, ravager Dunkerque, mais j'espère qu'il n'en sera pas maître, vu qu'il n'y entrera que sur les décombres.

Le Conseil de guerre m'a demandé, pour tenir ses séances, la cave du Magasin Général elle a été proposée en conséquence et elle recevra également les administrations de la Ville.

Je m'estimerai heureux si je puis pourvoir à tout dans ces moment de danger et prouver mon dévouement entier à la Patrie : parfaitement secondé par mes collègues je dois rendre hommage à leur conduite et à leur principes et l'ad^{tion} de Dunkerque animée du même esprit, ne forme qu'un seul individu.

Du 29 Août 1793

Citoyen Ministre,

Officiers Militaires. — J'ai reçu joint à votre lettre du 26 de ce mois l'ordre expédié au C^n Castagnier de prendre le commandement du Brick le Pandoue je l'ai remis à ce brave officier avec le plus grand plaisir.

Du 30 du dit

Citoyen Ministre,

Siège de Dunkerque. — Hier soir sur les sept heures, l'ennemi a fait un mouvement général dans le Camp. Une colonne a

filé le long des Dunes et une autre sur le canal des Moëres. Ces diverses positions ont fait craindre une attaque pendant la nuit dans diverses parties de la Ville et à des points opposés les postes ont été doublés, et la nuit a cependant été des plus tranquilles.

Les ouvrages de l'ennemi avancent vers la place et il se retranche avec tant de précaution qu'il y aurait lieu de croire que son armée est moins nombreuse que la quantité de tentes qu'il offre à nos yeux paraît l'annoncer.

Le citoyen Castagnier commandant la rade m'a annoncé hier sur les dix heures de la nuit que des troupes sorties du Camp et qui vraisemblablement sont celles que nous avions aperçu défiler vers les Dunes s'étaient rembarquées sur deux caiches faisant partie de celles qui pendant toute la journée avaient croisées dans ces parages ce qui lui faisait soupçonner que l'intention de ces bâtiments pouvaient être de l'attaquer. Sur les 3 heures du matin, qu'il embossait les 4 batteries flottantes et qu'il ferait la plus rigoureuse défense. Il m'avait aussi fait passer les signaux par lesquels il nous donnerait connaissance de la situation afin qu'on pût lui envoyer des troupes au cas qu'il fût contraint d'échouer ses bâtiments.

Heureusement aucune des attaques prévues n'a eu lieu et la ville en a été quitte pour tenir les troupes sur pied toute la nuit.

Les bâtiments anglais sont encore en vue dans la partie du Nord Est et semblent vouloir louvoyer comme hier à la hauteur de Nieuport.

Du 30 août 1793.

Citoyen Adjoint,

1ᵉ **Division.** — Relative aux trois canons de 244 que le Ministre de la guerre a autorisé le Directeur d'Artillerie de faire passer à Boulogne.

Je vois par la dépêche que vous m'avez adressée le 26 de ce mois, relativement aux canons nécessaires à la chaloupe canon-

nière n° 1 que le Ministre de la Guerre autorise le Directeur de l'Artillerie de St-Omer à faire partir pour Boulogne 3 canons de 24 livres de balles avec leurs boulets.

Ma correspondance étant emballée et destinée à être mise en sûreté à Calais avec les papiers les plus importants de l'Administration de la Marine, je ne puis vérifier si l'erreur qui s'est faite en indiquant Boulogne pour Dunkerque provient de moi. C'est bien effectivement à Dunkerque que les 3 canons sont nécessaires et j'écris en conséquence au Directeur de l'Artillerie de St-Omer pour le prier de destiner pour ce port les 3 bouches à feu dont il s'agit.

Du 30 août 1793.

Citoyen Ministre,

Conformément à votre décision du 23 de ce mois relativement aux chanvres proposés par les maîtres cordiers de Boulogne, j'ai écrit au citoyen Bourrou de m'en faire connaître le dernier prix, et je m'entends avec lui pour faire l'achat de la manière la plus avantageuse pour la République.

J'aurai soin lors de la confection de ces chanvres et fils, en cordages, d'en faire inspecter le travail et j'y enverrai le maître cordier Pidou pour s'assurer que les dimensions déterminées soient exécutées avec précision et je recommanderai surtout qu'on emploie en manœuvres dormantes les chanvres du pays, qui, d'après l'avis de tous les gens de l'art et de tous les marins de ce canton qui jugent d'après l'expérience sont plus susceptibles que les autres de se pourrir dans l'eau de mer.

Du dit jour

Citoyen Ministre,

6º Division. — J'ai reçu avec la plus vive reconnaissance le brevet de Chef d'Administration de la 1ᵉ classe faisant fonctions d'ordonnateur à Dunkerque, place à laquelle vous venez de me

nommer ; je ne puis dans ces moments pénibles que vous assurer que mon zèle qui ne peut s'accroitre ne se ralentira jamais, et ce que je trouve de plus flatteur dans la Justice que je croyais due à mes longs services, c'est que vous m'annoncez que je ne la dois qu'au zèle et au patriotisme que j'ai toujours montrés dans les fonctions dont j'ai été chargé jusqu'ici.

Du dit jour

Citoyen Ministre,

J'ai cru dans les circonstances alarmantes où se trouve la ville et le port de Dunkerque, devoir presser la mise à l'eau de la chaloupe canonnière n° 1 nommée depuis l'Ardente construite par le citoyen Verbreug, elle a été lancée à la marée d'hier soir, elle eut été trop exposée au bombardement si elle fût restée sur le chantier. Je l'ai fait haler tout au fond du port et j'y ai fait pratiquer un trou suffisant pour le faire couler à l'eau au besoin. J'espère Citoyen Ministre que vous approuverez cette disposition.

Du 31 du dit

Citoyen Ministre,

Siège de Dunkerque. — Cette nuit a été aussi tranquille que les précédentes, mais les chemins couverts et les remparts de la ville n'auront pas moins été gardés avec la plus exacte surveillance ; l'espèce de soucis de l'ennemi annonce qu'il projete quelque coup décisif et peut être une attaque de vive force, ou bien qu'il n'a pas encore perdu l'espoir de nous cerner et de nous couper toute communication. Les mouvements perpétuels de cette armée qui tous les jours défile par colonnes sur la droite et la gauche du Camp annoncerait que les ennemis ne sont pas aussi nombreux à beaucoup près qu'il voudrait le persuader par l'étendue et la quantité de ses tentes.

Les bâtiments anglais n'ont fait aucune tentative contre nos batteries flottantes, le C⁺ Castagnier est toujours prêt à les recevoir vigoureusement et je ne peux me persuader qu'ils osent en approcher, instruits comme ils le sont sans doute des fourneaux qu'elles ont à leur bord.

Du 31 août 1793.

Citoyen Ministre,

Batteries flottantes. — Le citoyen Castagnier commandant des batteries flottantes m'a écrit hier après-midi que les équipages de ces bâtiments ont envoyé à son bord pour lui demander le seul mois de gages qui leur était dû depuis le 26 de ce mois et lui ont tenu des propos à lui faire craindre qu'ils ne refusassent de rester dans la position qu'il a occupée depuis le siège s'ils n'en étaient pas payés.

Pour obvier à un inconvénient aussi préjudiciable à la sûreté de la Place, j'ai cru dans un moment aussi critique devoir, de l'avis du Conseil d'administration, faire passer à bord de ces bâtiments la somme nécessaire pour satisfaire à leurs demandes quoique ce troisième mois dût naturellement être remis à leurs familles.

Comme il n'a été remis aucun fonds en ce port sur l'état de distribution que vous avez arrêté le 1ᵉʳ de ce mois, et la Caisse, se trouvant totalement dépourvue, je me suis vu forcé d'emprunter une somme de 12.000ᶠ. pour laquelle le Conseil d'administration a tiré une lettre de change à vue sur le citoyen Lieureville à Paris.

J'ai rendu compte de ces dispositions aux représentants du peuple qui sont arrivés en cette ville, ils y ont donné leur approbation.

Quelle a été cependant ma surprise d'apprendre ce matin que pendant la nuit dernière les batteries flottantes avaient appareillé et étaient venus mouiller à l'ouest du port sous la protection du Risban, et que le citoyen Castagnier, malgré lequel cette manœuvre avait été faite, avait eu toutes les peines du monde à

empêcher que ces bâtiments ne rentrassent dans le port, les équipages ayant été effrayés d'une batterie établie par l'ennemi derrière les Dunes et d'un très grand nombre de cottres et caiches qui les environnaient tandis que deux frégates l'une de 30 l'autre de 36 canons étaient mouillées devant Nieuport.

Le Général après s'être concerté avec les représentants du peuple a envoyé à bord son adjudant général avec ordre aux bâtiments de se rendre à la première position si avantageuse à la défense de la Place et que le citoyen Castagnier brûlait du désir de reprendre, l'adjudant a fait arrêter deux hommes des Equipages qui sont en prison.

Le citoyen Castagnier ayant employé toute sa fermeté ordinaire avait su contraindre les équipages à obéir à l'ordre du général et il se préparait à lever l'ancre lorsqu'un coup de vent affreux qui a duré environ deux heures l'a forcé à mouiller une 3e ancre, la mer agitée pendant toute la nuit n'a pas permis que la flotte fît aucun mouvement, mais le citoyen Castagnier m'écrit que si la mer le permet, il reprendra à la marée de demain matin sa première position dut-il lui en coûter la vie.

Du 31 Août 1793

Citoyen Ministre,

Fonds, Marine et Comptabilité. — Vous aurez vu par ma lettre de ce jour timbrée première division la nécessité où s'est trouvé le Conseil d'Administration de tirer sur le Citoyen Lieureville une somme de 12.000^f pour satisfaire à la demande que faisaient les équipages des batteries flottantes d'un mois de leurs gages. Veuillez, Citoyen Ministre, ordonner que cet effet soit acquitté, ainsi que ceux que le besoin des circonstances pourraient forcer le Conseil d'Administration à tirer pendant la durée du Siège. Soyez persuadé de toute la circonspection qu'il mettra dans ses opérations à cet égard. J'ai fait connaître aux représentants du peuple nos besoins; ils m'ont promis d'y pourvoir le plus promptement possible.

Du 1ᵉʳ 7ᵇʳᵉ

Citoyen Ministre,

Batteries flottantes. — Les batteries flottantes viennent de mettre à la voile et reprennent leur position primitive. Ce mouvement va dissiper les alarmes qu'avait jetté dans la ville le départ de ces défenseurs de la Place.

La nuit a été tranquille et l'ennemi qui avait fait hier soir un mouvement considérable, n'a pas osé profiter de l'absence des canonnières.

On attend un moment plus favorable pour rechercher les auteurs et fauteurs de la désobéissance qui s'est manifestée dans la flotte.

Je vais rendre compte de ces dispositions aux représentants du peuple.

Du dit jour

Citoyen Ministre,

Siège de Dunkerque. — La nuit a été tranquille ainsi que le jour qui l'a précédé, l'ennemi a fait ses manœuvres ordinaires du soir qui ne tentent à autre but qu'à protéger ses travailleurs. Une colonne de 15 à 1.800 hommes avait profité de l'absence des batteries flottantes pour descendre le long des Dunes et se porter vers les glacis de la place du côté du port. Ce mouvement avait donné de l'inquiétude et paraissait annoncer une attaque qui n'a point eu lieu, ce qui fait présumer que l'armée des despotes coalisés est moins nombreuse qu'on ne l'avait cru.

Du 2 septembre 1793

Citoyen Ministre,

Siège de Dunkerque. — Cette nuit a été aussi tranquille que les précédentes tant du côté de la place que de celui des assiégeants; il fait une pluie abondante depuis 24 heures qui a

du gêner l'ennemi et lui occasionnera une très grande difficulté pour le transport de leur artillerie car on présume que leurs pièces de gros calibres et leurs mortiers ne sont point encore parvenues aux batteries qu'ils ont érigées.

Nous comptons sur les secours que nous promet la marche de l'armée commandée par le général Houchart, et nous espérons aussi dans deux ou trois jours pouvoir faire usage de la grande marée de la nouvelle lune pour achever l'inondation qui n'a pu s'opérer complètement pendant le dernier quartier.

Les équipages des batteries flottantes sont rentrés dans le devoir et ont témoigné tout leur regret de la fausse allure qu'ils avaient prise sur les apparences d'une attaque prochaine. L'ordre qu'avait reçu la chaloupe des pilotes de rentrer dans le port, mesure extraordinaire dictée par les circonstances, paraît être la cause de la terreur qui s'était répandue parmi les matelots. Quelques unes des caiches qui croisaient avant hier dans nos parages étaient entrées dans la rade et avaient placé des bouées sur les bancs et dans les passes (on avait soin d'oter celles qui y sont ordinairement) le citoyen Castagnier s'en est aperçu lorsqu'il y est rentré et il les a fait enlever.

J'ai eu l'honneur de vous mander hier matin que les bâtiments avaient repris leur première place à l'Est du port. Le brave commandant de ces batteries flottantes a tiré parti de cette position et a fait un feu d'enfer entre 9 et 10 heures du soir sur les travailleurs de l'ennemi qui continuaient leurs retranchements vers les Dunes de Rosendaël.

Du 3 du dit.

Citoyen Ministre,

Siège de Dunkerque. — L'ennemi est toujours dans la même position et n'a fait aucun mouvement sur la place : les cinq batteries élevées dans leur retranchement au Sud du canal de Furnes sont montées chacune d'un canon sur affût de campagne qui

parait du calibre de 12. Sans doute que leur grosse artillerie n'a pu encore être transportée et les pluies qu'il fait depuis trois jours leur feront éprouver de nouveaux obstacles.

Il est entré hier 2 bâtiments dans le port de Nieuport et un troisième mouillé dans la rade attend la marée d'aujourd'hui : Le ciel chargé de nuages n'a pas permis au tourrier de distinguer à cette distance.

Il n'y a d'ailleurs rien de nouveau. La ville jouit de la plus grande tranquilité. La garde nationale fait le service avec la plus grande activité. Il est entré dans la place hier au soir 3 bataillons de volontaires, il nous arrive journellement des munitions de guerre et de bouche, et ç'a ira.

Du 4 septembre 1793.

Citoyen Ministre,

Siège de Dunkerque. — Absolument rien de nouveau de part ni d'autre, l'ennemi toujours au grand camp n'ont fait aucun mouvement, leurs retranchements sont au même point et pas un canon n'a été monté hier sur leurs batteries.

Il y a lieu de croire que les pluies ont accrut les difficultés qu'ils éprouvent dans le transport de leur artillerie de siège et la marée qui montera aujourd'hui extrêmement haut va inonder la majeure partie du Rosendaël.

Du 5 septembre 1793.

Citoyen Ministre,

Siège de Dunkerque. — Rien de nouveau de la part des assiégeants pas un seul coup de canon tiré sur la ville. Leur artillerie n'a pas augmentée hier sur les forts qu'ils ont établis toujours les 6 pièces de moyen calibre et rien de plus en vue.

Sur les midi 2.000 hommes environ tant travailleurs que soldats sont sortis du camp au nord du canal et se sont portés en avant, les uns armés de pelles et pioches ont été employés à faire un fossé plutôt qu'une tranchée. Les autres ont abattu une grande quantité de bois dont ils ont fait des fascines et des gabions qui étaient transportés vers le canal de Furnes, sans qu'il fût possible de juger de leur emploi, les arbres extrêmement épais en cet endroit les dérobant à la vue du tourier.

La marée a montée à 16 pieds et demi au-dessus du radier de l'écluse de Bergues et l'eau a infiniment gagnée dans le Rosendaël entre la place et les retranchements ennemis.

Hier soir les commissaires de la Convention près l'Armée du Nord ont écrit de Cassel qu'il y avait 30.000 hommes au Camp et que le Général Houchart s'y rendait avec une colonne de 20.000 hommes. Ce secours formidable ne rend pas le courage à la brave garnison et aux gardes nationales citoyennes de Dunkerque, il ne les avait pas abandonné, et nous étions bien résolus de nous défendre jusqu'à la mort plutôt que de recevoir le joug des tyrans dont les Satellites nous environnent, mais l'approche du Général Houchart, nous donne les plus hautes espérances.

Du 7 septembre 1793 (à 8 heures du matin).

Citoyen Ministre,

Siège de Dunkerque. — La nuit dernière a été plus tranquille qu'on avait lieu de l'attendre après l'affaire qui l'avait précédée, hier les assiégés ont fait une sortie où nous avons perdu beaucoup de monde; mais nous leur en avons tué encore davantage. Le combat a duré depuis 3 heures jusqu'à 6 heures et demie.

Cette action a été combinée avec le général Houchart et la ligne ennemie a été attaquée presque en même temps dans tous ses points l'action a été vive partout à Wishmorne, à Bergues, à

Oostcappel, mais elle n'a pas été décisive, quoique l'Armée Française ait combattue avec courage, l'ennemi est en très grand nombre dans le camp de Ghyvelde et si le Général Houchart ne parvient pas à cerner lui même les troupes combinées et à les prendre sur les derrières ou au moins par le flanc, je doute que Dunkerque puisse éviter les ravages de l'incendie. Les batteries des assiégeants ont augmenté depuis hier, on n'y voit pas un plus grand nombre de canons, mais si l'on peut en croire le rapport d'un jardinier arrivé des environs du camp, l'ennemi aurait trouvé le moyen d'y faire entrer malgré les difficultés des chemins plusieurs pièces de canons de 36 avec lesquelles il ne tardera pas à exécuter les menaces qu'il nous a faites. Les batteries quoiqu'éloignées de la place pourront y vomir la mort et la flamme puisque celles de nos remparts portent dans leurs retranchements.

Nous n'avons pas de nouvelles sûres du général Houchart, lui seul peut sauver cette ville du sort dont elle est menacée. Le courage des troupes et des citoyens n'en est cependant pas abattue et tous sont résolus de défendre la place jusqu'à la mort.

Du 7 septembre 1793.

Citoyen Ministre,

Batteries flottantes. — Vu vaisseau anglais et plusieurs frégates mouillées dans ces parages et les bruits qui se sont répandus d'une attaque par mer sur Dunkerque ont engagé les représentants du peuple à m'autoriser de faire venir en cette rade les chasses-marées canonnières de Boulogne, Calais et Gravelines, qui joints aux quatre batteries flottantes en station en ce port présenteront une résistance formidable à l'ennemi s'il osait tenter de s'avancer sur ce port.

J'ai en conséquence écrit dans ces trois quartiers, et j'ai donné ordre aux sous chefs des chasses de faire partir sur le champ ces trois bâtiments. J'ai aussi requis sous la même autorité du commandant d'artillerie de Boulogne 3 pièces de canon du 18 ou de 24 pour compléter l'armement de ces chasses-marées.

Du dit jour.

Citoyen Ministre,

J'ai l'honneur de vous rendre compte que d'après la réquisition des commissaires de la Convention Nationale, je me suis rendu à Gravelines pour y démonter le capitaine Le Ture commandant le chasse-marée le Tonnerre avec lequel il n'a osé sortir depuis qu'il est au dit port.

La lâcheté de cet enseigne non entretenu le rendait indigne de servir la République, je l'ai remplacé par le citoyen Defrayes capitaine de Dunkerque dont la bravoure est reconnue. Veuillez je vous prie, citoyen ministre, me faire parvenir l'ordre de commandement nécessaire à cet officier.

Du 8 septembre 1793.

Citoyen Ministre,

Le silence du Général Houchart avait causé de vives inquiétudes, mais l'espoir n'a pas tardé à renaître lorsque nous avons été informé qu'une colonne de l'armée républicaine marchait sur Bergues et Hondschoote et une autre sur Ypres. Les assiégés ont fait hier sur les quatre heures une nouvelle sortie où nous avons eu tout l'avantage, nos troupes qui la veille avaient combattu avec courage mais à rangs ouverts, instruites par l'expérience ont combattu aujourd'hui avec la même ardeur mais de pied ferme et à rangs serrés : l'ennemi a été repoussé partout et l'action n'a fini qu'à la nuit nous n'avons perdu que quelques hommes.

Plusieurs courriers arrivés successivement le soir nous ont appris que le général Leclerc avait poussé l'ennemi jusqu'à Hondschoote dont il s'était emparé et que le général Houchart était à Ypres avec sa colonne victorieuse, toutes les communications sont rétablies.

Un grand nombre de prisonniers, de voitures, de caissons de

bagages arrivent perpétuellement à Bergues et les paysans indignés des traitements atroces de ces Satellites font main basse sur tous ceux qu'ils peuvent atteindre et les amènent en triomphe dans le chef-lieu du district.

Les troupes et les gardes citoyennes de Dunkerque ont pour la 3ᵉ fois de suite bivouaqué pendant toute la nuit sur les remparts et dans les chemins couverts; leur courage leur fait surmonter toutes les fatigues, l'amour de la Patrie et de la liberté ne connait pas le repos.

Nous nous préparons à une sortie vigoureuse elle décidera la victoire en notre faveur et si la colonne commandée par le général Leclerc peut pénétrer au delà des Moëres et celle du général Houchart sur Furnes, le camp de Ghyvelde sera le tombeau des vils satellites qui s'étaient flattés de conquérir la patrie de Jean-Bart.

J'ai fait passer à deux heures, des ordres au brave Castagnier de s'approcher de la côte le plus près possible et de se porter plus à l'Est pour écraser de son feu les colonnes ennemies qui voudraient se retirer par l'estran. Les batteries flottantes et une frégate sont mouillées depuis 30 heures par le travers de Gravelines, une autre frégate et un cottre sont à l'ancre par le travers de Furnes ils seront tous témoins de la défaite de nos ennemis et ne s'attendaient pas à porter cette nouvelle au tyran de la Grande-Bretagne.

Obligé, citoyen Ministre, de me rendre sur le champ au poste où les Députés de la Convention Nationale m'ont jugé nécessaire je ne pourrais vous instruire par ce courrier de ce qui se sera passé dans la matinée.

Du 9 septembre 1793.

Citoyen Ministre,

Siège de Dunkerque. — Ainsi que je vous l'annonçais hier la garnison fit à deux heures après-midi une sortie pour occuper

l'ennemi, la mousqueterie fut très vive de part et d'autre et l'artillerie de la place fit un feu terrible sur les avant postes de l'ennemi toutes les troupes rentrèrent vers les 6 heures du soir et notre perte est peu considérable. On s'aperçut alors que l'ennemi pliait ses tentes et on ne tarda pas à le voir prendre la route de Furnes amenant avec lui une partie de ses effets et de son artillerie. On craignait que ce ne fût qu'une feinte de sa part et que son intention était de nous attaquer la nuit de vive force. En conséquence, on se tint sur ses gardes, mais ce matin nous avons été convaincus que l'ennemi s'était entièrement retiré. Cette retraite a eu vraisemblablement lieu parce que l'ennemi était informé que le Général Houchart marchait sur ses derrières. L'ennemi avait élevé pendant la nuit 4 batteries sur les Dunes dont deux paraissaient uniquement destinées contre nos batteries flottantes, elles ont fait sur ces bâtiments un feu terrible, mais l'intrépide Castagnier les a fait taire plus d'une fois et a forcé comme à l'ordinaire leur colonne de cavalerie à rester spectatrice bénévole du combat.

Du 10 Septembre 1793.

Citoyen Ministre,

Siège de Dunkerque. — La retraite des ennemis est une déroute complète il a abandonné dans sa fuite plus de 60 pièces d'artillerie dont la majeure partie de 24 et de 36 une quantité immense de poudre, boulets, boîtes de mitrailles, grappes de raisin et une partie de ses chariots et caissons, cette perte s'élève à plusieurs millions. J'ai accompagné les représentants du peuple à la visite du camp. Les retranchements étaient inexpugnables et deux jours plus tard la ville de Dunkerque était en proie aux flammes. Les préparatifs d'attaque inspirent l'horreur.

Le général Houchart est arrivé hier en cette ville 12.000 hommes y avaient passés le matin et l'armée serait à la suite de l'ennemi dont les chariots étaient encore hier au soir à 3 lieues d'ici, d'après le rapport qui a été fait par des paysans.

Je ne doute pas, Citoyen Ministre, que notre armée victorieuse ne soit tombée ce matin au point du jour sur ces bagages et qu'il ne les enlève au moins en parties. Un vaisseau de ligne et quatre frégates sont toujours mouillés devant Gravelines et une autre frégate avec huit cutters et caiches par le travers de Furnes.

Du 11 septembre 1793.

Citoyen Ministre,

Siège de Dunkerque. — L'Armée Française suit toujours l'ennemi et le harcèle dans sa retraite, il a été fait aujourd'hui quelques prisonniers et l'on a trouvé plusieurs canons qu'on avait pas découvert hier. Les citoyens de Dunkerque oubliant leurs fatigues se sont armés de pioches et de pelles et se sont portés en foule au camp pour y détruire les retranchements et les batteries que l'Anglais y avait élevés, l'artillerie, les boulets, les poudres et^a ont été rentrés en ville, à l'exception de quelques pièces de canon qui seront transportés demain dans la matinée. Le zèle des habitants prouve que nos cruels ennemis auraient bien pu faire de cette place un monceau de cendres et de ruines, mais que les braves Dunkerquois n'auraient pas soumis leurs têtes au joug des tyrans.

Du 12 septembre 1793.

Citoyen Ministre,

Siège de Dunkerque. — Toute l'artillerie et les munitions laissées par les Anglais à Zuycoote et à Leffrinchoucke ont été rentrées aujourd'hui ainsi qu'une immense quantité de planches de sapin et de chevalets. La plupart déjà montés et travaillés en ponts volants pouvant contenir huit hommes de front. Les fascines, les sacs à terre et les gabeaux surtout d'une énorme grosseur sont innombrables. On ne doute pas qu'il n'ait été jeté plusieurs

mortiers et pièces de canon de gros calibre dans le canal. Un crapeau et quelques affûts restés sur les rives et renversés l'indiquent assez. Ils seront faciles à trouver aussitôt qu'on aura pû retenir les eaux.

Les ennemis sont à Furnes où nos troupes n'ont pu les suivre. Une armée de 10.000 Français est campée sur Leffrinchoucke pour couvrir Dunkerque et j'ai fait porter les batteries flottantes à cette hauteur pour protéger le flanc gauche du camp.

Deux vaisseaux de guerre sont toujours devant Gravelines et 11 bâtiments devant Nieuport parmi lesquels on distingue 4 frégates.

(Extrait des manuscrits de la Bibliothèque communale de Dunkerque).

LETTRES

DU GÉNÉRAL EN CHEF HOUCHARD
DU MINISTRE DE LA GUERRE
ET DES
REPRÉSENTANTS DU PEUPLE A L'ARMÉE DU NORD
Relatives au
SIÈGE DE DUNKERQUE

(Extrait des Archives historiques du dépôt du Ministère de la Guerre)

Lille le 3 7bre 1793.
L'an 1er de la République Française. (N° 262)

Le Général en chef HOUCHARD
Au Citoyen Ministre de la Guerre.

DEPUIS ma dernière dépêche, Citoyen Ministre, il ne s'est rien passé de nouveau. Les progrès des ennemis devant Dunkerque ne sont pas considérables encore : leurs travaux consistent en une seule parallèle éloignée de 400 toises de la place, dont la droite est appuyée par une batterie. Ils n'ont pas encore tiré un seul coup de canon sur Dunkerque, de sorte que cette place ne craint qu'une attaque de vive force. J'en ai fait renforcer la garnison par 2.000 hommes au moins. Les représentants du peuple et le Général Jourdan ont fait sortir de la place tous les gens suspects et qui cherchaient à attiédir le

courage de la garnison et des citoyens ; par ces dispositions Dunkerque ne court aucun risque jusqu'au moment où j'aurai assemblé des forces pour tomber sur les Anglais.

L'intérêt que Dunkerque doit nous inspirer par toutes les raisons qui m'ont été dites par vos lettres et celles du Comité du Salut public, je me suis décidé à agir directement pour délivrer cette place : au lieu de porter mes attaques du coté de Menin à la rive droite de la Lys, pour de là prendre à revers l'armée qui attaque Bergues et Dunkerque, j'ai fait le rassemblement des troupes sur Cassel, et nous nous porterons directement sur les ennemis. Je ne me dissimule pas la difficulté de cette entreprise dans un pays tout couvert de haies, coupé par des canaux dans tous les sens, et dont tous les postes occupés par l'ennemi sont fortifiés par la nature et par l'art ; mais je compte sur l'audace des troupes de la République et je ferai tous mes efforts pour leur assurer la victoire. Cependant, citoyen Ministre, je suis cruellement entravé dans tous les détails de l'exécution : l'arrestation du Commissaire Général au moment où il était occupé à pourvoir à tous les besoins de l'armée pour rendre ses mouvements possibles, produit un mal horrible. Vous savez que mes besoins en tous genres sont énormes ; sans les représentants du peuple, les subsistances auraient manquées, et je ne suis pas assuré dans ce moment que nous ne manquerons pas. Nous sommes forcés de tirer nos vivres des places : ce grand malheur vient de l'égoisme qui gouverne et les villes, et les Districts et les Départements ; de sorte que les Administrations ne concourant pas à l'envie à la subsistance et au besoin de l'armée, il est impossible de faire des opérations promptes et rapides. La partie des fourrages est une chose affreuse et désespérante ; depuis 15 jours les chevaux de la Cavalerie, de l'Artillerie et^a, n'ont point d'avoine, et beaucoup meurent à défaut de nourriture suffisante. Ce malheur vient encore de ce que l'esprit public étant pour ainsi dire nul dans ces contrées on n'a pu parvenir à faire recueillir et battre les avoines pour l'année. J'avoue qu'avec le nouveau Commissaire Général qui m'est donné et qui n'a aucune connaissance préliminaire ni

aucune base pour établir ses moyens d'une manière prompte et rapide, je ne sais pas comment je ferai ; car il faut que la cavalerie soit pourvue d'avoine pendant 4 jours, vu que, dans les opérations de cette nature, la cavalerie n'a pas le temps de faire manger du foin. Il aurait été bien convenable de garder Petitjean sous sauvegarde, pendant 7 à 8 jours, et lui laisser achever les opérations qu'il avait commencées ; mais les représentants du peuple n'ont pas jugés à propos de prendre cette grande mesure sur eux, et il est remplacé par un homme qui paraît peu actif et sans aucune connaissance locale.

Je vous répète jusqu'à l'ennui que mon parc d'Artillerie est misérable ; il me manque 600 chevaux pour conduire le peu de pièces que j'ai, et c'est encore une question pour moi de savoir comment je marcherai dans un pays si difficile avec si peu de chevaux.

Presque tous les bataillons de l'armée de la Moselle ont laissé leurs canons derrière eux, ce qui est un grand malheur. Les bataillons ont la plus grande répugnance à marcher sans canons ; les 10 que vous m'envoyez arrivent trop lentement ; il aurait fallu les faire partir en poste.

La nouvelle que vous m'avez donnée que j'aurai 10.000 hommes de moins à Porfontine et que la marche des carabiniers était arrêtée me fait faire la grimace la plus terrible du monde. Si les carabiniers étaient arrivés les premiers, comme je le comptais, cela aurait fait un grand effet, surtout si j'ai le bonheur de mettre les ennemis en déroute. Je tâcherai de me passer de cet excellent renfort, mais la chose n'en ira pas aussi bien.

Il est certain que Beaulieu avec 10.000 hommes dont beaucoup de Cavalerie, a remonté la Sambre et s'est reporté du côté de Beaumont, cela dérange furieusement le projet de diversion que j'avais mandé au Général Gudin d'exécuter ; il est bien fâcheux que la Cavalerie que vous nous avez annoncée ne soit pas arrivée dans ce moment : cela dérange tout à fait les projets d'attaque et empêchera de convertir la défensive en offensive.

Je crois que je serai en mesure d'agir vers le 7 : ce sera plus tôt, si je le peux.

J'ai reçu les dix millions que vous m'avez fait passer ; je les ai remis au nouveau Commissaire Général. Je désire bien que cette ressource qui nous était indispensable nous procure de l'avoine.

Je vous prie, Citoyen Ministre, de faire part de cette dépêche au Comité du Salut public.

Signé : HOUCHARD.

Paris, le 5 7bre 1793.

(N° 285)

Le Ministre de la Guerre
  au Général HOUCHARD.

J'ai communiqué, Général, votre dépêche du 3 au Comité de Salut public aussitôt qu'elle m'est parvenue. Elle a fait l'objet de ses réflexions que vous trouverez dans une de ses lettres que mon courrier est chargé de vous remettre.

Il m'a semblé que le Comité pensait avec raison qu'il ne pouvait pas vous prescrire telle ou telle opération ni telle ou telle manière de l'exécuter. Il faudrait avoir des données sur la force, la position et les ressources de l'ennemi qu'il n'a pas, et qui ne peuvent lui parvenir que de l'armée. Aussi il a arrêté qu'il ne vous serait envoyé que des réflexions, vous laissant du reste toute latitude possible dans vos opérations.

Le Comité s'est donc borné à examiner les objets principaux qui méritaient le plus un prompt secours, et il a reconnu que Dunkerque et le Quesnoy avaient besoin plus particulièrement d'un effort de notre part. Il a pensé que le point de Maubeuge, très renforcé aujourd'hui, pouvait faire une diversion utile non seulement au Quesnoy mais encore à l'expédition que vous projetez sur Bergues et Dunkerque. Ne pourriez-vous y envoyer Jourdan ou tel autre qui le voudrait, car Gudin parle beaucoup

de ses infirmités, et de l'impossibilité où il est de remplir ses fonctions ?

Le Comité avait paru fort content de votre projet de vous porter sur Menin, de couper les lignes des ennemis, et d'empêcher les secours de venir troubler vos entreprises du côté de Dunkerque lorsqu'ils auraient été pris à revers. La défaite des Anglais lui paraissait probable. Si vous prenez un autre chemin, c'est qu'il est nécessaire et il le pense aussi. Vous pouvez vous assurer que vous avez la confiance du Comité de Salut Public et du Conseil exécutif, et que les patriotes comptent beaucoup sur vous.

Pinthon, votre nouveau Commissaire Général a déjà travaillé sur cette frontière; l'on fait l'éloge de son intelligence. Du reste le changement était devenu forcé, puisqu'un décret était intervenu contre Petitjean. Les fonds envoyés et le nouveau décret qui fixe un autre maximum donneront, je l'espère, de plus grandes facilités pour l'approvisionnement. Les réquisitions doivent produire des avoines; cette extrême pénurie était cependant arrivée sous l'administration de Petitjean.

Il est déjà parti des chevaux d'artillerie; les ordres sont donnés pour un plus grand nombre; je tiendrai la main à ce qu'on mette toute la célérité possible à vous les envoyer. Vous recevrez des canons.

Les représentants du Rhin ont cru indispensable de retenir 8.000 hommes; ceux de la Moselle les carabiniers. L'administration ne peut marcher rapidement à cause de la multiplicité des affaires, des demandes indirectes des citoyens qui visent toute la République dans leur commune et des contre ordre. Tout cela est une suite presque inévitable dans une révolution; il faut que nous marchions avec tout les embarras; le patriotisme est plus occupé de les diminuer que de se raidir contre eux.

Des nouvelles du Département de l'Aisne annoncent une irruption de l'ennemi du côté de Vervins. C'est sans doute la division de Beaulieu que vous m'annoncez s'être portée du côté de St-Quentin. Voyez si en ordonnant quelque bonne disposi-

tion des forces qui sont sur les lieux, l'on ne peut diminuer les brigandages ? En vain l'on parle raison aux administrations, et on leur dit que dans une défense aussi étendue, il n'est pas possible qu'il n'y ait quelques points de la République qui en souffrent ; que l'essentiel c'est de garnir telle ville de première importance, de tenir telle position essentielle, et qu'en maintenant ces points là, l'on sauvera la République, parce que l'ennemi ne pourra pas faire d'établissement solide. C'est parole perdue ; chacun ne voit que sa localité. Au milieu de tout cela l'on ne doit relâcher notre zèle et notre dévouement pour servir nos concitoyens. Il existe une vérité, c'est que la nation veut être libre, et dans cette volonté, il y a des ressources intarissables.

Salut et fraternité.

Paris, le 6 7bre 1793.

(N° 292)

Le Ministre de la Guerre
au Général HOUCHARD.

Je vous prie de m'envoyer, Général, par le retour de mon courrier, des nouvelles précises sur la situation de l'Armée du Nord, et de celle des Ardennes. On débite ici que les Anglais devant Dunkerque sont environnés de l'inondation, et qu'il est difficile qu'ils se tirent aisément de la position qu'ils ont prise imprudemment.

D'un autre côté la trouée par Solesmes, entre Cambrai et Landrecies se trouve absolument libre, et l'ennemi pousse de gros corps de Cavalerie qui, sans nul obstacle, vont ravager tout le plat pays jusqu'à St-Quentin. Le Général Beauregard, qui commande dans le Département de l'Aisne, a chassé les ennemis de la Tiérache, et il parait certain que la colonne de Beaulieu n'a pas pu se faire jour par la trouée de la Capelle. C'est la Cavale-

rie qui cerne les environs de Landrecies qui a fait des pointes et commis des dégâts dans tout le plat pays. Le 3 septembre les ennemis ont ravagé le pays en avant de St-Quentin ; ils ont emmené les bestiaux, emporté les blés, avoines, fourrages depuis Villers-au-Tertre jusqu'à Bellicourt, et depuis Prémont jusqu'à Fonsommes et Fontaine-Verte. Il faut prendre des mesures pour couvrir cette frontière de manière qu'aucun corps ennemi ne puisse impunément franchir les lignes de notre défense, et que la retraite lui soit invisiblement coupée.

Vous voyez, Général, que la division de Beaulieu, que je croyais d'après vos avis s'être portée du côté de Vervins, ne s'y est pas présentée, et que ce sont les troupes cantonnées au Cateau et dans les environs qui ont commis tout le pillage dont on s'est plaint. Il vous serait possible de combiner un mouvement des garnisons de Cambrai, Landrecies, Avesnes et Maubeuge qui couperait la retraite à tous ces corps avancés, et qui les détruirait entièrement.

Mais il vous reste toujours à combiner le mouvement de la colonne ennemie qui s'est dirigée sur Beaumont. Avec l'immensité des forces qui se dirigent sur les frontières, il faut reprendre l'offensive d'une manière très prononcée sur tous les points, et, en établissant un camp de réserve sur nos derrières entre l'Oise et la Somme nous nous mettrons à couvert de toute espèces d'inconvénients.

J'ai envoyé le Général Belais reconnaître toutes les positions de la ligne de réserve. Je lui marque de vous rendre compte de tous ses travaux, afin de couvrir d'une manière invisible la 2me ligne de défense de la République. Etudiez toutes les positions en arrière afin que par des précautions sages, nous nous trouvions pour cette campagne à l'abri de toute espèce d'accident.

Salut et fraternité.

Dunkerque, le 8 7bre.
L'an 2 de la République une et indivisible. (301)

TRULLART et BERLIER, *représentants du peuple envoyés près l'armée du Nord*

A leurs Collègues composant le Comité de Salut public.

Citoyens nos Collègues,

Nous vous avons rendu compte de nos sorties des 6 et 7 de ce mois. Nous en avons aujourd'hui tenté une que la fatigue des troupes et le feu prodigieusement augmenté de l'ennemi sur les Dunes n'ont pas permis de pousser bien avant.

Quoi qu'il en soit et avant la fin de ce combat, l'on a remarqué de la tour que l'ennemi pliait ses tentes et faisait prendre à ses vivres et munitions le chemin de Furnes.

Cet évènement se lie sans doute avec les succès du Général Houchard. Ils sont considérables, sans doute, car plusieurs rapports nous font connaître qu'on a pris, dans ce point, son artillerie, beaucoup de drapeaux, et qu'on a conduit à Bergues un grand nombre de prisonniers Anglais et Autrichiens. On a aujourd'hui soir exécuté à Bergues un prêtre réfractaire et un émigré arrêté les armes à la main. C'est ce qu'on peut appeler prompte et bonne justice.

Nous regardons Dunkerque comme sauvé, et nous comptons demain nous mettre à la suite de l'ennemi.

Salut et fraternité.

Signé: TRULLARD, BERLIER.

P. S. — N'oubliez pas nos diverses demandes, surtout des habits et des souliers, nous sommes ici absolument dénués de tout ce qui appartient à l'équipement.

PRÉCIS

DU

SIÈGE DE DUNKERQUE

en 1793

Rédigé par M. DIOT

Adjoint du Génie

Membre du Conseil de Guerre.

———ƏƏƏƏƏƏƏ———

On s'était occupé en 1792 et 1793 à mettre cette place à l'abri d'un coup de main. On y avait construit dans deux redans du front à l'Est deux grands cavaliers en terre très élevés afin de la couvrir du feu des Dunes en cas d'attaque, de pouvoir même les battre : On avait aussi construit dans l'intérieur du rempart un mur crénelé qui embrassait les redans 4, 5 et 6, dont le but était, de ménager, après la prise du corps de place, à l'assiégé les moyens de capituler.

Des poternes furent construites pour communiquer aux ouvrages extérieurs ; on répara ces ouvrages et le chemin couvert dans toute la partie des fronts du côté de Nieuport.

Pendant l'été de 1793 ; un petit corps de troupes campait à Ghyvelde, sur le canal de Furnes, sous les ordres du Général Paschal, et depuis sous ceux du Général Oméara ; son but

était de couvrir le pays contre une invasion que l'ennemi eut pû former en arrivant par la moëre sur Furnes et Dunkerque ; quelques ouvrages de campagne en avant de ce camp servaient à le protéger et à lui donner la facilité de se replier, à l'approche de l'ennemi, par le Rosendael, sur Dunkerque.

Ce fut le 20 Août 1793 que l'ennemi fort de plus de 30.000 hommes tant Infanterie que Cavalerie, cerna Hondschoote, Bergues et Dunkerque, et arriva le 21 sur le Rosendael sous le commandement du Duc D'york.

Au premier avis qu'on eut de son arrivée près de Ghyvelde, on prit le parti d'abattre les arbres et hayes du Rosendael, qui approximitaient la place, afin de lui oter les couverts, dont il eut pû profiter de l'empêcher.

La garde nationale qui faisait le service de la Place était pour lors d'environ 2.000 hommes, divisées en compagnies ayant leurs officiers et un chef de légion, 300 hommes de cette garde avaient été exercés au canon et étaient destinés à seconder les canoniers de ligne.

La place avait environ 80 bouches à feu de bronze parmi lesquelles il y avait quelques mortiers et des obus, on les avait disposés principalement sur les parties du corps de place, où était présumé le point d'attaque à l'Est, depuis la porte de l'Estran jusqu'à l'embranchement entre les canaux de Furnes et des moëres et les ouvrages extérieurs : on avait aussi garni de mortiers, deux batteries établies sur deux buttes de moulins dans l'intérieur de la place.

On prit la précaution de faire transporter à St-Omer &^{a} par les canaux les approvisionnements immenses de sucre, cafés, tabacs, cotons, eau-de-vie &^{a} qui se trouvaient dans les entrepôts, et qu'on évaluait à plusieurs millions.

Enfin le Général Oméara qui commandait le petit corps de troupes sous Ghyvelde s'étant vu forcé de se replier sur Dunkerque, y arriva le 21 août au soir et on disposa tout pour soutenir le siège.

La garnison rentrée fut destinée à la défense des ouvrages extérieurs et du chemin couvert, aux sorties ; la garde nationale, à la défense du corps de place, à la police intérieure, à veiller aux incendies, et enfin à tout ce qui pouvait assurer la tranquilité des habitants.

Il créa de suite un conseil de Guerre où il appella le commandant d'artillerie, les chefs de la 32e et 33e Division de Gendarmes, le commandant du 5e régiment de chasseurs à cheval, les chefs des bataillons, l'ordonnateur de la marine, les commissaires des guerres, ceux de la municipalité, le chef du Génie militaire, l'adjoint du Génie. Ce Conseil fut permanent et chargé généralement de tous les objets relatifs à la défense de la place.

On prit la précaution d'envoyer à Gravelines et à Calais les femmes et les enfants que l'approche du siège effrayaient ; on établit de hautes traverses à l'extremité des rues qui aboutissaient vers les remparts afin d'empêcher leur enfilade par le canon de l'ennemi. On disposa les pompes à feu et les pompiers, de manière à arrêter les progrès des incendies.

L'ennemi s'était établi à environ 500 Toises des ouvrages extérieurs de la place. La ligne commençait depuis les Dunes à l'Est, s'étendait dans le Rosendael jusqu'au canal de Furnes, et de la jusqu'à celui des moëres ; au dessous du pont de Steendam derrière cette ligne jusqu'à la hauteur du sas de Lefferinckouke étaient son quartier général, son parc d'artillerie, ses approvisionnements, son camp sur l'arrière à Zuydcoote étaient ses poudres, &a. On fera connaître plus particulièrement ces lignes l'orsqu'on sera à la levée du Siège.

On continua de la part de l'assiégé à éclairer la place, tant du côté du Rosendael qu'entre les canaux de Furnes et des Moëres soit en détruisant les maisons, corderies, moulins &a soit en abattant les haies et les arbres qui pouvaient favoriser les approches ; et comme on pouvait craindre qu'il ne tentât d'arriver sur plusieurs points à la fois et sur tout par la basseville en passant entre le fort Louis et le canal des moëres : que la sureté

même de Bergues exigeait cette mesure, on prit le parti d'introduire les eaux de la mer dans le pays.

Ce fut le 23 Août, à minuit, que l'ordre du Conseil de guerre s'exécuta et ce fut par le moyen de l'écluse de Bergues côtée 61 dans l'arrière port.

La marée était très forte : on introduisit les eaux à pleine voie, toutes les portes busquées ouvertes ; en moins de deux heures elles montèrent de 6 à 7 pieds au dessus du point où elles étaient dans le canal de Bergues avant l'opération et se répandirent dans la partie entre le fort Louis, le pont de Stendam, en avant du canal des Moëres, à la gauche du canal de Furnes, dans la partie entre ce fort et le fort Français, sur le canal de Bergues, de manière à rendre les approches pour ainsi dire impossibles, on avait fait quelques coupures dans les digues qui bordent les canaux afin de favoriser l'effet de cette inondation.

On tenta aussi par le moyen du canal de Furnes de jeter des eaux dans le Rosendael ; mais ce point étant plus élevé, son effet n'y fut pas le même et cette partie s'en ressentit faiblement.

On enleva sous le feu de l'ennemi, touts les grains encore en gerbes qui se trouvaient dans plusieurs fermes et censes qui environnaient la place en avant de la basseville et on les rentra dans l'intérieur de la ville.

On crut devoir aussi établir un poste de 300 Gendarmes avec deux pièces de campagne au pont de petite Synthe sur le canal de Bourbourg afin d'empêcher les postes ennemis, en tournant Bergues par la Colme, de pénétrer dans cette partie et d'inquiéter les convois soit de poudre soit de munitions qui eussent pu arriver et qui arrivaient de Gravelines et de Calais et rassurer les habitants des campagnes voisines.

On fit les jours suivants des sorties dour débusquer l'ennemi des maisons qu'il occupait dans le Rosendael d'où il tirait continuellement sur les ouvrages avancés ; Ces sorties se faisaient par les troupes de la garnison, aux quelles se joignaient les gar-

des nationales qui demandaient d'en être. Ces combats partiels sans aucun avantage réel inquiétaient l'ennemi, et donnaient le temps au secours d'arriver.

Les renforts de troupes arrivaient journellement à Dunkerque et on les campait à fur et mesure dans toute la partie intérieure de l'enceinte depuis le redan 2 à l'Est jusqu'au canal du Furnes, à la fin du Siège on y comptait environ 9 à 10.000 hommes.

Le Siège s'étoit ainsi borné plusieurs jours à des escarmouches, à des coups de canon que l'on tirait constamment de la place sur les ouvrages des assiégeants et à des sorties. Ce ne fut que le 8 septembre que l'attaque de l'ennemi parut et devint sérieuse et quelle fut poussée avec vigueur ; on était loin de penser dans la place quelle annonçait la fin du siège.

Vers le midi de ce même jour, tous les assiégés étant sur les remparts, dans les ouvrages extérieurs et dans les chemins couverts, l'ennemi canonna des trois batteries qu'il avait élevées sur des Dunes entre le Rosendael et la mer, à 4 ou 500 toises environ des ouvrages extérieurs, la canonnade se continua sans interruption jusqu'à 6 heures et demi du soir pendant ce temps divers corps de son infanterie bordant la crète des Dunes fesaient un feu continuel de mousqueterie sur la Place et un gros corps de cavalerie, cherchant à longer les Dunes, avança, dans la vue sans doute de pénétrer si possible par la porte de l'Est dite de l'estran où il se figurait que la ville était moins fortifiée ; mais les batteries flottantes, qui sous les ordres du Commandant Castagniez avaient été stationnées longtemps avant le Siège dans la rade pour en défendre l'approche, s'étant rapprochées de terre vers les gorges des Dunes obligèrent bientôt l'ennemi à renoncer avec précipitation à son dessin, la place de son côté faisait un feu continuel et soutenu de ses batteries à l'est, des deux buttes de moulin précitées, des cavaliers dans les redans 5 et 6, qui, de concert avec celui des batteries flottantes, lui firent perdre beaucoup de monde ; on en jugea par la quantité de cadavres qu'on trouva après le Siège dans les Dunes et ceux qu'il avait enterrés dans plusieurs points. Ainsi tenu en échec jusqu'au soir, on

s'aperçut bientôt de la grande tour, qu'il se disposait à la retraite. Cependant comme on ignorait les raisons qui l'y déterminaient, on crut devoir se tenir sur ses gardes jusqu'au lendemain où on les apprit. Le Général Souham commandait pour lors à Dunkerque.

Le gain de la bataille d'Hondscoote le 8 7bre par nos armées sauva Bergues et Dunkerque.

L'ennemi consterné, craignant de voir sa retraite coupée par le vainqueur, du côté de Furnes, se retira avec précipitation à Adinkerke et Furnes, pendant la nuit, abandonnant son artillerie, ses munitions et ses outils.

On trouva et on ramena à Dunkerque le 9 7bre 41 pièces de canon neuf en fer de 27^m de balle, calibre anglais,

2 à 3 mortiers

17.000 boulets de divers calibres

1 partie de bombes

52.000 sacs à terre vides.

Plus de 3.000 gabions et autant de grandes facines, une quantité considérable de grappes de raizin de grenades, de boites à mitraille, de brouettes, de pioches, de pelles, de pics hoyaux, forge de campagne, affuts et trains d'artillerie.

85.000 livres de poudre en 850 barils &^{a}.

Ce fut alors qu'on se vit à même de prendre connaissance des ouvrages qu'il avait élevés.

Ils consistaient du côté de l'Est, en trois batteries, en fascinage et gabions construites sur les Dunes et aux qu'elles on communiquait par une levée ou chaussée en zigzags, qui s'appuyait sur la rive gauche du canal de Furnes à Dunkerque traversant le Rosendael elle avait environ 5 pieds d'épaisseur au sommet avec un petit fossé de 6 pieds de largeur et elle était élevée de 4 à 5 pieds au dessus du niveau du terrain ; les batteries étaient à barbettes assez solidement construites.

Une autre grande batterie placée sur un large plateau était sur l'arrière et devait sans doute servir à protéger celle d'attaque.

La construction de cette chaussée ou levée, outre qu'elle servait de liaison entre les batteries et les autres ouvrages était vraisemblablement nécessitée par les eaux qui filtraient à travers les digues du canal de Furnes ou par les coupures que les assiégés y avaient faites ou par la nature du terrain, avaient mouillé le Rosendael ; on en jugea ainsi par les petites flaques d'eau qui se trouvaient répandues ça et la au pied de cette levée.

A la rive gauche de ce canal sur la prolongation de cette même levée, l'ennemi avait construit plusieurs redoutes à flancs ; d'autres parties de retranchements étaient à redans : ces redoutes au nombre de cinq, distantes l'une de l'autre d'environ 100 toises avaient leurs saillants tournés vers la place : la dernière était à peu de distance du canal des Moëres en arrière du pont dit de Stendam : chaque redoute à deux embrasures vers son saillant.

L'ennemi avait fermé les deux chaussées aux digues du canal de Furnes par des batteries qui en les enfilant dans toute leur longueur rendaient les approches du pont tournant de ce canal très dangereuses.

On s'occupa de suite après sa retraite à les combler et détruire, et tout le monde s'y prêta avec tant de zèle que 3 à 4 jours après il n'y restait aucun vestige.

Le souvenir des dangers auxquels on venait d'échapper, porta même à des excès bien blamables : on incendia les habitations et maisons de campagnes dans tout le Rosendael.

Telles sont les circonstances les plus remarquables de ce siège d'un côté la persévérance, le courage de la garnison et des habitants ; de l'autre l'ineptie, la mauvaise combinaison, la pusillanimité de l'asiégeant sauvèrent et conservèrent à la France une place importante.

L'ennemi après sa défaite à Hondschoote, après sa fuite honteuse, remis de sa consternation, pouvait encore revenir sur ses pas, s'établir de nouveau dans le Rosendael, assiéger de rechef la

place on a cru nécessaire, pour lui opposer en ce cas une plus grande défense, pour éloigner les approches, pour l'empêcher enfin d'arriver avec la même facilité qu'il y était venu de relever les lignes de l'ancien camp retranché du Rosendael construit en 1742 à environ 10 à 12.000 toises de la place détruit en 1743, mais dont les traces manifestes existaient encore en grande partie dans plusieurs endroits et notamment dans le voisinage du canal de Furnes, ainsi que les fossés. Ce fut le 11 septembre qu'on commença à y travailler et on n'a cessé de le faire qu'en 1769.

POUR COPIE CONFORME
ou précis du Siège de Dunkerque en 1793
rédigé par Mr DIOT *adjoint du Génie*

Le Capitaine du Génie en Chef
Signé DELILE.

Lettre de THURIOT DE LA ROSIÈRE [1]

Frères et Amis

Nous sommes plus heureux encore que je l'avois espéré près de Donkerque, toute l'artillerie est à nous. Nous aurons au moins 6000 prisonniers et 10 M. resteront sur place. La caisse du duc d'York est en notre possession et on dit qu'il faut bien des chevaux pour la conduire. Tant mieux, je voudrois que nous pussions pomper tout l'or anglois, en ruiner l'industrie et forcer le peuple de se soulever et de renverser le Thrône.

Les arrestations sont multipliées. J'aime à croire que toutes les mesures ne seront que de sureté. Je serois désespéré si un innocent souffroit pour un coupable, mais je suis fortement de l'avis que tous les traîtres doivent périr sur l'Echafaud. Je médite des idées qui doivent consolider la liberté. Je ne tarderai pas à les développer. Elles exigent beaucoup de prudence. Je crains que les esprits ne soient pas encore assez murs. Les préjugés sont nos ennemis les plus terribles. Si les droits de la nature reprenoient leur force la liberté seroit bien plus puissante.

Nouvelle conquette près de Nante.
Nouvelle conquette près de Tour.
Nouvelle conquette sur les Espagnols.

Un ami intime m'écrit que sous 2 jours 50 M. hommes des départements voisins seront réunis à l'armée chargée de soumettre Lyon. Je le désire, il faut terminer ce procès de feu et de sang.

Le calme regne à Paris. Les patriotes sont sur leurs gardes ; ils jurent tous de faire respecter la loy, les idées sombres que j'avois se dissipent.

Nous avons quelques inquiétudes sur des mouvements autour de Cambray. Il faut que notre armée ait le temps de se porter sur le Quesnoy.

Quelques laches ont fui dans la Vendée, leur perte a été réparée. On se lève, on marche, on chante au milieu des combats. Tout ira.   14 7bre 2 de la Rép.   THURIOT

---

(1) THURIOT DE LA ROSIÈRE (JACQUES-ALEXANDRE). — Membre de l'Assemblée législative, puis de la Convention. Il fit partie pendant quelques mois du Comité de Salut public. Au 9 Thermidor, il présidait l'Assemblée et fut l'un des adversaires de Robespierre. Proscrit en 1795, exilé en 1816, il mourut à Liège en 1829.

SOMMAIRE

DU

SIÈGE REMARQUABLE DE DUNKERQUE

EN

AOUT ET SEPTEMBRE 1793.

22 *Août.*

SOMMAIRE du siège remarquable de Dunkerque en Août et Septembre 1793 par John Hano, Capitaine du 5ᵉ bataillon de la Garde nationale à Dunkerque, et placé de garde dans la citadelle et au Fort-Ouest appelé le Fort-Risban, ce jour le 22 août à midi, avec 86 hommes, et où il devait rester jusqu'au jour suivant à la même heure.

Tout demeura tranquille jusqu'au lendemain matin. Je dois pourtant dire ici que j'avais été occupé jusqu'à cette après-midi, et que j'avais fait avec succès des démarches près du commandant en chef de Dunkerque, le Général O'Méara et aussi près du Commissaire de la Marine, le citoyen Pigeon afin d'obtenir un passe-port pour un négociant anglais nommé Silvanus Greville, lequel mit à la voile très heureusement à 10 heures dans la mê-

MINUTES

OF THE

REMARKABLE SIEGE OF DUNKIRK

IN

AUGUST AND SEPTEMBER 1793

August 22^d.

MINUTES of the remarkable siege of Dunkirk in August and September 1793 Kept by *John Hano*, Captain in the fifth Battalion of the National Guards at Dunkirk aforesaid, he being placed this day on guard in the Citadel and Western Fort called Fort Risbano, August the 22^d at noon with 86 men where he was to remain on duty until the following day at the same hour. Every thing remained quiet until the next morning. I must however here add that I had until the afternoon been busily and successfully employed in obtaining from the Commander in chief of Dunkirk, General *Omeara* and the Commissary of Marine Citizen *Pigeon* filled a passport for an English Merchant named Silvanus *Greville*, and he sailed very luckily at 10 o'clock the same night

me nuit. J'attribue mon succès et je dois les moyens employés pour obtenir ce passe-port à M. Mathieu Garcia négociant et teneur de livres chez Mr Thomas Kirk-patrick, qui, en suivant la même voie, eut pareillement la bonne fortune d'obtenir un passe-port en destination de Hambourg pour lui, pour Madame Robertson, la femme de Mr James Robertson, négociant, et pour leurs enfants ; mais le navire sur lequel ils firent voile les débarqua volontairement à Ostende, de bonne heure le lendemain dans la matinée. La fuite des personnes nommées ne fut pas seulement un véritable évènement heureux pour elles-mêmes, mais ce fut une chose que personne n'aurait espérée avant que j'eusse obtenu le passe-port pour M. Greville. Au moment où le dit M. Greville s'embarqua, sa femme âgée de 50 à 60 ans, avec sa compagne et amie, âgée d'environ 16 ans, nommée M^s Margaret Greville de Bath & Melle Hannah Scrivinens de Hastings furent cachées dans la partie supérieure de ma maison, comme il est attesté par la Copie de leur déposition ci-jointe.

Enfin ce fut par ces circonstances fortunées que les sujets anglais ci-dessus mentionnés échappèrent à ce terrible emprisonnement et aux cruautés que durent endurer tous ceux qu'ils laissèrent sur place.

23 *Août.*

Ce matin à 2 heures 1/2 un officier me fut envoyé par notre Consul de la Guerre, qui récemment s'était donné lui-même ce titre. Il me portait avis que les troupes anglaises sous le commandement de son Altesse Royale le Duc d'York s'avançaient vers Dunkerque, et en même temps je recevais l'ordre de marcher immédiatement vers l'endroit appelé la Porte de Newport avec tout mon détachement, dont seul j'avais le commandement. Quelques heures plus tard j'eus l'agréable surprise d'apprendre que l'avant-garde de l'Armée Anglaise avait mis en déroute le camp français de Gyvelde, à environ 6 milles anglais à l'Est de

I imparted my success and the means by which the pass in question was obtained to Mr Mathews *Garcia,* merchant and Book-keeper to Mr Thomas *Kirkpatrick* who pursuing the same channel that I had opened was with Mrs *Robertson* the wife of Mr James Robertson Merchant, and children likewise so truly fortunate as to get their passes for Hamburg, but the ship in which they sailed as per agreement, fortunately landed them at Ostend early the next morning; the escape of the before mentioned persons was not only a truly happy event for themselves and families, but what no one could have expected until I had actually recived M^r *C Greville's* pass the instant the said Mr Greville went on board ship, his lady who was between 50 and 60 years of age with her friend and companion of about 16 years, namely Mrs Margaret *Greville* of Bath and Mrs Hannah *Scrivinens* of Hastings were concealed in the upper part of my house, as may be seen by the copy of affidavits here annexed; in fine, it was by this fortunate circumstance that the above mentioned British subjects escaped that dreadful imprisonment and cruelty which all those they left behind them were doomed to endure.

August 23rd.

THIS morning at half past 2 o'clock an officer was sent to me out from our newly self created Consul of war with advice that the British Troops under Command of His Royal Highness the Duke of York were advancing towards Dunkirk and I at the same time received order to march instantly towards what is called the new Port Gate with my whole detachment, of which Post I had the sole Command, and in a few hours I received the agreeable news that the Van of the British army had routed the French Camp of Ghyvelde about 6 english miles to the

Dunkerque, le camp était défendu par une batterie de canons de 8, mais il fut noblement pris par un coup de main d'un petit nombre de chevau-légers anglais, desquels pourtant plusieurs furent tirés après avoir pris pleine possession du Fort en Batterie à travers les intervalles des palissades de la Porte. Mais la Batterie étant complètement enlevée les troupes françaises se retirèrent en grand désordre et avec précipitation, suivies de près par les forces combinées : les Français firent leur retraite sur la porte dont j'avais le commandement et insistèrent pour que la porte fut ouverte ; mais comme notre Consul de la guerre m'avait envoyé l'ordre le plus formel de ne pas permettre aux 1600 hommes, ou à quelque partie d'entre eux, du camp de Ghyvelde, d'entrer dans la ville, ceux-ci, avec leur désordre ordinaire, s'écrièrent trahison ! trahison ! et jurèrent avec menaces de défoncer les portes si elles n'étaient immédiatement ouvertes. Alors voyant qu'il n'y avait pas possibilité de faire respecter l'ordre que j'avais reçu, mon devoir m'obligea à faire pointer sur eux 8 pièces de 24 préparées avec double charge de mitraille. Lorsque les mèches furent aperçues et les canons pointés, leurs menaces et leur turbulence furent changées et ils devinrent paisibles.

Le même 23 août, vers 8 heures du matin, l'avant-garde des forces combinées apparut devant Dunkerque et commença l'attaque par la fusillade, précisément en face du lieu où je commandais. Son Altesse Royale le Duc de York avait préalablement sommé la ville de se rendre. Cette manière de procéder, très humaine, vint à contre temps et n'eut pas de succès ; 24 heures étaient données par la sommation, mais la réponse du Consul de guerre français fut la détermination de défendre la place jusqu'à la dernière extrémité. Cette réponse inattendue était plus une bravade qu'une assurance d'avoir les moyens de défense nécessaires. Il n'y avait pas, en effet, plus de 1400 hommes sous les armes pour défendre Dunkerque ; tous étaient de la garde nationale et ils étaient dispersés au moins sur 24 postes différents et dans des patrouilles. Si les Anglais avaient connu notre position réelle ils auraient facilement donné l'assaut & pris la place en ne sa-

eastward of Dunkirk, which camp was covered by an 8 Gun-Fort or Battery, but the same was noblely taken by a coup de main by a few of the English Light Horse, several of whom were shot however after they had got full possession of the Fort or Battery through the railing or palissades of the Gate. But the said battery being completely carried, the French Troops retreated in great disorder and precipitation and being closely followed by the combined forces, the French fell back, on the Post of which I had the command, and insisted on the Gate being opened; but as our Consul of war had sent me the most positive orders not to allow the 1600 men or any part there of from the camp of Ghyvelde to enter the Town, they with their usual disorder, exclaimed Treason! Treason! and most bitterly swearing that they would batter down the Gates in case of the same not being immediately opened; but as I saw there was no alternative in execution of the orders that I had received, my forced duty compelled me to point eight 24 pounders which were double loaded with Grape-Shot at them; when the lighted matches were seen, and the cannon pointed, their threats and disorder were changed, and they became peaceable. By 8 o'clock this morning, being the 23rd August aforesaid the van of the combined forces appeared before Dunkirk and commenced the attack by Musketry exactly before the sport where I commanded, His Royal Highness the Duke of York having previonsly summoned the Town to surrender; this proceeding of His Royal Highness was extremely humane, but untimely and unfortunate, as 24 hours were allowed by said summon and the answer of the French Consul of war was a determination to defend the Place to the last extremety; this unexpected answer was more a bravado, than real means of defence as there were not above 1400 men under arms to defend Dunkirk, all of whom were National Guards and dispersed to at least 24 different posts and patrols: had

crifiant pas la centième partie du nombre d'hommes que les forces réunies ont perdus pendant la durée du siège. Je le répète la place pouvait très facilement être prise, car nous n'avions pas de forces régulières dans la ville et celles qui avaient battu en retraite du camp de Ghyvelde étaient sous les portes remplies de terreur et dans un trop grand désordre pour se défendre elles-mêmes, et à plus forte raison pour défendre la place. De plus, beaucoup de ceux qui étaient sous les armes pour défendre Dunkerque étaient Anglais, on en comptait environ 1/5 et le reste était un assemblage d'étrangers.

Je leur dis qu'ils combattaient avec la corde au cou et qu'ils seraient traités comme rebelles si son Altesse le Duc d'York avait pris la ville, ce dont je n'avais aucun doute. M. Rice Clare de l'Eglise épiscopale à Dunkerque et plusieurs autres avaient profité de la caution que je leur avais donnée et étaient retournés chez eux. La dite caution ne leur avait cependant pas été donnée sans grand danger pour moi-même, car John Newill, un irlandais, l'un de mes soldats publicain à Dunkerque, jura de vouloir me dénoncer dès que le siége serait commencé; malgré cela, le dit J. Newill fut l'un des premiers qui profita lui-même de la caution que j'avais donnée pour le soustraire au danger, et s'il avait fait la dénonciation, l'on conçoit que la mort était le châtiment qui m'était réservé. J'ajouterai qu'il est certain que le tiers des habitants de Dunkerque, et même ceux qui portaient les armes, souhaitaient très ardemment que les troupes anglaises pussent prendre la place, et parmi ceux qui souhaitaient cet heureux évènement aucun ne le souhaitait plus sincèrement que celui qui écrit ces lignes.

Mais l'hésitation des forces combinées à prendre aussitôt la place par assaut, ce qui, je le répète aurait été très facile, doit être attribuée à deux motifs. Le premier éviter de répandre le sang humain que l'assaut pouvait faire couler des deux côtés. Ce motif était vraiment louable chez son Altesse Royale, mais très malheureux pour la cause de l'humanité en général et la sureté de l'Europe. En second lieu son Altesse Royale ne savait pas la

the Bristish known our real position, they might very easily have stormed and carried the place undoubtedly without the sacrificing of a hundredth part of the number of men, which the combined forces really lost by the siege: I repeat the place might have been very easily carried, as we had no regular forces in the Town, and those that had retreated from the camp of Ghyvelde were were without the gates, filled with too much horror and in too great disorder to have defended themselves, and muchless the place, and even many of those who were under arms to defend Dunkirk were at least one or about one fifth Englishmen and the rest foreigners; as to the Englishmen, I told them they they were fighting with hatters about their necks and would be treated as Rebels in case of His Royal Highness the Duke of York taking the Town, which I had not the least doubt of. Mr *Rice-Clare* of the English Episcopal of Church at Dunkirk and several others availed themselves of the caution which I had given them and went home; this said caution was not however given without great danger to myself and *John Nevill* an Irishman one of my soldiers and a publican at Dunkirk, swore he would denounce me for this advice some time after the siege was risen; notwithstanding that the said John Nevill was one of the firts that availed himself of the caution which I had given, by his going from home to avoid the danger; had he carried his dinunciation into execution, it is easily to conceive that punishmen of Death would have been inflicted on me. But I shall not only add with confidence, but with truth that at least one third of the inhabitants of Dunkirk, and even those under arms most ardently wished that the British Troops might take the place, and none amongst them all wished for such a happy event more sincerely than the writer of these lines; but the failure in the combined forces not instantly carrying the place by storm, which I repead might have been very easily effected, must be attributed to

faiblesse de la défense de Dunkerque lorsqu'il somma la Ville de se rendre. C'est à cette seule cause qu'il faut attribuer l'insuccès.

A 10 heures du matin, environ, mon voisin M. J. Gregory fut conduit en ville par mon poste comme prisonnier, accusé d'être un espion anglais. Je l'envoyai avec un sergent gardien au Consul de la Guerre, qui je suis heureux de le dire, n'admit pas l'accusation et le mit en liberté. Le reste de la journée se passa dans une tranquillité relative, ainsi que le reste de la nuit. Un feu de mousqueterie était dirigé vers les forces combinées pendant la journée seulement et quelques maisons de Rosendael furent incendiées par les troupes françaises, à titre de mesure de précaution. De même il fut reconnu nécessaire d'ordonner un embargo général qui, dès ce jour, fut mis sur tous les navires, et le mien « Amiable Susanna » se trouva au nombre de ceux détenus.

Remarques générales sur les évènements de ce jour le premier du Siège.

Il est tout à fait surprenant qu'il n'ait pas été obéi immédiatement à la sommation de rendre la ville, faite par son Altesse Royale le duc d'York et que cette sommation ait reçu pour réponse, de la part du Consul de la Guerre, que les Français étaient déterminés à défendre la place jusqu'à la dernière extrémité.

24 Août.

A<small>LORS</small> que j'étais toujours à la même station, commandant des 2 batteries et de la porte de Newport au côté Est de Dunkerque, je trouvai vers la pointe du jour que les forces combinées avaient grandement augmenté en nombre et s'étaient fort rapprochées des remparts. Nos avant-postes nous dirent que ces forces entouraient presque toute la ville, excepté à l'Ouest et au Nord.

Lorsque le jour se fit davantage un engagement remarquable commença et du lever du soleil jusqu'à la nuit le canon et la

two motions, first, to spare the Human blood, which storming might have spilt on both sides, the motive was truly laudable in His Royal Highness but very unhappy for the cause of Humanity general interest and the safety of Europe ; secondly, His Royal Highness did not know the weak state of Defence Dunkirk was in, when he summoned to surrender ; to this cause alone must be attributed to non success. At about 10 o'clock this forenoon my neighbour Mr *J. Gregory* was brought into Town to my post a prisoner, under the charge of being an English spy ; I sent him with a sarjeant's guard to the Consul of War, who I am happy to say dismissed the charge and set him at liberty : the remain of the day passed in tolerable quietness as well as the night ; a fire of **Musketry** was kept up by the combined forces during the day only, and some house at Rosendall were set on fire by the French Troops, as a measure of precaution likewise it was deemed necessary to order a general Embargo, which was this day laid on all ships, and my ship the Amiable Suzanna amongst the number so detained.

General remarks on the occurences of this day the first day of the siege. — It may without the least impropriety be wondered at the answers of the Consul of War to the summons of His Royal Highness for surrender of the Town instead of being immediately obeyed, met with such an extraordinary reply, that te French were determined to defend the place to the last extremity : this reply I repeat.

August 24th.

HAVING still at the same station as commander of the 2 Batteries and the Gate of New Port on the East side of Dunkirk I found by break of day that the combined forces had greatly increased their number and had drawn much neaver the Ramparts amongst the said hills, and our outposts informed us that they had partly surrendered the

mousqueterie ne cessèrent de se faire entendre. En cette circonstance, les Français eurent 138 hommes tant tués que blessés ou disparus. Il me fut impossible de connaître les pertes des forces combinées, car il s'agissait plutôt d'un combat d'embuscade derrière les dunes de sable, que d'un engagement régulier entre les assiégeants et les troupes françaises chassées du camp de Ghyvelde la veille au matin.

La Ville de Dunkerque ne reçut que peu de dommage, ce qu'elle eût à souffrir ne provenait que des boulets des pièces de siège que l'ennemi avait dans les dunes, et dont quelques-uns atteignirent plusieurs maisons.

Cette circonstance suffit pour mettre la consternation dans une grande partie de la population, ce qui aurait été des plus favorables à la prise d'assaut de la place, malgré la mesure de rigueur que venait de prendre le Consul de la guerre français, et qui, sous peine de mort, obligeait chacun en état de porter les armes de défendre la place sans considération de leur nationalité.

Cette mesure fut si rigoureuse que les équipages des navires neutres durent s'y soumettre, il n'y eut d'exception que pour les vieillards, les infirmes, les femmes et les enfants. De plus, tous les Anglais que j'avais avisés d'éviter de se montrer en armes se virent dans la pénible nécessité de rejoindre le détachement que je commandais. De la sorte, par ces moyens de rigueur et de contrainte, avant la nuit nous avions près de 3600 gardes nationaux sous les armes, qu'ils fussent canailles ou courte-queue, et dont la moitié n'avaient jamais touché de leur vie la détente d'une arme à feu. Cependant ce nombre d'hommes aurait été peu de chose et n'aurait pu s'opposer à la prise de Dunkerque si la brave armée assiégeante avait employé les moyens par lesquels, à son immortel honneur, elle avait pris le camp de Famars et Valenciennes. Je répète qu'un simple régiment suffisait amplement pour donner l'assaut à Dunkerque. Comme preuve de la certitude du succès j'établis les raisons suivantes :

Dunkerque pouvait être pris d'assaut dans un état de très

Town, except on the West and North sides and as the day advanced a very strange engagement commenced, and from sun rising until night a tremendous firing of cannon, musketry yet was kept up the whole day, by which the French loss in killed, wounded and missing amounted to 138, but the loss of the combined forces I could not learn, however as it was more a bush fighting among the sand hills than a regular engagement between the besieging army and the French Troops who had retreated from the Camp of Ghyvelde the morning before. By the bravery of the Duke's light Horse and Vanguard the Town of Dunkirk received very little damage and the small injury done tho the place was the same which proceded from field pieces that the enemy had amongst the sand-hills, the shot thereof striking several houses; it of course threwn many of the habitants into a state of consternation, which was very favourable to the storming the place, notwithstanding that the rigorous means used by the French Consul of War had now, on pain of Death, compelled every one who could bear arms to defend the place without regard to their being subjects or Foreigners, and the crews of the Neutral Vessels, with old and infirm Men, Women and children were only excepted, and all the English Men that I had advised not to appear under arms, were again reduced to the painful alternative of joining the detachment under my command, by which compulsatory means we had near 3600 National Guards under arms before night such as they were tag-rag and bob-tail, and the half of which had moundrawn a trigger in their lives; and even this number would have been but very little, or no hinderance to the taking of Dunkirk, had the brave besieging army used the same means as those, by which the with Immortal honour took the Camp of Jammas and Valenciennes. I repeat that one single Regiment was fully sufficient to have stormed Dunkirk as a proof of the certainty of succes, I state the following reasons:

faible défense. Entourée par un fossé en partie pourvu d'eau, mais en plusieurs endroits parfaitement sec, la Ville avec des palissades très basses et ses remparts très faciles à gravir ne pouvait opposer une résistance sérieuse si elle avait été vigoureusement attaquée.

En second lieu les 3600 gardes nationaux n'étaient pas seulement divisés en 26 postes, gardes et patrouilles, mais ils étaient aussi divisés par le sentiment politique et s'ils avaient eu la liberté de dire les vrais sentiments de leur cœur, je suis persuadé qu'au moins les deux tiers, non seulement souhaitaient que la ville fût prise, mais qu'ils auraient aidé à dominer le petit nombre d'enthousiastes révolutionnaires engagés dans un parti de défense composé en général des plus détestables jacobins; tandis que la plupart des honnêtes Français étaient favorables et disposés en faveur de l'Angleterre avec laquelle ils avaient eu de fréquentes relations et ils auraient aidé avec bonheur à vaincre les révolutionnaires qui les opprimaient. Une faible partie des forces britanniques serait donc facilement entrée dans les ouvrages français en escaladant les remparts. Je suis moralement convaincu qu'une tentative de ce genre aurait été pour les Français, le signal d'un sauve-qui-peut général.

Mais, ce qui fut surtout affligeant en ce jour du 24 août, ce fut de voir livrées aux flammes 106 maisons de Rosendael à 200 yards environ en face du poste que j'occupais. Ce sont les troupes françaises retirées du camp de Ghyvelde qui incendièrent ces maisons du voisinage de Dunkerque et toutes furent complètement réduites en cendre.

Le spectacle de cette pitoyable destruction dura presque toute la journée pendant laquelle les forces combinées s'étaient approchées et avaient investi les trois quarts de Dunkerque en même temps qu'elles étaient entrées en pleine possession de toutes les grandes routes conduisant à la ville. La route de-Calais et le côté de la mer faisaient seuls exception.

Les forces combinées entouraient aussi complètement la ville de Bergues très solidement fortifiée. Cependant les Français

First. — Because Dunkirk was assailable in a very weak state of defence, surrounded by a Ditch partly wet, but in many places quite dry, with low palissades, and the Ramparts easily to have been ascended, besides the whole fortifications were in such a state as not to admid of defence, if the place had been seriously attacked.

Secondly. — The 3600 national Guards were not only divided into 26 posts, or Guards and patroles, but they were also divided in the Political sentiments, and had they been fairly polled with the freedom of declaring the real dictates of their hearts, I am persuaded that at least two thirds of the above Body, not only wished the Town to be taken, but would even have assisted in overpourring the few enthusiastic revolutionists who were bent on a defence which was in general composed of the most despicable Jacobins, whilst the honest part of the French community, who from the long habits of intercourse whith the English, were really much prejudiced in favour of England, and as such would most gladly have assisted in the destruction of their non revolutionary oppressors, in case that a small number of the Bristish forces had entered the French works by an Escalade of the Ramparts been only attempted, I am morally convinced it would on the part of the French Garrison been a general affair of « save who can ». But what made this day seenstill more shocking was the burning down 106 houses at Rosendall about two hundred miles from the front of my Post. It was the French Troops that had been driven from the Camp of Ghyvelde who set those houses in the suburbt of Dunkirk on fire, and the above number of houses were burnt to ashes, but this truly shocking scene lasted nearly the whole day, during which the combined forces had not only invested near three fourths of Dunkirk, but had completed possession of all the high leading to the Town, and the road to Calais and the sea side being the only exceptions; but they had also completely surrounded the strong forti-

avaient ouvert toutes les écluses et cette dernière place, ainsi qu'une grande partie de la contrée avoisinante, étaient inondées.

N. B. — Bergues est une ville du district ou du Comté du département du Nord, à environ 5 ou 6 milles anglais au Sud de Dunkerque et infiniment mieux fortifiée que Dunkerque.

Août le 25.

Aujourd'hui le feu étant beaucoup moins nourri qu'il ne l'était hier, il devint évident que les forces combinées, au lieu de vouloir s'emparer de Dunkerque par l'assaut, s'étaient décidées à attendre leur artillerie de siège, ainsi que j'en fus informé plus tard.

Nos postes avancés qui s'étaient retirés du camp de Ghyvelde brulèrent encore 27 maisons au Rosendaël. Le motif de ces incendies était naturellement celui prévu par la police de la guerre et par la prudence afin d'empêcher l'ennemi de s'approcher de la ville par embuscade. Le feu de buissons par les avant-postes dans les dunes et au Rosendael continua. 46 hommes furent tués ou blessés du côté des Français et un plus grand nombre était manquant. Nous n'eûmes pas connaissance du nombre de tués et blessés du côté des forces combinées ; mais nos avant-postes introduisirent 18 prisonniers, tous Allemands, et qui furent enfermés dans la prison de Dunkerque.

Le capitaine Castagnier, qui se trouvait dans la rade de Dunkerque avec 5 navires armées, entreprit alors un feu d'artillerie très nourri contre les forces combinées, sur lesquelles les batteries et les remparts tiraient aussi par intervalle avec un petit nombre de pièces de canon. C'était dans le but de détruire les travaux que les assiégeants exécutaient, mais les forces combinées ne répondirent pas par un seul coup de canon pendant toute la journée, et les travaux d'attaque et l'établissement des batteries furent continués jusqu'à 11 h. de la nuit. Alors soudain une terrible canonnade et un grand feu de mousqueterie de la part des assiégés commencèrent pour ne finir que 43 minutes plus tard.

fied City of Bergues, nowithstanding that the French had opened all their sluices at this latter place and thereby laid a great part of the surrounding country under water.

N. B. — Bergues is a Town or Town of District, or country Town of the northern Department between 5 en 6 English miles in land off Dunkirk, and is a very strong well fortified place infinitely more so than Dunkirk.

August 25th.

THE fire being to day much slacker than it was yesterday, it became but too evident that the combined forces instead of the attempting to carry Dunkirk by storm, had actually fallen back, waiting for their sieging Artillery, as I was afterwards informed. Our advanced Posts which had been driven from the Camp of Ghyvelde, burnt down 27 more houses in Rosendall the motives of such incendiary were certainly founded on the Policy of War, and even prudence to the end, of preventing the enemy from approaching the Town under ambuscade; the Bushfighting amougst the outpost on the sand hills and Rosendall continued; 46 men were killed and wounded on the side of the combined forces, but our outposts brought in 18 prisoners and lodged them in Dunkirk Goal, all Germans; Captain *Cartinige* who lay in Dunkirk Roads with 5 armed Vessels kept up a very heavy firing on the combined forcès, at whom the Batteries and Ramparts also fired a few cannonsoht but only at intervals, with a view to defeat the preparations which the besieging army were busied in making; but the combined forces did not fire a single cannon shot this day : thus they continued at their raising breast works and Batteries until 11 o'clock at night, when a most tremendous cannonade and firing of Musketry commenced and continued for 43 minutes in which cannonading the 5

Les 5 navires armés de la rade de Dunkerque continuèrent leur tir pendant cette canonnade et il est aussi étonnant qu'il est vrai que 59.600 charges de canon et de mousqueterie furent lancées en un temps si court, mais cela n'était qu'une feinte, une fausse alarme, et je pense que les forces combinées n'eurent guère à en souffrir. Cependant il est tout naturel qu'elles en furent grandement étonnées. Cette canonnade eut un effet plus grand sur les habitants de Dunkerque qui furent remplis d'épouvante et de terreur, croyant que l'ennemi prenait la ville d'assaut, et tous généralement étant persuadés qu'en pareille circonstance, aucun quartier ne serait fait, car le parti des Jacobins avait fait savoir que non seulement les troupes mais aussi tous les habitants seraient indistinctement passés par les armes.

Un avis de cette canonnade projetée m'avait été donné par le capitaine Castagnier commandant la flottille. Pour la première fois depuis le commencement du siège, j'étais couché et endormi lorsque le feu commença. Depuis le 22 à midi jusqu'au 25 à 8 heures du soir, je n'avais cessé d'être où m'appelait mon tyrannique devoir, mais lorsque les cris d'épouvante les plus perçants des femmes et des enfants dans les rues, auxquels se joignaient les plus affligeantes lamentations d'un grand nombre d'hommes se firent entendre, je me rendis en toute hâte, mais avec la plus grande répugnance, au rendez-vous général au milieu du feu.

Mais en m'informant de la cause de cette effroyable canonnade j'appris lorsqu'elle eut cessé, et selon que le capitaine Castagnier en avait donné avis, qu'elle avait eu pour but de repousser les forces britanniques davantage dans les Dunes. On espérait que par cette manœuvre et avec l'aide du camp de Cassel, commandé par le général Morant et dont on attendait la descente le lendemain matin, il serait possible de forcer les armées alliées à déposer les armes devant l'armée du dit général Morant, qui attaquerait leur arrière-garde pendant leur retraite et les forcerait de descendre vers la plage, près de la mer, sous la bouche des 5 navires armés sus mentionnés; ou encore de les placer sous les canons des remparts. Mais il est évident que l'armée royale

armed Vessels that lay in Dunkirk Roads took a part, and it is equally as astonishing as true, that the 59600 cannon and Musket cartridges were fired off in the short time, but as it was intended as a feint and false alarm, I presume the combined forces received no injury from the firing, but as it must of course greatly have astonished the combined army, so it had a stillgreater effect on the inhabitants of Dunkirk, who were thrown into the highest amazement and terror, as the general belief was, that the enemy was storming the Town, as such could not persuade themselves that in such an event, quarter would be given, as the Jacobin party had reported, that not only the Troops, but also the inhabitants, would be indiscriminately put to the sword. A hint of this intended cannonade was previously given me by Captain Cartinige, commander of the flotilla. I was for the first time since the siege commenced a bed and a sleep, when the firing commenced as I heard from the 22^d at noon until the 25th at 8 o'clock at night, been continually on what Tyranny my Duty; but as the beating to arms and breaking down doors, and the dreadful shrieking cries of women and children in the streets, and in which shocking lamentation many men had joined, I repaired with speed, though with the greatest reluctance to the general rendez vous in the midst of the firing; but on enquiry into the cause of this tremendous firing, I found, when over (as Captain Cartinige had previously hinted) it was intended to draw the British forces more down amongst the sand hills in the fullest expectation by this manœuvre, and the assistance of the Camp of Cassel under General *Morant*, which was expected down the next morning, to force the combined army to lay down their arms by General *Morant's* army in their rear cutting off their retreat, and driving them on the strand near the sea under the mouth of the cannon of the 5 armed vessels above mentioned; or placing them under the cannons of our Ramparts; but it is evident that the Royal Army was

était parfaitement en garde contre pareille intention qui n'eut d'autre effet que de faire sortir une patrouille en observation sous nos remparts. Alors un bataillon sous le commandement de mon voisin à la porte la plus proche, donna la poursuite à cette patrouille jusque dans les dunes. Cependant elle parvint grâce à l'obscurité de la nuit, à se retirer avec 3 hommes blessés seulement. Pourtant d'après le rapport de M. Lermit, relatif à cette affaire, il paraîtrait que les armées combinées auraient perdu la plus grande partie de leur patrouille, composée d'une soixantaine d'hommes. J'aime à espérer que la perte a été grandement exagérée dans le rapport. Vers minuit tout était tranquille et la nuit se passa sans autre alarme.

Août 26.

La plus grande partie de cette journée fut occupée par la guerre de buissons dans laquelle 11 Français furent tués et 16 blessés. Nous ne pouvons certifier les pertes des armées combinées quoique, en vérité, la destruction doit avoir été beaucoup plus grande de ce côté, car à la pointe du jour fut aperçu un détachement de 68 combattants appelés capucins, qui en réalité n'étaient que des garçons de 10 à 16 ans, et dont généralement les plus âgés étaient d'aussi petite taille que les plus jeunes. Ils portaient tous le même vêtement que les frères capucins et n'avaient d'autre instrument de mort qu'un couteau et une carabine de la longueur et du calibre d'une espingole. Avec cette arme, ils faisaient un mal incroyable aux trainards des armées britanniques et des alliés lorsqu'ils les rencontraient dans les Dunes.

Avec leur vilain vêtement ordinairement de la couleur du sable mouillé, rarement ces faux capucins faisaient feu avant que leurs victimes, attirées par leur adresse, ne fussent à moins d'une demi-portée de pistolet, et n'ayant pas le temps de les viser ou de se mettre en défense. Alors dès que ces victimes étaient renversées ou plutôt dès qu'ils avaient déchargé leur arme, ils s'étendaient sur le dos, se traînaient sur les mains, sur les genoux et rechar-

perfectly aware of the intention, as it produced no other effect, than that of bringing a Patrole, or observy party under our Ramparts, when a Batalion under the command of my next door neighbour Monsieur *Lermit* followed them amongst the sand hills, the darkness of the night favoured the safe return of this Batalion with 3 men wounded; but by Monsieur *Lermit's* report of the affair, it seems as if the combined army had lost the greatest part of their Patrole, which was about 60 men strong; I hope the injury done was greatly exagerated in the report: by 12 o'clock all was quiet, and the night passed without further alarm.

August 26th.

THE greatest part of this day was spent in Bush fighting by which 11 French men were killed and 16 wounded; but we could not ascertain the number which the combined army lost, though I very believe, the destruction must have been still greater, because this morning by break of day a detachment of siselman to the number of 68 called capuchins, which in reality were but Boys from 10 to 16 years, and in general the oldest were equally as small in size as the youngest, they were also dressed like the Capuchins Friars, and they carried with them no other instrument of Death but a knife and a rifle barreled piece, not longer than a common sized Blunderbuss, with which they did incredible injury to such straglers of the British and allies as they saw amongst the sand hills, and such was their dirty dress, that they were almost the victims felt by their dexterity, were actually within half pistol shot, and not having time to present their pieces, or make the least defence, were mostly brought to the ground, and even after their piece was really discharged, they would lay flat on their backs, on their hands and knees, actually

geaient leur arme à nouveau avec plus de dextérité que beaucoup d'hommes habiles n'eussent pu le faire étant debout ; de sorte qu'il arrivait parfois que si leur victime ne tombait pas instantanément, mais était seulement blessée, ils déchargeaient sur elle un deuxième, un troisième coup de feu sans que leur personne pût être aperçue d'aucune manière par la victime, car ils étaient le plus souvent cachés derrière une Dune, derrière un buisson, dans un étang ou dans un fossé ; se traînant sur les mains et sur les genoux, ils passaient d'une Dune à une autre avec une vélocité surprenante et le plus souvent sans être aperçus si ce n'est en traversant les champs ou les jardins du voisinage de Dunkerque.

Ces petits démons avaient l'habitude de se cacher dans les haies et dans les fossés. De même c'était leur coutume de grimper sur les arbres, et par tous ces artifices, ils arrivaient souvent à priver de la vie les officiers ou les soldats qui venaient à portée de leur tir.

En ce jour un de ces petits héros fut tué et un autre blessé. D'un autre côté un lieutenant et 16 hommes de l'infanterie avaient disparu et il est raisonnable de croire qu'ils ont été tués ou faits prisonniers.

Ce matin, à 6 heures, un navire de Hambourg vint mouiller dans la rade de Dunkerque. A bord se trouvait le capitaine Lawrence Ocker avec 18 marins pour mon navire l' « Amiable Susanna », les capitaines Coffin et Macey avec plusieurs autres passagers débarqués à 4 heures cette après-midi, dans un bateau de pêche français. Une petite frégate et 5 cutters anglais emmenèrent le navire hambourgeois hors de portée des 12 batteries armées de canons et des 5 navires français lançant des bombes ; cela eut lieu en présence de milliers de spectateurs. Le même jour, 18 maisons furent brûlées dans la banlieue. Le même jour encore, un escadron de cavaliers sortit par la barrière primitivement appelée barrière Royale et nommée actuellement Barrière de Méribus le long du Canal. Mais ils se trouvèrent soudain entre deux batteries masquées et de 38 hommes et de leurs che-

load again with as much dexterity, as many active men would load a Gun when standing, so that it sometimes happened, that when their object did not instantly fall, but was merely wounded, they would discharge a second and a third shot without their persons being at all perceived by the victim whom they sacrificed, as they were generally behind a sand hill a Bush, in a Bag or Ditch they would on their hands and knees change their positions from one sand hill to the other with astonishing velocity and in most instances without being perceived, besides in the fields and gardens about Dunkirk those little daemons used to conceal themselves in hedges and ditches etc., as also it was their practices to climb up trees, and by these means would often cut off from life such officers or soldiers as came within their shot, but one of these little heroes was killed, and another wounded this day, a Lieutenant and 16 of the infantry were missing and it is reasonable to suppose that they were taken Prisoners or killed : at 6 o'clock this morning came to anchor in Dunkirk Roads, a vessel from Hamburg on board of which was captain *Laurence Ocker* with 18 seamen for my vessel the Amiable Susanna, Captains *Coffin and Macey* with several other passengers landed at 4 o'clock this afternoon in a French Fishing Boat, and in less than a quarter of an hour after, a small Frigate and 5 English Cutters took and carried away the Hamburg Vessel in defence of the 12 Gun Battery, and 5 French Bomb Vessels in sight of many thousands spectators; 18 houses were burnt down this day in the suburbs, a squadron of Horse sallied out of the Barrier formerly called the Barrier Royal, but now named the Barrier de Merilno along the canal but they got suddenly between two masked Batteries, and out of the 38 men and their horses, 5 of the former, and 9 of the latter, only returned; the remainder being all killed or wounded in less than 20 minutes after they quitted the Gate of Dunkirk.

vaux 5 seulement des premiers et 9 des derniers purent s'échapper, tout le reste fut tué ou blessé, moins de 20 minutes après qu'ils avaient quitté la porte de Dunkerque.

Août 27.

Ce matin, à la pointe du jour, le feu de buissons commença pour ne finir qu'à la nuit. Les Français perdirent pendant la journée 29 hommes tués ou blessés, 14 hommes perdirent la vie sur le champ de bataille et 3 des blessés moururent à l'hôpital.

13 maisons furent brûlées ce matin au Rosendael par nos troupes. Un grand nombre de canons furent déchargés pendant toute la journée contre les forces combinées, répandues dans les Dunes. Le feu partait des remparts. Aucune artillerie ne répondit en faisant feu sur la ville, l'armée assiégeante étant occupée à compléter ses moyens de défense et à dresser ses batteries.

Pendant la matinée 6 frégates anglaises, des sloops de guerre et des cutters, principalement de ceux dont il a été parlé déjà, se tenaient dans les parages de la rade de Dunkerque. La vue de ces forces navales augmenta beaucoup l'alarme et la confusion des habitants, car plusieurs supposaient que ces navires avaient pour mission de débarquer un grand nombre de troupes qui aideraient à prendre la ville d'assaut. D'autres croyaient que ces forces navales s'empareraient des 5 navires de guerre français, ancrés dans la rade de Dunkerque, sous le commandement du capitaine Castaignier, et les emmèneraient. Ce n'était pas là seulement mon plus ardent souhait, mais aussi ma ferme espérance de voir disparaître ces 5 navires armés, car alors rien ne s'opposait à une attaque à l'Est du fort devant lequel les navires français étaient ancrés. Il ne restait, en effet, qu'un vieux fort ruiné armé de 4 canons avec 18 hommes, et comme il n'y avait à Dunkerque aucune artillerie légère et que les remparts étaient très maigrement garnis de pièces de 18 et 24, pas un seul canon n'aurait pu leur être emprunté. D'ailleurs, si les Français avaient voulu déplacer une partie des 18 lourdes pièces des remparts pour les

August 27th.

At day light this morning the Bush fighting commenced, which continued till night, so that by this day's work the French lost 29 men in killed and wounded, 14 of them lost their lives on the spot, and 3 of the wounded died in the Hospital, 13 houses were burnt this morning by our Troops in Rosendael, many cannons were this day fired at the combined forces amongst the sand hills from the Ramparts, but no artillery was fired at the Town, as the besieging army were busily employed in raising defences and batteries ; 16 sails of English Frigates, sloops of War and Cutters, mostly of the latter description; hovered about Dunkirk Roads this morning, the sight thereof greatly increased the alarm and confusion of the inhabitants, as some supposed they were bent on landing a considerable number of Troops to assist in storming the Town ; others, that it was their real intention to board and carry off 5 armed vessels that lay in Dunkirk Roads, Commanded by Captain Cartinige, which was not alone my most ardent wish, but also my firm expectation that carrying off the 5 armed vessels, might be at least depended on, as there were no batteries to hinder the attempt at the Eastern side of the Fort, where the French armed vessels lay, excepting an old ruined Fort, 4 cannons with 18 men, and as there was not any light artillery in Dunkirk, and the Ramparts very thinly lined with 18 and 24, not a single cannon could have been spared thereof, for if the French had removed any part of the 18 pieces of heavy cannons that were on the Ramparts between the Barrier, the New Port, and the Barrier de Port the British vessels might to a certainty hove in the front, with the assistance of His Royal Highness's army which was amongst sand hills, have cut off the return of the French flotilla to Dunkirk, and either taken or des-

faire passer entre la barrière de Newport et celle du port, la flottille britannique, avec l'aide de l'Armée de son Altesse Royale, aurait coupé aux navires français leur retraite sur Dunkerque, et n'aurait pas eu de peine à les prendre tous ou à les détruire. Aucune sortie ne pouvait être tentée de la part des assiégés, et cela pour 3 raisons :

La première, parce que le déplacement et le transport des lourds canons des remparts était un travail considérable, demandant beaucoup de temps, surtout à cause de la difficulté peut-être insurmontable d'opérer ce transport sur un sable très mobile et très profond. De la sorte, un ou deux cutters auraient suffi pour empêcher le dit transport. D'un autre côté la plage, dans l'endroit qui nous occupe, n'offrait pas le plus petit abri, même pour un chat, excepté derrière la vieille batterie du côté Est. On peut donc conclure que les navires de la flotte britannique ne couraient aucun danger puisque le temps était très beau et que la flottille était ancrée par 7 brasses d'eau.

En second lieu, nous n'avions pas le quart des troupes nécessaires pour défendre la ville, laquelle serait tombée beaucoup plus facilement au pouvoir des assiégeants si les canons avaient été retirés des remparts.

Toutes les circonstances étaient si favorables aux armées alliées que même si le déplacement des pièces de remparts avait eu lieu, la destruction de la flottille française était des plus faciles. En effet, les forces alliées n'étaient pas à un mille anglais de l'endroit où se trouvaient les navires français, et si ces navires avaient été réellement attaqués et que les Français eussent tiré avec les canons des remparts, ils auraient fait feu sur leur propre flottille, aussi bien que sur l'ennemi. La même observation convient à l'égard de 12 canons des batteries placées à l'Ouest, et dans lesquelles il n'y avait que 54 gardes-nationaux et 15 marins, ce qui suffisait à peine pour armer 4 ou 5 de leurs pièces, et une seule frégate suffisait pour les réduire au silence. D'ailleurs ces pièces se trouvant à même distance à peu près de la flottille que des remparts, elles devaient produire le même effet :

troyed every one of them; had they run to this flat part of the sand where the French Gun Vessels lay, might have been easily and successfully attacked, as it is very certain that no sally would have been attempted, Viz^t First— Because the removing the heavy cannons from the Ramparts and transporting them would have been a work of considerable time to convey the same in the loose and deep sand, especially so as any one or at most two of the Cutters would have been sufficient to have prevented the measure had it been attempted, which was rendered the more impracticable, as I repeat, the sand in this part, abreast of where the French flotilla lay, was so flat and open, as not to admit of a moderate shelter for a cat, excepting it was behind the old Battery in the East side, hence it is natural to have been concluded, no danger could have occured to the British Vessels from this quarter on the flood tide, as the weather was very fine, and the flotilla lay in 7 fathoms water.

Secondly, we had not the fourth part of Troops that were necessary to defend the Town, which might have been more easily entered by the Besieging Army, if the cannons had been really removed from the Ramparts, as the said Army of England, and her allies were about an English mile from the spot, where the French flotilla lay moored, and had they really been attacked and the French had fired from the Ramparts, they must have fired Pall Mall at their own flotilla as well as the English, and as of the 12 Gun Fort or Battery on the west side, on which there were but 54 National Guards and 15 sailors, they could not have brought above 4 or 5 of their cannons to bear; which, a Frigate would have silenced, and being on the same distance from the Flotilla as the Ramparts, the effect must have been nearly the same, destructive to their own men and Vessels, as well as the English, and I repeat, that all circumstances combined the same, were truly favourable to the destruction or carrying off the

servir à la destruction de la flottille et des hommes qui la montaient.

Je répète donc que les 5 navires armés de la flottille française, dont le nombre des canons, 48 pièces, n'étaient servis que par 297 hommes inexpérimentés, pouvaient être très facilmeent détruits par les forces combinées.

En troisième lieu, enfin, tous les renforts envoyés pour aider à la défense de Dunkerque, aussi bien que les troupes venues de Ghyvelde, étaient éparpillés dans les différentes stations et places de la banlieue ainsi que sur les routes et lignes conduisant à la ville, et par suite n'auraient jamais pu être ralliés assez promptement pour être conduits en moins de 3 heures sur le lieu de l'action avec leurs canons; et en moins du quart de ce laps de temps, la destruction de la flottille française pouvait être un fait accompli, ou, du moins, cette flottille pouvait elle être repoussée vers l'Est.

Il est certain qu'une attaque contre ces navires aurait été secondée par l'armée britannique; celle-ci commandant les Dunes et se trouvant plus rapprochée de la flottille que ne l'étaient les remparts, aurait détruit tout ce qui pouvait se présenter en plein rivage; les Français d'ailleurs ne se seraient jamais exposés entre deux feux.

En pareille circonstance, l'armée britannique n'aurait pas seulement pris place sur tous les postes avancés, mais elle serait entrée en ville sans grandes pertes. Mais toute la journée se passa sans qu'aucune opération ne fût tentée par l'escadre britannique qui paraissait abandonner l'attaque qu'on pouvait croire projetée et vint jeter l'ancre, pour la nuit, à environ 6 milles anglais à l'Est du port de Dunkerque.

Je dois avouer que cette manœuvre d'une flotte britannique était tout à fait étonnante, et je ne sais apprécier si une telle mission provenait de l'insuffisance des ordres pour agir ou de la peur que le peu de profondeur des eaux ne fit échouer l'entreprise. Il est grandement lamentable dans le premier cas, que le com-

French Flotilla 5 in number, with only 48 pieces of cannon, with 297 inexperienced men in the whole.

Thirdly — Because every one of the Troops that had been sent down to the relief of Dunkirk, as also those who had been driven from Ghyvelde were placed in various stations about the suburbs, Places, Roads and Land, leading to the Town, and could not at soonest have been rallied and brought into action on the Beach with their cannons in three hours, and in less than one fourth part of this time, the fate of the French flotilla might have been decided, and the whole of them been totally destroyed or carried off to the East Ward, had they been attacked, which might have been well seconded by the British Army, who had the sole command of the sand hills and were even much nearer the flotilla than the Ramparts were, and might of course, successfully have covered the attack by destroying every thing that came on the open beach; moreover in no case could the french have travelled in their Pickets and outposts to march them on the open sands and place them between 2 fires, because in such an event the British Army might have taken not only position of all the outposts but might even have entered the Town without much loss; but the day passed without any operations being attempted by the British Squadron which quitted in appearance the intended attack, and came to anchor for that night about 6 English miles to the Eastward of the Port of Dunkirk: I must confess that this manœuvre of a British fleet was fully astonishing, as the same was trying to the feelings of myself and many more in the Town of Dunkirk, nor Can I account for the omission, whether the same proceeded from any limited restraint of orders, or from fear that the shallowness of the water might prove destructive to the entreprise of the former: it is greatly to be lamented that in this instance, the commander of Squadrons, or like a single vessel, had not discretional power to act as circumstances might require,

mandant d'une escadre n'ait pas, comme celui qui dirige un seul navire, le pouvoir d'agir suivant ce qu'exigent les circonstances.

Je ne saurais croire à l'autre hypothèse, car une escadre britannique devait avoir à bord un grand nombre de bons pilotes connaissant aussi bien les côtes de Flandre que les Français et les Flamands eux-mêmes : par exemple les pilotes anglais, ceux de Deal et de Douvres, des Smugglers, etc., qui tous en général sont familiarisés avec la rade de Dunkerque et les côtes de Flandre.

Mais quelle que soit la cause, cela est un fait vrai et incontestable que la flottille française molestait considérablement les assiégeants et fut fatale à un grand nombre de braves anglais et de leurs alliés coopérateurs. C'est pourquoi comme le succès dépendait au plus haut degré de la capture ou de la destruction de cette infernale flottille, il me semble très extraordinaire que l'attaque n'ait pas eu lieu. Avec un résultat bon ou mauvais, cette attaque devait ajouter une nouvelle gloire à celles de l'Armée et de la Marine anglaise, tandis que laisser demeurer cette flottille qui faisait un si grand mal, c'était donner l'occasion aux ennemis de l'Angleterre aussi bien qu'aux ennemis de la Vérité, de la Justice et de l'Humanité, d'expliquer l'inaction contre la flottille qui triomphalement détruisait l'Armée britannique par le motif le plus faux, le plus insoutenable : la peur.

Août 28.

Un feu de mousqueterie très vif fut continué toute la journée et quelques canons des remparts ou des batteries de Dunkerque firent feu. Les pertes des Français furent de 12 hommes tués et 21 blessés ; 4 de ces derniers moururent à l'hôpital. 46 hommes étaient manquants sans qu'il fût possible de savoir s'ils étaient déserteurs ou prisonniers. Les pertes des alliés, Anglais, Autrichiens, Hanovriens, Hessois ou Danois n'étaient pas moins considérables. L'acharnement avec lequel tout quartier était refusé aux alliés était encouragé par le Consul de Guerre qui avait

as I cannot be brought to believe, but the British squadrons had many good Pilots on board equally as well acquainted with the coasts of Flanders, as the French or Flamish for example, English Pilots, the Deal and Dover Pilots, smugglers, etc., etc., are in general well acquainted with Dunkirk Roads and the coasts of Flanders, but be the cause what it may, this much, it appears, is a true and incontestable fact, that the French flotilla very much annoyed the Besiegers, and proved fatal to many a brave Englishman and their cooperative allies, therefore as the success, good or bad, depended in a very high degree on the capture or destruction of this infernal Flotilla, it is to me one of the most extraordinary things in nature only, they were not attacked, which must in that case have added new glory to the army and navy of England, which the Flotilla being allowed to remain, doing such imminent mischief, has enabled the enemies of England, as well as of Truth, Justice and Humanity, to assign the most false unwarrantable reasons why this Flotilla was allowed to remain triumphantly destroying the British army, and the reason falsely assigned, was Fear.

August 28th.

A very brisk firing of Musketry continued this day, and some cannons were fired from the Ramparts or Batteries of Dunkirk, the loss of the French was, 12 killed and 21 wounded, 4 of the latter died in the Hospital and 46 were missing, but if by being taken prisoner, or desertion, it was not known, nor was the loss which the British, Austrians, Hanoverians, Hessians, or Dutch loss, considerable; as on the 3rd and 25th instant, the Consul of war had ordered the Consul Administration, by way of encouragement to the scouting parties, but more especially to the Riflemen or Capuchins to allow them 6 Livres (5

ordonné au Consul d'Administration de stimuler les tirailleurs et surtout les faux capucins en leur donnant 6 livres (5 shillings anglais) par chaque sabre de grenadier, de même pour chaque chapeau ; 12 livres par chaque mousquet et 6 livres de plus si le mousquet avait une bayonnette. Les sabres d'officiers, leurs épaulettes, etc., étaient payés en proportion du grade. Ce qui appartenait à la cavalerie et tout autre objet propre à la guerre était payé selon l'importance du tort que la capture pouvait faire à l'ennemi. De la sorte, c'était la coutume invariable chez les faux capucins, chez les tirailleurs et chez les gens d'armes, après avoir renversé leurs victimes, de les dépouiller de tout ce qu'elles portaient, montres, argent, etc., et ensuite de prendre leurs armes et leurs effets militaires ; les circonstances sont innombrables dans lesquelles les victimes ont été laissées entièrement nues.

Les mousquets, les sabres, les marques de distinction, etc., étaient portés en ville et, pour chaque objet, les possesseurs recevaient les récompenses promises, en proportion du mal et des massacres qu'ils avaient faits. Mais ce qui doit remplir de la plus profonde horreur et de la plus vive indignation contre l'armée française, toute âme humaine et particulièrement la nation anglaise, c'est, comme je me fais un devoir de le dire et de le prouver, de n'avoir donné en ce jour aucun quartier aux Anglais, dont la seule faute était de tomber dans leurs mains sanguinaires. J'aurai l'occasion de parler plus longuement, dans les pages suivantes, de cette sauvage barbarie.

Une partie de l'escadre anglaise mouillée à 5 mille 1/2 environ à l'Est du port de Dunkerque est encore à la même place et ses embarcations communiquent avec l'Armée de son Altesse Royale.

Lorsque les embarcations atterrissent, elles paraissent remplies d'hommes et, à leur retour, elles semblent n'en avoir plus que la moitié, sans doute comme renforcement, elles débarquent des troupes et de l'Artillerie. Cette croyance n'est pas seulement fondée sur l'affirmation de nos longues-vues mais aussi sur ce qui est rapporté avoir été dit par des hommes débarqués.

English Shillings) for every Grenadier's sword or cap, 12
Livres for every Musket, and 6 additional Livres if the
same had a Bayonet; Officer's sword and Epaulets etc.
were paid for, in proportion to their rank; Cavalry and
every implement of war so taken, were paid for, in proportion to the injury that was done to the enemy, by the
capture or loss of the person slain; as such, it was the
invariable practice of the Capuchins, Riflemen, and Gens
d'Armes; when they had shot their victim, to strip him
of whatever he had about him, such as Watches and
Money etc. and then to take his arms and Regimentals, so
that in numberless instances, they left the object, their
murdered victim entirely naked, and brought into the
Town the Muskets, Swords, and distinctive marks of
Military honour etc. for which they received the promised
rewards in proportion to the mieschief and slaughter
which they had perpetrated. But what will fill the soul
of every human Being, and more especially the English
Nation with the deepest horror and indignation against the
French Army, I pledge myself to say and to prove, that up
to this day they have given no quarter to the English
whose fate it was to fall into their bloody hands, of which
savage barbarity, I may have an opportunity to treat on
more fully in the future pages of this statement Part of
the English Squadron which anchored about 5 1/2 miles
to the Eastward of Dunkirk, are still at the same spot, and
their boats are communicating with the Army of His
Royal Highness: the Boats, when they land, appear to be
full of men, and when they return, seemingly have not
half the number; perhaps by way of reinforcement, they
are landing Troops and Artillery, but as this presumption
is not only founded on our spy glasses, but also on the
report of spies themselves, in as much as relates to the
disembarking men: I expect that the approaching fate of
Dunkirk will soon be decided by the reduction of the
Place, when the combined forces bring their sieging artil-

J'espère donc que le sort de Dunkerque sera bientôt décidé par la réduction de la place, lorsque les forces combinées feront agir leur artillerie de siège sur la ville, à moins que quelque évènement imprévu ne prévienne ce fatal évènement. Mais je répète que la place peut encore très facilement être prise d'assaut, si les assiégeants pouvaient savoir sa réelle faiblesse, dont son Altesse Royale n'a certainement pas connaissance.

En ce jour encore 8 maisons sont brûlées dans la banlieue au Rosendael par les troupes françaises.

Le Conseil de guerre siège en permanence jour et nuit. Ce conseil qui s'est composé de lui-même est formé par les Jacobins les plus déterminés que Dunkerque ait produits. Un Monsieur Morel, qui pendant plusieurs années et encore au jour où commença le siège, était receveur pour les sièges de la Salle de Spectacle à Dunkerque, en avait, en sa qualité de Secrétaire du Conseil de guerre, la principale direction. Je dois à la vérité de dire qu'il est de beaucoup le plus modéré de tous les Membres.

Pendant les 63 dernières heures écoulées, j'ai été placé à la tête de 122 hommes sur ce point des remparts en face de l'endroit où se trouve la flottille française. Mais les canons du poste ne furent pas utilisés pendant ce temps. Ceux qui firent feu le plus souvent étaient placés dans le Nord-Ouest de la barrière de Newport et de la terrible flottille.

Pendant les 2 derniers jours, Dunkerque avait reçu le renfort de 428 hommes par petits détachements venus du voisinage; mais immédiatement ils avaient été envoyés hors de la ville pour fortifier les postes avancés, et, par suite jour et nuit, ils se trouvaient en mouvement, sinon en action.

Pendant ce siège, quoiqu'il n'y eut pas de batailles régulières, les combats de buissons et les attaques des petits vagabonds et des tirailleurs étaient fréquents et avaient des suites fatales pour un grand nombre.

Août 29.

La mousqueterie continua très vive près des remparts et le feu de buissons dans les Dunes et la banlieue était très animé.

lery to play on the Town, unless it should so happen, that some unforeseen event prevented the fatal consequences: but I repeat, that the place might be still very easily carried by storm, if the Besieging army did but know its real weakness, with which it is evident His Royal Highness is not acquainted : 8 more houses were burnt down in the suburbs this day, namely at Rosendael, by the French Troops, and the Consul of War set in permanence day and light : this is for a self created Consul composed of the most determined Jacobins that Dunkirk produced, and Mr *Morel* who for several years prior, and even to the day of the siege commencing, was the money receiver for the seats in the Play-House at Dunkirk, in his quality of secretary to the Consul of War, had the principal management thereof, yet I am bound in common justice to say, he is so far the most moderate member amongst them all. I have for the last 63 hours been posted at the head of 122 men on that part of the Ramparts, abreast of which the French Flotilla lay, but the cannons of my Post were not fired during the above period, as such cannons that were fired most frequently, were those placed about the North West side of the Barrier of New Port, and the terrible Flotilla : within the last 2 days Dunkirk has been reinforced by the arrival of 428 men, in small detachments from the neighbouring place but they were immediately sent out of town to strengthen the advanced Posts, and are of course, every day and night in motion, if not in action, and although no regular Battle was so far fought during this siege, yet the Bush fighting and attacks of straggling parties and the Riflemen are very frequent and fatal to many.

August 29th.

THE Musketry continued very brisk near the Ramparts, and the Bush fighting amongst the sand hills and the

5 maisons furent brûlées au Rosendael par les troupes françaises.

A 11 heures du matin le Général Oméara, un Irlandais commandant en chef de toutes les forces françaises dans ce quartier, fut, par ordre du Gouvernement, démi de toutes ses charges militaires et banni à 60 milles ou 20 lieues françaises hors de la contrée. Le décret de bannissement lui défendait de s'approcher des frontières de la République à une plus courte distance. Le Général obéit immédiatement à cette terrible sentence et se retira avec sa femme.

Les canons des remparts firent feu pendant toute la journée sur l'ennemi, mais les forces alliées toujours occupées à leurs travaux n'y répondirent pas. Les plus grands préparatifs sont faits pour la défense de la place, et Dieu seul sait quel sera le résultat de la honteuse manière d'agir des français. Ce résultat, je le crains, sera la perte d'un plus grand nombre d'hommes. Ici la croyance des hommes les plus sensés est que la place ne tardera pas à devoir capituler.

19 hommes font défaut; 7 tués et 12 blessés dont l'un est mort plus tard à l'hôpital.

Ici volontiers je prendrais note de la force de l'armée assiégeante, mais le fait est que le nombre d'hommes n'est pas exactement connu ; pas même par notre Conseil de guerre. Des espions disent 20.000 hommes, d'autres 22.000 et d'autres enfin affirment que le total des forces combinées dans le voisinage de Dunkerque dépasse même 25.000 hommes. Ce dernier rapport paraît le plus croyable. Pour moi, je doute de la véracité de cette estimation, car si elle est exacte pourquoi ne pas tenter un coup de main qui ne saurait manquer d'avoir le plus grand effet.

Remarque. Après le bannissement du Général Oméara, le Général Souham, qui si fréquemment défit le Général Clairfayt, est devenu notre commandant en chef.

Août 30.

Quelques canons furent déchargés des remparts mais la mousqueterie ou le combat de buissons était fort affaiblie et

suburbs, was very lively; 5 houses were burnt down in the suburbs, say at Rosendael by the French Troops; At 11 o'clock this Forenoon General *Omeara* an Irishman, and Commander in Chief of all the French Troops in this quarter, was by order of Government, broke from all his Militany Employments, and banished 60 miles or 20 French leagnes up the country, not being by the Decree of Banishment allowed to come within the said distance of the Frontier lines of the French Republic, which dreadfully sentence the General and his Lady instantly obeyed.

The Ramparts of Dunkirk fired some cannons this day at the enemy, but the combined forces did not return the fire, as they were busily employed at their works: the greatest preparations are making to defend this place, and God only knows what will be the result of all those most shocking doings, which I fear will terminate in the ruin of many more human Beings: hence the private creed of most just men is, that the place may shortly be surrendered by capitulation; 19 men were missing, 7 killed, and 12 wounded, one of whom afterwards died in the Hospital.

I should have taken notice here of the strength of the besieging army, but the fact is, their number is not exactly known, not even to our Consul of War, as some spies report them to be about 20,000 men, others say 22.000 and some declare, that the whole of the combined forces in the neighbourhood of Dunkirk and Bergues, even exceeds 25.000 and this latter report seems to be the most credited: for my part, I doubt the authenticity of this estimation, for if correct, why not attempt a coup de main, which could not fail of success.

Remark after the above mentioned Banishment of General Omeara: General *Schum,* who so frequently defeated General Clearfit, is now become our Commander in Chief.

la presque totalité des carabiniers, c'est-à-dire de nos faux capucins, entrèrent dans la ville pour se reposer. Ils y entrèrent avec 68 fusils, 13 sabres, 22 bonnets de grenadiers, quelques chapeaux, etc., pour lesquels ils reçurent les récompenses fixées.

Les forces combinées sont toujours dans les mêmes positions.

Leurs postes avancés sont à moins de 1/2 mille des remparts et j'ai l'avantage, par la bonté de ma longue-vue et la beauté du temps, de voir chaque mouvement de l'ennemi, puisque mon malheureux emploi me donne lieu d'appeler ainsi les assiégeants. En un mot, les troupes combinées sont tellement proches que je puis à loisir compter le nombre de boutons de leurs habits, toujours grâce à ma longue-vue.

Il n'y a donc que peu d'objets qui puissent échapper à mon œil si je veux prendre la peine de regarder; surtout parce que la position que je commande est élevée et très avantageuse. Mais dégoûté de ceux qui gouvernent la France, je suis absolument fatigué de la vie de soldat. Cette position, d'ailleurs, est devenue extrêmement pénible pour moi, capitaine ayant à commander un nombre d'hommes double, triple et parfois quadruple de celui ordinaire; mon sort est d'ailleurs d'autant plus pénible, que je dois servir par force, sous peine de confiscation de mes propriétés et de châtiment par la mort, soit condamné à la guillotine par un Tribunal révolutionnaire, soit fusillé après sentence d'une cour martiale.

Ma personne et mes propriétés sont donc le gage qui me forcent d'endurer l'affreuse position d'un soldat révolutionnaire, quoique étranger et agissant pour une cause que de toute âme je considère avec la plus grande horreur. Mais c'est mon sort et je dois demeurer ainsi jusqu'à ce qu'il plaise gracieusement à Dieu de me délivrer d'une situation qui m'anéantit et qui est odieuse au delà de tout ce que je saurais exprimer.

Six cotters anglais et quatre sloops de guerre sont en vue, partie à l'ancre et partie à la voile, aux environs de l'entrée du port.

Pendant l'après-midi les cinq navires armés de la flottille française, sous le commandement du capitaine Castagnier, quittent

August 30^(th).

A few cannons were fired from the Ramparts, but the Musketry or Bush fighting were much abated, and nearly the whole of our Riflemen, that is to say, the capuchin Boys came into town to repose themselves, they however brought in with them 68 firelocks, 13 swords, 22 Grenadier's caps or caskets, some hats etc. for which they received the appointed premium: the combined forces were all still in the same position, their advanced Posts were then within half a mile from the Ramparts, and I have the advantage per the goodness of my spying glass, and the fineness of the weather of seeing every movement of the enemy since my unhappy offer compels me to call the Besiegers so, in fine, the combined forces are so near, that I can at discretion count the number of their coat buttons, by means of my glass so that there are but few objects which can escape my sight, was I to pass that attention, which I might easily do from my present elevated and advantageous position; but being disgusted with the cause and Rutine of France, am heartily tired of a soldier's life as the said business now became extremely hard for me as a captain, commander of a double, and sometimes of a Triple, and even a quadruple number of men, my fate is the harder, because I am oblige to serve in my present office, on pain of confiscation of my property, and punishment of Death, either by the Guillotine, with judgements of a Revolutionary Tribunal, or being shot by the sentence of a court Martial; and the confiscation of my property, which, is like my person, at stake, is under the sorrowful and only alternative that I am obliged to endure, the horrid profession of a Revolutionary soldier, at most a stranger to rest, acting in a cause that my soul holds in the utmost abhorrence: but it is in my fate, and I must remain so until God is graciously pleased to release me

leur mouillage à l'est du port et vont prendre mouillage sous le fort de 12 pièces à l'ouest de l'entrée de Dunkerque. Cette manœuvre confirme ce que j'ai dit dans mes observations du 27 courant au sujet du danger que courait cette flottille aussi longtemps qu'elle demeurait à l'est du port. Là, en effet, elle n'avait d'autre défense que ses propres canons et si les navires anglais avaient manœuvré comme il a été dit, elle aurait été prise ou détruite avec la plus grande facilité.

Ce jour encore 8 hommes furent tués, 14 blessés et 11 disparurent, supposés faits prisonniers par les assiégeants ou désertés. Un soldat danois et 3 autrichiens furent aussi ce jour conduits à Dunkerque et enfermés dans la prison commune parmi les criminels, etc., comme ce fut pareillement le sort des malheureux anglais pris en mer, mais le plus grand nombre des prisonniers étaient bientôt dirigés dans l'intérieur et le petit nombre de ceux qui demeuraient ne recevaient d'autre traitement et nourriture que ceux alloués aux autres prisonniers, criminels, &ª.

Il est vrai qu'au commencement de la guerre ils recevaient meilleure nourriture et traitement que ceux dont ils font la dure expérience pendant cet épouvantable temps de la Terreur.

Ce n'est pas pour me prévaloir d'un grand mérite que je mentionne avoir été le visiteur assidu et l'ami dévoué de ces prisonniers pendant leur captivité et même après qu'ils étaient dirigés dans l'intérieur du pays. C'est un fait incontestable qu'aussi longtemps que fut admise en France la liberté sous cautionnement des prisonniers, j'ai fourni ce cautionnement à un grand nombre de sujets anglais et leur ai fourni les moyens d'existence.

Les copies annexées de divers serments prêtés par mes protégés n'affirment pas seulement quelle a été ma conduite à l'égard des prisonniers de guerre, mais aussi à l'égard de tout sujet britannique dont l'infortune venait à ma connaissance.

La copie des ordres imprimés délivrés par le citoyen Pigeon, le Commissaire de la Marine à Dunkerque, montre que j'ai servi de caution à un grand nombre d'Anglais indistinctement. De plus, s'il était nécessaire, je pourrais produire beaucoup de preu-

from this destructive situation, which is shocking beyond the power of my abilities to describe.

Six English cutters and 4 sloops of war are in sight, partly at anchor, and partly sailing about the entry of the Port. This evening all the 5 Gun Vessels or Flotilla that has been laying to the Eastward of this Port, confirmed what I have noticed in my remarks of the 27th instant namely, that the French Flotilla, whilst laying to the Eastward, where they had been stationary from the first of the siege, were in the most eminent danger of being cut out and carried off, and it was from a consciousness of their being thus exposed, and the manœuvre of the before mentioned English Vessels, that the French really believed, their said Flotilla would have been taken or destroyed this night, and it was from the fullest presumption of the destruction not being a very hard task the Commander of the said Flotilla, Captain Casting brought his vessels under sail this evening, and for better security came to anchor under the Fort of 12 Guns, on the west side of the entrance of Dunkirk. As I have already remarked, that from the first of the siege, they have been laying to the East of this Port, having no other protection whatsoever but their own cannons whilst in the said position to the East ward. 8 men were killed, 14 wounded, and 11 more missing, supposed to have been taken by the besieging party, or deserted. One Dutch and 3 Austrian soldiers were this day brought into Dunkirk, and lodged in the Common Gaol amongst Felons etc. etc. as had been the fate of the unhappy English taken at sea, but the most of them were soon removed up the country, and those few that remained, received no other treatment or even provisions, than that delivered out to other Prisoners, say Felons etc. etc. At the first of the war it is true they received much better provisions and usage, than that which they now experience, during this existence of terror; and I claim no merit from having been their constant visitor

ves de ce que mes avis et mes sacrifices ont été continués aux prisonniers de guerre auxquels la caution avait été refusée, et qui avaient été envoyés à l'intérieur de la France. Voyez la lettre annexée qu'ils m'adressaient le 10 juin 1793 et ma réponse datée du 26 du même mois, qui pouvait, dans la circonstance, me coûter la vie ; mais ne tenant pas compte du danger, je mis tout en jeu pour procurer un adoucissement à la déplorable situation de ces victimes de la Guerre.

31 Août.

La matinée commença par le feu d'un grand nombre de canons des remparts. Le feu de mousqueterie fut par moments très nourri vers le Rosendael et un petit nombre de coups de feu furent échangés dans les dunes. Les Français eurent 10 hommes tués, 27 blessés et 14 manquants.

Deux cutters anglais étaient en vue allant et venant comme n'ayant qu'à observer les navires français mouillés en rade.

Six maisons dans les environs du Rosendael furent encore incendiées par les troupes françaises. Comme toutes les autres, ces maisons furent aussitôt brûlées complètement et leurs habitants ruinés.

Ce qui restait des arbres plantés dans l'allée entre la barrière de Newport et le Rosendael fut coupé pour empêcher les troupes combinées de s'approcher sous leur couvert de la porte de Newport.

Les faux capucins, ou carabiniers, entrèrent en ville 9 bayonnettes de mousquets, 7 sabres, 3 chapeaux de grenadiers, 1 paire d'épaulettes et 3 grands pistolets ; le tout produit de leurs massacres pendant les deux derniers jours. En plus, ils ne délivrèrent pas moins de 13 chapeaux ou casques, et pour le tout ils reçurent du Conseil de l'Administration les récompenses promises. Je me trouvais moi-même dans la Chambre Consulaire à ce moment, pour faire mon rapport des 24 heures.

and assistant friend during their stay, and even after they were sent up the Country, indeed it is a well known fact, that whilst the laws of France admitted of Bail, I bailed many an English subject out of Prison and supported them, the annexed copies of the sundry affidavits will not only demonstrate my conduct to the Prisoners of War, but to every British subject, whose distresses came to my knowledge, and the copies of the printed order from Citizen *Pigeon*, the Commissary of Marine at Dunkirk, shewed that I bailed many Englishmen and that indiscriminately; besides if necessary, I could also produce voluminous proof that I continued my advice and assistance to the Prisoners of War when no Bail was allowed and they were removed up the country: see their annexed letter to me June 20th 1793 and my answer dated the 26th of the same month, which might in the event, have cost my life, but regardless of this danger, I set all at stake to promote their comfort in the making the deplorable situation of those victims of War, as tolerable as circumstances of the Times and my abilities would admit of.

August 31st.

THIS morning commenced with the firing many cannons from the Ramparts, and the Musketry were at times very brisk about Rosendael, and a few shot were exchanged among the sand hills, by which the French lost 10 killed, 27 wounded, and 14 missing. Two English Cutters were in sight standing off and on, as if merely bent on observing the motion of the French Vessels that lay in the Roads. Six more houses were this morning set on fire in and about Rosendael by the French Troops, which were like all the others that lay fired, effectually burnt to the ground and the inhabitants reduced to ruin: the remainder of trees in the alley between the Barrier de New Port and Rosendael were likewise cut down to prevent the

Je ne saurais dire combien j'étais indigné en entendant ces assassins raconter plaisamment l'incomparable joie que quelques-uns disaient avoir éprouvée en torturant leurs victimes, d'abord blessées et tombées par le premier coup de feu. Malgré leurs prières et leurs supplications, ces victimes étaient massacrées de la manière la plus malicieuse, la plus horrible.

Ainsi que disait l'un d'eux, sa victime avait été couchée sur la poussière, un coup de feu l'atteignant à l'épaule droite, et à genoux elle lui demandait : « Grâce ! pardon ! pardon ! » Mais, « ajoutait-il, » pendant que la victime tournait sur ses genoux, je changeai ma position et lui tirai la balle dans l'oreille droite, ce qui mit fin à son discours et je lui enlevai ce que vous voyez ici.

Un autre de ces chiens sanguinaires dit avoir abattu son homme pendant qu'il urinait et en le tirant dans le dos, alors que sa victime avait déposé son mousquet pour satisfaire un besoin naturel. Il ajouta que le blessé essaya de se relever et, en joignant les mains, s'écriait : « Grâce ! grâce ! » Mais que ne l'ayant pas achevé par un second coup de feu, lequel avait traversé la joue en en brisant l'os, il avait été rejoint par mon camarade. « Alors » dit-il, « l'homme tout en sang s'enfuit et nous eûmes pendant
« environ 200 pas la plus charmante course que j'aie vue de
« ma vie, mais, mon camarade fit feu et l'étendit par terre, où
« nous l'avons dépouillé. »

En entendant la manière plaisante avec laquelle ils manifestaient avoir commis les plus horribles meurtres, et voyant que d'autres se succédaient pour raconter d'aussi cruelles aventures, il me fut impossible de cacher plus longtemps toute l'horreur de mon âme et, sans tenir compte du risque, je fis observer bien haut que tout soldat est tenu par les liens de l'humanité et le sentiment de l'honneur martial à faire grâce à son semblable lorsqu'il le demande : « Car », ajoutai-je, « dès qu'un homme est en votre
« pouvoir et demande grâce, il est sous votre protection et doit
« désormais être traité comme un ami. Aucun soldat ne saurait
« prétendre posséder le sentiment de l'honneur s'il refuse de
« faire grâce. »

combined Troops from approaching under the cover (if
they attempted) the Gate or Barrier de New Port: the
capuchins or Riflemen brought in 9 musket-bayonets, 7
swords, 3 Grenadier's caps, 1 pair of Epaulets and 5 large
Pistols, being the produce of their Slaughter for the 2 last
days; they also delivered no less than 13 hats and
caskets; for all of which they received the appointed premiums at the Consul of Administration's, I being myself
at this time in the Consul's chamber with my report of
Proceedance for the last 24 hours: my soul was so shocked at hearing these murderers relate in sport the impar-
ralled murth which some of them mentioned to have had
with the victims they first had wounded and brought to
the ground by the first shot; who, in defiance of prayer,
and imploring for mercy, were afterwards butchered in
the most wanton and horrid manner; as one related that
he brought his man to the dust, by shooting him through
his right shoulder, who, on his knees begged for grace,
pardon, pardon: which is quarters, mercy or pardon in
English, but added he, (whilst the victim was spinning
round on his knees) I changed my position, and fired the
ball into his right ear, and put an end to the parley, and
took from him the things you here see: an other of these
blood hounds said, he brought his man down when he
was pissing, by shooting him through the back, when he
had laid Down his musket for the purpose of discharging
this office of nature: he added that the fellow endeavoured
to rise again, with his two hands clasped together, crying
out repeatedly, grace, grace, vizt mercy, but as he did not
dispatch him by the second shot, which had passed through
the part of his jaw and broken the bone, my comrade
said, he joined in the spot: the blooding man run, and
we had the finest chase for about 200 steps I ever saw
in my life, when my present comrade fired and brought
him to the ground, when we stripped him. On hearing
the sport they had manifested, when perpetrating these

Mais cette intervention de ma part m'attira des réponses et des menaces de tous côtés, telles qu'elles pouvaient être à l'ordre du jour dans un pareil temps de terreur, aussi abandonnai-je, mais avec répugnance, un sujet qui ne pouvait aboutir à aucun bon résultat, car il était presque impossible d'arriver à convertir par aucun argument de pareils monstres, dont l'esprit n'était occupé que des moyens de dépouiller et de voler leurs semblables. Aussi étaient-ils arrivés à perpétrer leurs exploits avec une adresse difficile à concevoir et bien plus difficile à décrire ; de sorte que les actes de la plus basse cruauté devaient faire les délices de ces démons. Je le répète donc, le cynisme avec lequel ils racontaient leurs exploits remplit mon cœur d'une telle horreur, d'une si profonde indignation, que parfois je me lamentais d'être né pour être l'un des infortunés témoins de si énormes et de si nombreuses transgressions des lois humaines.

Comme les cruautés les plus malicieuses étaient à l'ordre du jour en ces temps, je déclare que ce n'est pas sans respecter la plus stricte vérité, qu'il est possible d'affirmer qu'alors celui qui s'était rendu coupable des plus grosses énormités était considéré comme le meilleur homme parmi les Jacobins, qui s'efforçaient tous à se surpasser l'un l'autre par les actes d'iniquité.

1er *Septembre.*

Plusieurs coups de canon furent tirés ce matin des remparts et des batteries de Dunkerque, mais les forces combinées continuèrent leurs travaux sans y répondre, quoique parfois ces travaux dussent être interrompus.

Alors que les remparts et les batteries continuaient à ennuyer les Anglais, vers 9 heures du soir, une terrible canonnade fut dirigée par la flottille française contre les travaux britanniques qui s'élevaient dans les Dunes. Ce terrible feu dura pendant 2 heures sans interruption. Les remparts et les batteries joignirent leur action à celle de la flottille, mais à un degré fort inférieur.

most shocking deeds; and others were proceeding to recount similar cruel adventures, I could no longer conceal the horrors of my soul on there most shocking narratives, and without my regard to the risk, I observed alond, that every soldier was bound by the ties of humanty and Martial honour to grant mercy to his fellow creatures, when demanded, for added I, the instant a man is in your power and solicits mercy, he is under your protection, and ought from that moment to be treated as your friend, as no soldier can retain a due sense of honour who denied mercy; but this, my interference brought on me answers and threats from all sides suitable to the order of the day in such times of terror and I (very reluctantly) dropt a subject from which no good could result, as it was next to impossible, by any argument, to convert such monsters, whose minds were only susceptible to robbing and the slanghter of their fellow-creatures, and in this respect, they really performed their internal exploits with a rapidity hardly to be conceived, much less to be described, as acts of the most wanton cruelty seem to have been the only object in which these deluded devils delighted, and I repeat that the recounting their hittish exploits so much mirth, rung my heart with horror and indignation to suit a degree, that I at times lamented being born to be a wretched witness to so many enormous trespasses on the human laws, as the order of the day was founded on delight in want on cruelty, hence it is not exceeding strict truth, which I declare, that at those time, he who showed himself guilty of the most enormities, was deemed the best man amongst the Jacobin Parties who endeavoured to excel each other in acts of iniquity.

September 1st.

SEVERAL cannon shot were fired this morning from the Ramparts and Batteries of Dunkirk, but the Combined Troops still continued at their works without returning the fire, by which, at times, they were evidently interrup-

Un feu de mousqueterie bien nourri fut entretenu aussi pendant un quart d'heure.

Du côté des Français, il y eut, ce jour, 6 tués, 17 blessés et 3 manquants ; mais ce qui semble extraordinaire, c'est qu'il nous fut impossible d'apprendre la perte d'un seul homme du côté des assiégeants.

Quoique ne pensant pas que cette canonnade de nuit ait eu le résultat pour lequel elle avait eu lieu, je ne m'impose pas de prétendre que les forces britanniques n'aient pas eu à en souffrir, au contraire, je crois en réalité que l'armée anglaise, ou du moins ses postes avancés ainsi que ses travaux interrompus, ont éprouvé des pertes par cette canonnade, n'étant qu'à 1/2 portée de canon de la flottille, des batteries et des remparts.

Je ne saurais clore le rapport des évènements de ce jour sans mentionner une scène des plus affreuses qui commença entre minuit et une heure du matin. C'était l'arrestation en général de tous les habitants anglais et hollandais ; elle se poursuivit jusqu'à 6 heures et dans ce court laps de temps il ne fut pas arrêté moins de 252 hommes, femmes et enfants, dont 19 étaient hollandais et 233 anglais.

En cette circonstance, il arriva, ce qui me fut très agréable et pareillement très heureux pour un grand nombre de ces infortunées victimes, il arriva que je fus relevé ce même matin, à 5 heures, de tout service militaire.

Sachant ce qui se passait et sans tenir compte de la fatigue après deux jours et deux nuits passés au poste dans l'accomplissement du plus fatiguant devoir, ainsi qu'alors je devais l'appeler, au lieu de consacrer au repos les 6 heures qui m'étaient accordées dans ce but, sans m'occuper de moi-même, j'employai le temps qui me restait à solliciter et à obtenir la liberté d'un grand nombre de malheureuses familles anglaises.

En disant que tout Dunkerque peut certifier du grand succès que j'ai obtenu en soutenant la cause de l'humanité, je parle sans présomption. En la circonstance présente et en beaucoup d'autres, c'est toujours en m'exposant aux plus grands dangers

ted, as the Ramparts and Batteries continued to annoy the British until 9 o'clock at night when a most tremendous cannonading was commenced by the French Flotilla on the British works that were rising amongst the sand hills : this terrible firing lasted for about 2 hours with intermission; the Ramparts and Batteries likeswise joined in the cannonading, but it was by no means to equal that of the Flotilla in the Roads : a brisk firing of Musketry was also kept up, for about a quarter of an hour on the French side, 6 were killed, 17 wounded and 3 missing this day, but what will appear very extraordinary is, we could not learn of any lives being lost on the side of the Besiegers : by this night's thundering « though I am of opinion it « had not the effect for which it was intended, although « I do not pledge myself to say that the British forces « experienced no injury from the terrible firing, on the « contrary ». I really do believe the English army, or at least, their advanced men, and works, must have experienced interruption and loss by this cannonading, as they were within half a Gun shot of the Flotilla, Battery and Ramparts ; but I cannot close the proceedings of this day without mentioning a most shocking scene that commenced between the hours and 12 and 1 o'clock this morning, by a general arrest of the English inhabitants that took place and last till passed 6 o'clock, and in the course of this shost time, no less than 252 men, women and children (19 of whom were Dutch men women and children) and 233 were English women, including their unhappy families : it was however extremely gratifying to me, and equally fortunate for many of those unhappy Victims, that I happened to beat 5 o'clock this morning releaved from Military service, and also I had for two nights and days been on the most fatiguing duty as it was then called, yet instead of devoting the 6 hours that was assigned me, to rest, I was regardless as to myself, and wholly devoted my said resting hours in supplicating and obtaining the

que je me suis occupé des malheureuses victimes condamnées injustement à la perte de leur liberté par le terrible gouvernement de la France par les Jacobins, dont faisaient partie plusieurs des magistrats de Dunkerque et par le Consul de la Guerre.

Le succès de mes démarches n'a pas été obtenu non plus sans d'importants sacrifices en dépenses et présents, pour lesquels jamais je n'ai fait aucune réclamation, pour lesquels je ne voudrais en aucune circonstance recevoir la plus légère indemnité, quoique le plus grand nombre de ceux à qui j'ai eu le bonheur de procurer la liberté ou la restitution de leurs propriétés pouvant se trouver dans l'abondance tiendraient, je n'en doute nullement, à me rendre ce que j'ai sacrifié en leur faveur. Voyez les annexes.

Ce n'est pas par ostentation que je mentionne ces faits et les cautionnements que j'ai pu fournir, mais simplement pour montrer la part publique que, sous peine de mort, j'ai dû prendre dans la défense de la place, comme capitaine de la Garde nationale, et d'un autre côté pour faire apprécier le très éminent danger auquel m'exposait mon zèle et le succès des démarches par lesquelles je m'efforçais de protéger les Anglais et de les soustraire à la vengeance nationale que les Français dirigeaient contre eux.

Cette arrestation générale des Anglais était considérée comme une mesure de salut public. Sur les 252 qui furent arrêtés, pas moins de 211 furent mis en liberté. Cependant, malgré tous mes efforts pour obtenir l'élargissement du reste des victimes, 41 furent condamnées à être conduites à Arras.

Au nombre de ces 41 infortunés Anglais se trouvaient le Dr G. Cummins, son aimable dame et leurs enfants, le quincaillier M. Walter, Miss[rs] Topping et Turpin et leur famille, Miss[rs] Shap, Smith, Winn et Castle, négociants; Miss[rs] Williamson et Dunsden publicains, Mons[r] Porrieur et Monge le Conseiller furent aussi arrêtés pendant cette matinée. Ma vieille blanchisseuse Mc Walker et mon magasinier Thomas Gill furent aussi arrêtés, mais ils me furent rendus comme étant à mon service, et j'espère

liberty of many of the unhappy English families; and I can venture to say, that all Dunkirk are living testimonies of my great success in the cause of humanity, on this and many similar occasions, without regard to the personal danger that I was exposed to by my interference of those unfortunate Victims, whom the terrible Government of France and the Jacobin part of the Dunkirk Magistrates, and the Consul of War, condemned as unworthy of Liberty, but notwithstanding those powerful and truly dangerous obstacles I was incredibly successful in my endeavours, which were mostly attended with heavy but private expences, and presents, of which I never made any charge, or even known, nor would I, in any one instance, receive the smallest return from my said expences, although many of them, whom I was so fortunate as to procure Liberty and restoration of their property, were in opulent circumstances, and would no doubt handsomely reward my exertions in their behalf: see pages I do not mention the affidavits and these facts out of ostentation, but merely to shew the public part I was forced to act, on pain of Death, in my quality of Captain in the National Guards, and on the other hand to exhibit, the very imminent danger to which I was exposed for my zealous and successfull endeavours to protect the persecuted English against whom, such French national vengeance was perpetrated; as this general arrest of the English was considered a measure of public safety; in short, out of the 252 that were arrested, no less than 211 were liberated, but notwithstanding my endeavours for all their release, there were 41 ordered to be sent as Prisoners to Arras: in the condemnation of 41 unhappy English, are Dr G. *Curmind*, his amiable Lady and Children, the Iron Monger Mr *Walker*, Mrs *Topping* and *Turpin* with their families, Mrs *Sharp, Smith, Wurn* and *Castle*, Merchants, Mrs *Williamson* and *Dunsden* Publicans: Monsr *Porrieuv* and *Monge* Counsellors were also this morning arrested, my old Washerwoman Mrs *Walker*,

réussir en faveur du digne Dr Cummins et sa famille ainsi que pour plusieurs autres.

Des recherches actives furent faites pour trouver le pasteur anglais Mr Banton et quelques autres, mais sans succès. Je crains cependant qu'ils ne finissent par être inquiétés.

Les scènes d'arrestation dépassent en horreur toute description humaine, et aucun homme en liberté aujourd'hui ne peut compter sur le lendemain. Et ce qui est le plus cruel, c'est que lorsqu'il arrive que le père d'une famille est arrêté, aussitôt il est abandonné non seulement par ses amis supposés, mais encore par ceux qui lui sont le plus proches et le plus chers, car personne n'ose faire visite et porter quelque confort même à des parents arrêtés soit par ordre du Comité de Salut public, par ordre du Consul de la Guerre, de la municipalité, du Comité révolutionnaire ou du Comité de surveillance. La crainte d'être compromis et impliqués dans la même condamnation fait que 99 sur 100 n'osent s'exposer pour venir en aide aux pauvres victimes.

C'est donc pour éviter la ruine et le sort le plus cruel sans profit pour les infortunés prisonniers que ceux-ci sont abandonnés à leur malheureux sort. Faut-il dire que pour grossir les charges contre les victimes et leurs proches ou amis mille faux rapports circulaient à leur sujet? On leur reprochait des propos incendiaires contre-révolutionnaires, des vues de trahison, etc.

On comprend combien tout cela ajoutait à la souffrance de ceux qui, par devoir, devaient porter secours aux prisonniers. Mais, hélas ! tel est l'horrible esprit des temps présents, alors que tout sens moral est considéré comme sens criminel, que le devoir chrétien est remplacé par des idées fausses de liberté et d'égalité. Cependant, malgré l'esprit infernal d'une telle époque et malgré le réel danger personnel que je courais en protégeant les infortunées victimes, rien ne m'empêchait d'agir en remplissant mon devoir envers les Anglais accablés par la détresse et la persécution. Les différents serments déjà mentionnés peuvent servir de témoignage, comme aussi le rapport d'un grand nombre de sujets britanniques actuellement en Angleterre.

and my Wharehouseman Thomas Gill, were arrested, but I got them also off again as my servants, and I hope I shall be able to succeed on behalf of the worthy Dr Commins and family and some more; strict search was made after the English Clergyman Mr Banton and others, who at yet have not been found, by I fear they will soon be informed against: these scenes, in point of horror, surpass the possibility of all human description, and no man who is at liberty to day, can depend on his being so tomorrow, and what is still more cruel is, that when even the father of a family is arrested, not only his supposed friends, but those who are nearest and dearest by the ties of Blood and nature; forsake him and dare not visit him to administer comfort to such near relations who are arrested, either by order of the Committee of Public Safety, the Consul of War, the Municipality, or the Revolutionary Committee or Committee of Surveilance, as when any one member of a family is imprisoned by order from the above authority, I repeat it is common in 99 instances out of 100 to abandon the unfortunate from motives of self preservation, or fear of being implicated and becoming involved in the same ruin: and to avoid such fatal consequences, those who are arrested either by denunciation or political reasons, are mostly abandoned to their unhappy fate, and to magnify the charges, a thousand reports are circulated to their prejudice, in upbraiding them with disaffection, incendiary expressions, counter revolutionary sentiments, and other treasonable views, and for policy sake, grounded on terror, friends and relations would often join in those infernal reports, and thereby add to the sufferings of those they are in duty bound to protect and comfort, but such alas! is the horrible spirit of the times, when every sense of morality is deemed criminal, and Christian Duty is substituted by erroneous ideas of liberty and equality; but notwithstanding the infernal spirit of the epoch, and the real personal danger to which I was exposed for my conduct on behalf of the unfortunate Victims; yet the said danger did not lay any great restraint on my actions and duty towards the distressed and persecuted English, as may be seen

2 Septembre.

Pendant la journée quelques canons des remparts et des batteries firent feu sur les assiégeants. La guerre de buissons et la mousqueterie continuèrent entre les postes avancés, au Rosendael et dans les Dunes, mais d'une manière moins vive que d'habitude.

2 français furent tués, 1 blessé et 4 disparurent.

Je suis heureux de dire que le Dr Cummins et sa famille ont obtenu de ne pas être envoyés à Arras, avec les autres infortunés Anglais. Sur l'observation que je fis qu'il pourrait rendre de grands services aux blessés dans les hôpitaux français, le Dr Cummins reçut l'enceinte de l'hôpital militaire pour prison. Là je le visite de temps en temps car il ne lui est pas permis de franchir la porte, et sa femme lui prodigue constamment ses soins, puisqu'il ne lui est pas permis d'aller chez elle.

Pendant cette journée 2600 hommes de troupes françaises, cavalerie et infanterie, arrivent ici, commandés, dit-on, par le Général Ferrand. C'est un renfort pour Dunkerque, dont le nombre de troupes actuellement excède en tout 7400 hommes, et comme les forces de la place sont augmentées journellement aussi sous d'autres rapports, on conçoit que la résistance en cas d'assaut de la ville, serait beaucoup plus formidable. Mais comme aucune tentative de ce genre n'a eu lieu, comme il est évident que les Anglais sont tout décidés à faire le siège en règle, comme l'expérience de l'assaut n'a pas été tentée alors qu'elle devait facilement être couronnée de succès, je dois à nouveau faire observer que plus je considère la position de l'armée assiégeante et la force dont elle dispose, et plus je suis étonné que cette armée n'ait pas enlevé la place par un coup de main, qui, je l'affirme, devait avoir le plus grand succès, à l'honneur des Anglais et de l'armée assiégeante. Même encore en ce moment, malgré les renforts que Dunkerque a reçus, et malgré les forces augmentées sous tous les autres rapports, la ville peut facilement être

by referring to the before mentioned affidavits, as also by referring to many other equally respectable testimonies of British Subjets now in England.

September 2^d.

Some Cannons were fired this day at the Besiegers from the Ramparts and Batteries; the Bush fighting and Musketry amongst the out posts in Rosendael and the sand hills continued, but was not so brisk as hitherto, 2 Frenchmen were killed, 1 wounded and 4 missing, Dr *Cummins* and his family I am happy to say, have been released from being sent to Arras with the other unfortunate English, on my representing that he would be useful in the French Hospitals, amongst the wounded, and he, in consequence, received the extent of the Military Hospitals for his Prison, where I at times visit him, as he is not allowed to go without the Gates, there in his confinement his Lady constantly attends him, as he is not allowed to go to her lodgings: In the Course of this day 2600 French Troops, Horse and Foot arrived here, said to be commanded by General *Fernand* to reinforce Dunkirk, and the number of Troops now exceed in all 7400 men, and the strength of the place being every day increased in every other respect, the resistance will of course be found more formidable, in that an attempt is really hereafter made to storm the Town; but as nothing of this sort has yet been attempted, and it is now evident that the British are bent entirely on a regular siege, as the single experiment to reduce Dunkirk since the time by the dint of storming, has been allowed to pass away without the event of trial, which could not have failed of success, had the said attempt been put in practice, therefore I must again observe, that the more I consider the position and strength of the Besieging army, the greater is my astonishment at their not carrying this place by a coup de main, which I do positively assert, could not have failed of success, to the honour of England, and Glory of the Besieging

prise et la flottille repoussée ou détruite ; une armée aussi faible, en effet, sans ordre ni discipline, ne saurait faire une grande résistance si l'assaut était entrepris.

3 *Septembre.*

Pendant cette journée un petit nombre de coups de canons partit des remparts et des batteries contre les assiégeants. Il fut lancé aussi quelques bombes contre leurs ouvrages à titre d'essai.

4 hommes furent tués et 13 blessés du côté des Français. Il est dit que 9 autres ont disparu.

Les assiégeants continuent toujours leurs travaux qui s'approchent de plus en plus des remparts et semblent menacer la ville d'un siège complet.

La sûreté de la ville, autant que je puis m'en rendre compte, est très douteuse, mais le danger d'une prise d'assaut est beaucoup diminué par l'augmentation des moyens de défense et par les nombreux renforts qui arrivent constamment, comme aussi par l'attente de corps de troupes plus considérables, cavalerie et infanterie, dont l'arrivée peut avoir lieu à chaque instant.

Quant au service militaire, il est devenu plus régulier. Tout prend une apparence plus martiale ; les postes sont mieux fournis et augmentés selon les besoins, l'extrême confusion qui existait jusqu'à ce jour a beaucoup diminué et les patrouilles sont suffisantes en ville pour prévenir toute insurrection intérieure, dont la crainte était sérieuse au commencement du siège.

Je suis même d'avis que cette insurrection aurait eu lieu si l'assaut de la ville avait été tenté ; mais depuis hier, avec l'arrivée des 2.600 hommes (cavalerie et infanterie), aucune révolte de la part des citoyens bien disposés ne saurait être supposée possible, de sorte que notre seule alternative est une calme soumission à notre destinée.

Tout homme, sans distinction, en état de porter les armes est

army, for even at this moment, with the reinforcements that Dunkirk has received, added to its increased strength in other respects, the Town might be easily taken, and the Flotilla carried off or destroyed, as such a feeble army under no order or discipline, would not make a formidable defence if the place is attempted by storm.

September 3ᵈ.

A few cannons were this day fired from the Ramparts and Batteriet of Dunkirk, some shells were also thrown into the Besiegers' works by way of trial; 4 men were killed and 13 wounded on the French-Side, 9 more men were also said to be missing; the Besiegers still continued at their works, with which they evidently get near the Ramparts, and seem to be threatening the Town with a close siege, and the Safety of Dunkirk, to my certain knowledge, is still extremely doubtful, but the danger of the place being carried by storm is much abated by the preparations that are made for defence, and the numerous reinforcements that are constantly arriving; and greater bodies of Troops, Horse and Foot, that are daily expected: as to the Military service, it is now become more orderly, and every this has a more martial appearance, all the Posts are better supplied, and augmented; and the hitherto extreme confusion, is of course, greatly reduced: the Town is well supplied with Patrols, to prevent any internal insurrections, which were, at the commencement of the siege, much dreaded, and I am of opinion, would have taken place, in case the expected storming of the Town had been put in practice, but since the arrival of the 2600 Horse and Foot, yesterday, no revolt in the Town on the part of the well disposed citizens, could be considered as either advisable or practicable, so that a calm submission to our destiny in the only alternative, and every man capable of bearing arms, on pain of Military punishment forced to do Military Duty without distinction,

forcé, sous peine de châtiment militaire, d'accomplir le devoir militaire, cependant à cause de l'arrivée des renforts le service des gardes nationaux est moins fatiguant.

Enfin, le parti républicain est rempli naturellement d'une confiance de plus en plus grande, surtout l'assaut de la ville n'ayant pas été tenté. Il se repose aussi sur la grande utilité de la flottille mouillée en rade de Dunkerque et qui fait un si grand carnage au milieu des troupes britanniques.

Cette terrible flottille n'est pas seulement le plus grand obstacle qui s'oppose à l'élévation des travaux des forces combinées, elle est aussi le grand boulevard de Dunkerque, puisque son Altesse Royale a choisi d'attaquer la place dans la seule position où cette ville possède toute sa force, puisque dans les Dunes son armée est exposée au feu des remparts et des batteries de la flottille.

4 Septembre.

Aujourd'hui les remparts et les batteries de Dunkerque commencent le feu. Encore quelques bombes sont tirées sur les assiégeants, mais l'effet produit n'est pas connu ; pourtant l'une des bombes tombée, selon toute apparence, au milieu des forces ennemies doit avoir fait quelque mal.

Le feu de buissons a été très vif aux environs de Rosendael. Le rapport de la journée porte 4 tués, 10 blessés et quelques manquants.

15 maisons au Rosendael ont été incendiées par les troupes françaises. La canonnade a diminué d'intensité et le reste de la journée se passe dans une tranquillité relative. Les carabiniers et les faux capucins rapportent 8 fusils avec leurs bayonnettes, 4 sabres et 16 casques, chapeaux, etc.

Aujourd'hui mon ami Mr Fred^k Paine, un anglais teneur de livres chez Mrs Carnock et Whenem, négociants, a été dénoncé au Consul de la Guerre, à la suite d'une querelle privée, par un

although the arrival of Troops which are pouring in daily render the service of the National Guards less fatiguing, and the Republican party are of course inspired with redoubled confidence in their success, the more so, as they see that no efforts have been attempted to carry the place by storm, and the great utility of their Flotilla, which commit such slaughter on the British Troops, and is the most essential obstruction, not only to the combined Forces raising their works, but this terrible Flotilla, is the grand Bulwark of Dunkirk, since His Royal Highness has chosen to attack the place in the only position of its strength, is amongst the sand hills, when his army are exposed to the fire of the Ramparts, the Batteries and the aforesaid Flotilla being in Dunkirk Roads at anchor.

September 4th.

This day commenced a firing from the Ramparts, and Batteries of Dunkirk, some shells were also thrown amongst the Besiegers, with what effect, is not known, but one shell particularly, to all appearance, fell in the middle of the Besiegers, so that I fear it must have done some mischief, the Bushfighting was very lively about Rosendael, the Report of this day was 3 killed, 10 wounded, and some missing, 15 houses in Rosendael were set on fire by the French Troops, but the cannonading was slackened and the remainder of the day passed in tolerable quietness, the Riflemen and Capuchin Boys brought in 8 Muskets with their Bayonets, 4 swords and 11 Caps, Hats etc. To day my friend Mr Fred^k *Paine* an Englishman and Book-Keeper to Mrs *Carnock* and *Whenem* Merchants, was denounced to the Consul of War by a base and truly ungrateful servant in the said House, named Thomas *Galley* in consequence of a private quarrel: in his denunciation he said that Mr F. *Paine* uttered the following words vizt a « There exist no laws in France, and I hope « the Duke of York will soon be in Dun-

ignoble serviteur ingrat de ladite maison, nommé **Thomas Galley**. Dans sa dénonciation il accuse M. F. Paine d'avoir dit : « Il n'existe pas de lois en France et j'espère que le duc d'York « sera bientôt dans Dunkerque et qu'il dictera des lois aux habi- « tants. » C'était une accusation capitale qui pouvait avoir pour M. Paine et pour sa famille des conséquences fatales.

Il est certain que je ne manquerai pas de faire toutes les démarches possibles pour soustraire cet homme très digne au malheur qui le menace. Je prouverai que le dénonciateur Thomas Galley ne mérite aucune créance et que sa déclaration ne saurait avoir de valeur si elle n'est corroborée par d'autres. Thomas Galley, en effet, est déserteur d'un régiment de dragons anglais dans lequel il était sergent. Il est dit de plus qu'en désertant il a emporté la caisse militaire et son contenu. Et il ne saurait ignorer qu'ainsi il a mérité d'être pendu ou fusillé si son Altesse Royale le duc d'York prend Dunkerque et que M. Paine, demeuré en vie, puisse faire contre lui une déposition aussi accablante. C'est donc en prévision d'une prise de la ville que ce serviteur ingrat a fait une si odieuse dénonciation par laquelle la vie de M. Paine était mise en danger. En effet, d'après les lois martiales françaises, les paroles dénoncées étaient considérées comme trahison et punies par la mort. Mais j'ai la confiance de pouvoir prouver l'innocence de mon ami et d'obtenir son élargissement, même s'il avait été assez imprudent pour tenir, même d'une manière privée à ses risques et périls le langage qu'on lui reproche. Il n'est pas hors de propos de considérer que le très digne M. Paine est anglais et veuf et qu'il a deux fils, le plus âgé n'ayant pas 16 ans au plus et l'autre faisant déjà partie de l'Armée française comme simple soldat.

5 Septembre.

Pendant la matinée quelques pièces des remparts et des batteries font feu. La guerre de buissons continue très vive particulièrement au Rosendael. D'après le rapport au Consul de l'Admi-

kirk and dictate « laws to the inhabitants : » This charge is a capital one, and may be attended with fatal consequences to M`r` Paine and his family but my best endeavours shall not be wanted to the end of extricating this worthy man from his perilous predicament, as I will prove the denunciation Thomas Galley's deposition without being corroberated by other evidence is not to be credited, as this Informer deserted from the sixth Regiment of English Dragoons in which he was formerly a serjeant, and at the time of his desertion, he is said to have taken with him the Military Chest and its contents, which he very well knew, would have subjected him to a halter or to be shot, in case His Royal Highness the Duke of York, took Dunkirk and M`r` Paine remain alive to give evidence against him, and to remove this apparent danger, in the event of Dunkirk being really taken, he has composed this most horrid denunciation and charge, which certainly exposed the life of the said M`r` F. Paine to imminent danger, as by French Martial Laws the alledged expression is Treason, and punished by Death, but I trust I shall be able to establish his innocence, and obtain his enlargement even if he has been so bold and imprudent as to utter the private dictates of his heart at the risk of his life. It is worthy of remark that this worthy man F. Paine is an Englishman and a widower, has 2 sons, the eldest not quite 16 years of age, the other however in pressed and in the French army as a common soldier.

September 5th.

SEVERAL cannons were fired this morning from the Ramparts and Batteries, the Bush fighting continued very brisk, especially so at Rosendael or the suburbs, by the report at the Consul of Administration's 5 men were killed, 16 wounded, and 8 missing, a few Horses were shot and the French advanced Posts fell back on the Town to prevent being cut

nistration 4 hommes tués, 16 blessés et 8 manquants. Quelques chevaux furent tués et les avant-postes se retirèrent sur la ville pour éviter d'être coupés. 9 mousquets, 9 sabres, quelques chapeaux et bonnets, etc., furent entrés par les dits avant-postes et les récompenses d'usage furent payées en assignats républicains, car les billets portant l'effigie du Roi sont prohibés.

Ma mauvaise fortune voulut que je fusse à nouveau avec mon rapport dans la chambre du Consul quand les carabiniers et les faux capucins répétèrent comme de coutume leurs véridiques mais effroyables exploits.

Dans le nombre, ils rapportaient l'une de leurs aventures aussi atroce par le cynisme et la manière plaisante avec lesquels ils la racontaient que par la cruauté infernale avec laquelle ils avaient perpétré leur crime. Voici le fait :

13 hommes de l'infanterie française s'étaient cachés derrière la haie du nouveau Jardin Royal de Mr Francis, au Rosendael. Là ils aperçurent sept soldats anglais rampant à l'Est du Jardin et s'avançant jusqu'en face des portes en fer. Ces portes, fort grandes et lourdes, ne pouvaient être facilement démontées et enlevées. Cela étant, les sept hommes déposèrent leurs armes et trois d'entre eux grimpèrent sur les dites portes, afin d'essayer d'agir sur les ferrements de la partie supérieure.

Mais pendant qu'ils s'occupaient de ce travail, les 13 français firent feu sur les 4 hommes demeurés au pied des portes et s'élancèrent si rapidement sur les 3 autres qu'ils n'eurent pas le temps de descendre. Dans cet horrible situation, les malheureux, cela se conçoit, s'écrièrent : grâce, grâce, pardon ! Mais, disait l'un de ces « bouchers français », je fermai aussitôt la bouche de celui qui faisait le plus de bruit en y déchargeant mon arme et instantanément il tomba ; voici sa montre en argent, ajouta la brute.

Un autre de ces démons barbares dit : Je tirai le second dans le dos et il tomba au même moment roulant et se regimbant en faisant tant de bruit que nous l'achevâmes avec les crosses de nos armes ; il n'avait rien sur lui. Quant au dernier homme,

off; 9 Muskets, 9 Swords, some Hats, Caps etc. were brought in by the advanced Posts, for which the usual premiums were paid in Republican Assignats as the circulation of Assignats with the king's effigy is prohibited, but as it was again my misfortune to be at the Consul chamber with my Report, when the Riflemen and Boys repeated their new, but truly shocking exploits, and among the number, they mentioned one adventure equally atrocious for the mirth and pleasantry, with which they related their wanton cruelty, as for the perpetration of the hellish deed vizt 13 of the French Infantry having concealed themselves at the back of Mr Francis' hedge of the new garden Royal in Rosendael, they perceived 7 English soldiers sneaking round, as they termed it, on the East side of the garden and proceeded until they came to the front iron Gates, which being very large and heavy, could not be easily dismounted and carried off, as such, they all 7 laid down their arms, and 3 of the said English soldiers climbed the said Gates in order to take off the knobs which were guilt at the upper part of the iron railing, but whilst they were such employed, the 13 Frenchmen shot the 4 English soldiers that were below dead on the spot, and rushed so quick on the other 3, that they had not time to descend, in this awful condition the others, as is not to be woundered at, begged for mercy, mercy, by the repeated cry of grace, grace, pardon : but says one of these French Butchers I soon stopt the mouth of him that made the most noise be decharging my piece therein, and he instantly felt; this is his silver watch, adds the Brute ; and says another of these barbarous Demons, I shot the second through the back, he instantly felt, rolling and kicking about, and made so much alarm that we dispatched him with the butt-end of our pieces, he had nothing about him : as to the last man added they, we pricked him with our Bayonets through his breeches so often, that he ultimately felt to the ground and on his knees he solicited hard for life, and we were inclined to bring him into the Town, but says one of the party, I'll finish him, as our orders are not to take any English Prisoners : here this horrid transaction ended,

ajoutèrent-ils, nous l'avons piqué de nos bayonnettes à travers ses culottes jusqu'au moment où, tombé à nos pieds et se traînant à genoux, il demandait grâce pour la vie, et nous étions disposés à le porter en ville, mais l'un de nous dit : Je veux l'achever car nous avons l'ordre de ne faire aucun prisonnier anglais.

Ainsi se termina cette horrible aventure et il est certain que le sort du dernier survivant fut le plus cruel.

Ce n'est ici que l'un des exemples repoussants de l'esprit sanguinaire qui animait la Convention Nationale donnant l'ordre de ne faire aucun quartier aux troupes anglaises, hanovriennes et hessoises (Voyez la Copie du procès-verbal du dit Décret infernal de la Convention nationale).

Aussi étrange, aussi difficile qu'il puisse paraître que l'on parvienne à changer ses sentiments et à causer la dégénération d'une nation civilisée telle que la France avant la révolution, l'esprit des soldats français avait été travaillé de telle sorte qu'ils ne concevaient plus d'autres moyens d'arriver à une gloire immortelle et au bonheur, que ceux inspirés par le désir de la destruction de tout obstacle humain. C'est surtout contre les sujets de Sa Majesté Britannique que les plus cruels outrages étaient dirigés. Le Comité du Salut public et ses agents infernaux étaient continuellement occupés à recueillir les plus affreux rapports contre les sujets de la Grande-Bretagne.

La lettre T. R, fabriquée à plaisir et annexée page……., est une copie vraie, et l'une des principales productions qui circulaient en France avec un succès vrai, mais infernal, et en raison desquelles un grand nombre de familles anglaises furent arrêtées dans les départements du Nord de la France.

Nombreuses sont celles de ces familles qui m'ont fait justice en déclarant qu'elles devaient leur acquittement des charges de haute trahison qui pesaient sur elles, ainsi que leur liberté et leurs propriétés à ma seule intervention. Voyez les déclarations sous serment page….. ici annexées ; et comme ces documents parleront par eux-mêmes, je n'ai à ajouter aucun commentaire.

but it is easily conceived, that the last survivor's cruel fate was by much the hardest: this is one shocking example amongst the many cases in point, that could be produced, of the Bloody degree of the National Convention Ordering, no quarter to be given to the English, Hanovrian, and Hessian Troops (see the Copy Verbatim of the said English Decree of the National Convention.) However strange and difficult it may appear to change the sentiments and degenerate a civilized Nation such as France was prior to the Revolution ; yet were the deluded minds of the French soldiers worked up to such a pitch that they conceived their only road to immortal Glory and Happiness was to be found in the destruction of the only earthly obstacles, the 3 above mentioned honourable classes of Mankind, but the heigth of their outrageous cruelty was more directly pointed at his Britannic Majesty's Native Subjects: the French Committee of Public Safety and their infernal Agents were continually busied in circulating the most horrid reports against the subjects of Great Britain the annexed fabricated Letter T R page is a true copy and also, is one of the principal but Hellish and too successful productions which was circulated in France, and in consequence, numbers of English Families were arrested in the Northern Departments of France, many of whom have since done me the justice to declare on oath, that they owe their acquittal from those charges of High Treason, their Liberty and Property intirely to my interference, see the affidavits page.... are here annexed, and as hese documents will speak for themselves : I need not add any comment, otherwise infinite more demonstration could be exhibited : as to my zealous proceedings in the cause of the unfortunate English and their allies: 4 Cutters and 2 Frigates are in sight, but I must repeat it to be truly incomprehensible that they still suffer the French Flotilla to lay unmolested, whilst on the other hand, I have the greatest reason to be fearful, and am certain that His Royal Highness's army has suffered much by the said French Flotilla, which the above mentioned 2 Frigates and 4 Cutters, now in sight, might easily destroy, they being, at least, 3 ti-

D'ailleurs d'innombrables autres preuves peuvent être produites en attestation de mes démarches zélées en faveur des infortunés anglais et de leurs alliés.

4 cutters et 2 frégates sont en vue, et je dois répéter qu'il est vraiment incompréhensible qu'il soit encore souffert que la flottille française continue de n'être pas inquiétée, tandis que j'ai la conviction que l'armée de son Altesse Royale a beaucoup à souffrir de la part de la dite flottille, qui facilement pourrait être détruite par les 4 cutters et 2 frégates en vue sus mentionnés. Leur force est en effet trois fois plus considérable que celle de la flottille française qui ne cesse d'ennuyer l'armée britannique de la manière la plus triste et le terrible feu qu'elle ne cesse de diriger sur elle doit avoir coûté la vie à un grand nombre d'Anglais et en détruira bien davantage encore si elle n'est bientôt détruite elle-même par les navires de guerre actuellement en vue ou par d'autres pouvant arriver pour accomplir une œuvre aussi importante. Je puis hardiment ajouter qu'aussi longtemps qu'il sera permis à la flottille française de faire autant de mal à l'arrière-garde de l'armée britannique, l'insuccès du siège avec ses horribles conséquences doit être considéré comme le seul résultat possible.

6 Septembre.

Ce matin tout est passablement tranquille. Quelques coups de canons sont échangés, mais les forces combinées apparaissent en plus grandes masses et s'approchent davantage des remparts.

A 3 heures dans l'après-midi, les tambours battent aux armes et bientôt toute l'armée, cavalerie, infanterie, artillerie et garde nationale est assemblée. A 4 heures une sortie a lieu et environ 8000 hommes s'avancent en 3 colonnes par la porte Royale, par celle de Newport et par la barrière Royale. En moins d'une demi-heure l'engagement est général et les Français perdent 1068 hommes tués ou blessés et 369 hommes manquants.

Un pareil spectacle fait saigner tout cœur humain et rien n'est

mes the strength of the French Flotilla, which is continually
annoying the British Army most sorely, and the tremendous
firing which they keep up must have cost many a brave Englishman his life, and will destroy many more, if not shortly
destroyed themselves by the English Vessels of War now in
sight, or others that may arrive for the important purpose;
and I may freely venture to add, that so long as the French
Flotilla are allowed to commit such havock on the rear of the
British army, the failure of the siege, with all its horrid consequences, may be fairly expected as a matter of Course.

September 6th.

THIS morning all things were tolerably quiet and a few
guns, also were exchanged, but the combined forces now appeared in greater bodies, and approached somewhat nearer the
Ramparts, and at 3 o'clock in the afternoon the drums beat to
arms, when the whole army, horse and foot, Artillery and National Guards, were quickly assembled, and at 4 o'clock a sally
took place of about 8000 men which was effected in no less than
3 columns by the key Gate, the Post de Newport and the barrier Royal, and in less than halfan hour, a general engagement
took place, by which engagement the French had 1068 men
killed and wounded and 369 missing, but such a sight will hardly admit of a description, as the scene is almost sufficient
to make any human beast bleed as these wounded victims
were brought in on chain with only one hand, another with one
leg, and some with one eye: two of the unfortunate number
even had the loss of both eyes: but as to myself, Providence
had been particularly favourable, since I was by the event of this
very morning, placed on guard at the general quarters, which
is the exchange of Dunkirk in the heast of the town, but such
was the tremendous firing of the Besiegers, that the Musket and
the Cannon shot fell very thick amongst the houses, and in

pénible comme la vue des pauvres blessés portés sur des sièges, l'un n'ayant plus qu'un bras, un autre une seule jambe, quelques-uns n'ont qu'un œil, deux de ces infortunés avaient perdu les deux yeux.

Quant à moi-même, la Providence m'a été particulièrement favorable, puisque, d'après les dispositions prises dans la matinée, j'étais placé de garde au quartier général qui se trouvait à la Bourse de Dunkerque, au centre de la ville.

Mais le feu des assiégeants était effroyable et les boulets et les projectiles de la mousqueterie tombaient de tous côtés dans les rues et frappaient les maisons. Ce qui paraîtra étonnant et ce qui pourtant est un fait connu, c'est que l'un de mes caporaux nommé Boode, fut blessé au mollet pendant que je lui donnais des ordres pour relever les sentinelles près de la Bourse, près de la maison de ville et près du Conseil de guerre ; mais comme c'était un projectile au terme de sa course, la blessure ne l'empêcha pas de demeurer ferme à son poste après que je lui eus bandé la jambe avec mon mouchoir de poche. Il y demeura avec un courage d'autant plus grand que son cœur était rempli de zèle pour la cause de la République.

Il était sept heures du soir lorsque les troupes françaises employées à la sortie furent rentrées en ville. D'après les calculs les plus exacts, les Français avaient perdu 1437 hommes dont 369 disparus. Ceux de retour de leurs cruels exploits s'en vantaient et juraient avoir fait mordre la poussière, comme ils le disaient, à un grand nombre de B........ d'anglais. Ils déclarèrent aussi qu'un nombre d'anglais étaient tombés entre leurs mains et parmi eux 76 prisonniers qu'ils firent entrer en ville et qui généralement étaient blessés d'une manière grave.

Je me fais un devoir de dire que parmi ces prisonniers il n'y avait pas un seul anglais, tous ces malheureux en tombant entre les mains ennemies avaient été inhumainement assassinés. Les 76 prisonniers étaient tous autrichiens, hollandais, etc.

Aussi triste, aussi horrible que fut le spectacle offert par les

several of the streets, and however it may appear astonishing, yet it is a recorded deed well known fact, that one of my corporals named *Boode* was wounded in the calf of his leg when I was giving him orders to relieve the centinels round the Exchange, the Fown House, Council of War etc., but as it was a spent of declining shot by which he was wounded, the said wound did not prevent him (a man whose mind was so full of zeal and fire for the Republican cause) from remaining stedfastly at his post ; as soon as his leg was bound up by my pocket handkerchief in the best manner I could, before the Guard House : as to the French Troops who had been employed in the sally, such as returned at 7 o'clock, which were the whole number, excepting those who were killed, wounded and missing, the latter of which, I repeat, amounted to 369 independant of the foregoing in fine, from the most correct calculations that could be made, the French, in killed, wounded and missing, lost 1437 men, and those that returned loasting of their cruel exploits, swearing amongst things, that they had caused many a B... of an Englishman to bite the dust, as they termed it, and that declared that several of the English Army had fallen in to their hands, and amongst the 76 Prisoners which they brought in mostly wounded, I pledge myself to say, there was not one English to be found, as all such unhappy Englishmen as had fallen into their hands they had most inhumanly murdered, and the above 76 Prisoners were entirely Austrians, Dutchmen etc., but horrid as the scene was, respecting the wounded Frenchmen, the same was by no means so shocking as to see the poor wounded soldiers when brought in Prisoners with bleeding wounds, most of whom were martyred, yet the deplorable condition of the poor Prisoners made not the least impression on the hardened hearts of the French Revolutionary soldiers, numbers of whom beat the bleeding Prisoners as they dragged them past my Guard which directly opposite the Fown Hall, the Consul

blessés français, aussi dégradant, aussi pénible était celui présenté par les blessés prisonniers lorsqu'ils furent introduits en ville avec leurs sanglantes blessures. Le plus grand nombre de ces malheureuses victimes étaient martyrisées par les soldats français révolutionnaires, sur le cœur desquels leur déplorable état ne pouvait faire la moindre impression. Plusieurs de ces soldats battaient leurs sanglants prisonniers en les faisant passer devant ma garde qui se trouvait juste en face de la maison de ville, du Conseil de guerre et du Conseil de l'Administration et où aboutissait la prison.

Le motif de cette horrible barbarie à l'égard de ces pauvres prisonniers, était de nous faire saluer par eux en criant : « Vive la République. » Mais plusieurs des malheureux étaient tellement épuisés par la perte du sang qu'ils ne pouvaient se joindre à ce cri et alors ils étaient frappés à coups de sabres par leurs inhumains vainqueurs.

A plusieurs reprises je m'écriais : Cessez, cessez de battre les prisonniers, et je me serais de tout cœur exposé au danger d'une intervention immédiate, mais je n'osais encourir les conséquences de l'abandon de mon poste, car les 268 hommes que j'avais alors sous mon commandement étaient sous les armes et aucun sentiment du cœur n'aurait justifié mon abandon du poste que les articles du Code de la guerre punissent de mort.

A 9 heures, dans la même soirée, le reste de nos troupes rentrèrent en ville.

Tout anglais ne souffrira pas seulement à la pensée de ce qui vient d'être rapporté, mais il souffrira et sera choqué et grandement indigné en songeant que l'armée britannique était principalement engagée dans l'attaque de Dunkerque et qu'ainsi au moins quelques anglais auraient dû se trouver au nombre des prisonniers, s'ils n'avaient pas été inhumainement assassinés.

Cette journée peut certainement être considérée comme jour de victoire pour l'armée britannique, mais je pense que la victoire

of War, and the council of Administration etc. which joined the Prison.

This motive of their inflicting the horrid barbarity on the devoted victims their Prisoners, was to make them salute us as they passed by, crying repeatedly « Live the Republic », some however were so far gone by the loss of blood as not to join in the cry, but those poor souls were beaten most unmercifully by the swords of their barbarous and unhuman Captors, I repeatedly called out desist, desist, from beating the Prisoners, and would with all my heart have risked the danger of an immediate interference, but dared not incur the consequence of quitting my Post, as the 268 men that I then had under my Command, were during the whole time under arms, and no earthly pretensions would have justified me in the quititng my said Posts, which by the Articles of War, is punished by Death.

At 9 o'clock this same evening, the remainder of our Troops returned into Town, after having suffered in the most shocking manner as already stated; every Englishman who reads the proceedings of this day, will be shocked and roused with well warranted indignation, since it was no more than natural to conclude, that as the British Army were the principal in the attack of Dunkirk, at least some Englishmen must have been found amongst the Prisoners, if they had not been inhumanly murdered; and although this may be considered as a day of Victory, to the British Army, yet I am of opinion that it has not been obtained without great loss, since the sally was sudden and vigorous, and although 66 of the French Cavalry that sallied out of the Barrier Royal, now named Mirabeau, got inclosed as per Report, between 2 masked Batteries that lay close to the New-Port Canal, and were every man killed ot wounded with their Horses, excepting 3 men, yet the greatest slaughter of the French Troops were amongst the sand hills, and notwithstanding that, the Batteries,

n'a pas été obtenue sans grandes pertes. En effet, la sortie a été soudaine et vigoureuse. Les 66 hommes de la cavalerie française sortis par la barrière Royale, nommée actuellement barrière Mirabeau, se sont trouvés pris entre deux batteries masquées établies près du Canal de Newport, et à l'exception de 3 hommes tous furent tués ou blessés, mais le fort du combat et du massacre des troupes françaises a eu lieu dans les Dunes, dont les Anglais sont demeurés les maîtres comme ils l'ont été depuis le commencement du siège, je dois donc forcément croire que la victoire a été payée fort cher. La flottille, en effet, pendant toute l'action n'a cessé de joindre son terrible feu à celui des remparts et des batteries, non seulement pour soutenir les troupes pendant leur sortie mais encore pendant leur retraite, et c'est pourquoi les Anglais demeurèrent dans leurs retranchements sans poursuivre les Français.

7 *Septembre.*

La canonnade des batteries et des remparts etc., n'a pas été très vive, mais entre 3 et 4 heures cette après-midi, les tambours ont battu aux armes et environ trois-quarts d'heure plus tard l'engagement a eu lieu. Les troupes françaises, cavalerie, infanterie et artillerie, ont tenté une nouvelle sortie à la barrière du Port et à celle de Newport. L'action fut bientôt générale, mais les Français furent obligés de battre en retraite et d'entrer en ville vaincus avec une perte de 248 hommes tués ou blessés et 39 hommes manquants.

La flottille en rade a soutenu encore un feu continuel avec ses canons de 24, comme elle l'a fait hier. Aussi je suis d'avis que ces navires font plus de tort réel à l'armée de son Altesse Royale que toutes les autres forces françaises.

Quoique les troupes françaises aient été repoussées sous les portes de Dunkerque dès le premier moment de l'engagement, la cavalerie qui avait à sa tête un représentant du Peuple, et se trouvait à la barrière du Port, n'entra en ville que vers 8 heures du soir.

the Ramparts and the Flotilla of Dunkirk keep us a continual firing on the British Army, nevertheless the French Troops were driven into Town again with great Slanghter and precipitation as already mentioned, and the most of them that were killed or wounded, received their fate in the Downs, say amongst the sand hills of which, the British are masters still, as they have been from the very commencement of the siege; also it strikes me very forcilly that they must have paid very dearly, for the Victory of the day, since the Flotilla has hitherto kept us a most tremendous firing, which not alone supported the French Troops in their sally, but also, secured their retreating back to Dunkirk, and which they effected with great disorder and speed, notwithstanding that, they were secured by the Flotilla on one side, and the Batteries and cannons etc. of the Ramparts on the other, and for this cause, the British remained in their intrenchments without pursuing the French in their retreat.

September 7th.

THE cannonading from the Batteries, Ramparts, etc. was not remarkably brisk, but between 3 and 4 o'clock this afternoon the Drums beat to arms, and in about 3 quarters of an hour the engagement took place, as the French Troops, Horse, Foot and Artillery, again attempted a sally at the Barrier du port and the Barrier de New-Port, and the action here became general but the French were forced to fall back, and returned into Town defeated, with the loss of 248 men killed and wounded with 39 missing, supposed to have been taken Prisoners. — The Flotilla in the Roads keep up a continual fire with their 24 pounders as they had done yesterday: and I am of opinion, that these Vessels do more real injury to His Royal Highness's Army before Dunkirk than the whole of the

Pendant la journée onze maisons furent encore incendiées au Rosendael par les troupes françaises. 16 prisonniers furent aussi conduits en ville, mais dans ce nombre ne se trouvait aucun anglais, ce qui augmenta ma persuasion qu'aucun quartier n'est fait aux malheureux anglais dont le sort est de tomber entre les mains des bandes barbares qui se glorifient dans leur carnage et leur infamie.

Une frégate anglaise et 6 cutters sont encore en vue et demeurent comme jusqu'ici tranquilles spectateurs de tout le dommage qu'endure l'Armée britannique de la part de cette fatale flottille qui pouvait dès le commencement être détruite. Et comme le monde entier connaît le courage et l'adresse de la marine anglaise, je suis blessé de ce que l'inaction de l'Escadre britannique, par suite des ordres reçus, soit la seule cause du séjour de la flottille française en rade de Dunkerque et du grand tort qu'en éprouve l'Armée anglaise par la perte de ses hommes, d'où il résulte que le succès du siège devient de plus en plus douteux.

J'ai omis de mentionner dans les pages précédentes que l'Armée anglaise avait un camp parfait dans les Dunes à 5 milles anglais environ de Dunkerque. C'était le quartier général, car la partie la plus considérable des forces britanniques se trouve dans les Dunes à moins d'un mille de la ville.

Comme le temps a été magnifique depuis le commencement du Siège et qu'il continue de même, l'on peut dire que la perspective, la vue des forces réunies offre un spectacle d'une grandeur imposante.

Il faut signaler au nombre des difficultés à vaincre par l'armée britannique, celle de ne pouvoir se servir de sa cavalerie, à cause de la mobilité du sable des Dunes. C'est aussi à cette raison qu'il faut attribuer la lenteur avec laquelle l'artillerie s'est rapprochée de la ville. Mais les espions disent que les forces britanniques s'approchent avec un grand nombre de lourdes pièces dans les Dunes, de sorte qu'on peut s'attendre dans quelques jours aux plus terribles engagements, si quelque évènement imprévu ne prévient pas la reddition de la place qui doit inévitablement capituler ou se rendre à discrétion ; car la bravade du Consul de la

French Forces besides, but although the assailants were driven back under the very Gates of Dunkirk early in the engagement, yet the Cavalry who had a Representative of the People at their head at the Barrier de Port, did not enter the Gate before 8 o'clock in the Evening.

Eleven houses more were this day set on fire, by the French Troops at Rosendael, they also brought in 16 Prisoners, but not an Englishman amongst them, which increases my fears and persuasion that no quarter is giving to the unhappy English whose fate it is to fall into the hands of the Barbarous Rabble who glory in their cruel carnage and Infamy: an English Frigate and 6 Cutters are still in sight, and remain as hitherto, quiet spectators of all the injury that the British Army had experienced from this fatal Flotilla, which might from the first have been easily destroyed, and may be still so, notwithstanding their weight of metal, but as the world knows how courageous and skilful the Navy of England are, it strikes me that confinement of orders which the British Squadron has received is the only reason why the French Flotilla still rides at Anchor in Dunkirk Roads, to the exceeding great annoyance of the British Army by their loss of men, and renders the result of the siege every day more doubtful: I have in the preceding pages omitted to mention that the English Army had a very complete Camp amongst the sand hills about 5 English miles from Dunkirk, which must have been the general quarters, as the most considerable part of the British forces, or Van Guard, are within an English mile of Dunkirk, amongst the sand hills, and as the weather proved very fine from the commencement of the siege, and still remains so, the prospect might without impropriety be termed awfully grand: it was however to be lamented, amongst other inconveniences that the English Army experienced before Dunkirk that their Cavalry could not act on account of the country where the scene of action lay, being loose sand hills, and

Guerre et les troupes présentes ne sauraient résister aux puissantes forces des armées assiégeantes.

Jusqu'à ce jour ces forces ont agi avec faiblesse dans leurs opérations, parce qu'elles n'avaient pas les informations nécessaires, et qu'elles ignoraient dès le commencement du siège comme jusqu'aujourd'hui l'état de faiblesse dans lequel se trouvait Dunkerque, ou la supériorité qu'elles avaient sur la ville protégée par la bravade et par la flottille française ; elles n'étaient pas mieux renseignées sur la force actuelle de la ville, soit à l'intérieur, soit à l'extérieur.

Mais le sort de la place est encore très douteux et incertain. Cette nuit, entre 11 heures et minuit, James Morok surnommé Love, un pauvre anglais, précédemment domestique chez M. John Christian, négociant de la ville, fut arrêté sous les remparts par une patrouille française. Love avait quitté son service 4 mois environ avant le siège et s'était enfui à Ostende, d'où il revenait pour chercher à Dunkerque un nouveau service. Arrêté comme espion anglais, il fut conduit devant le Consul de la Guerre qui l'envoya en prison. La croyance générale était cependant que le malheureux n'avait ni l'habileté ni le courage nécessaires pour s'occuper d'espionnage. La seule adresse que l'on connaissait de sa part, c'est qu'il excellait à ramasser un cent d'œufs avec une dextérité que peut-être nul autre n'aurait montrée pour pareil amusement. En un mot Morok n'était qu'un pauvre homme stupide mais inoffensif, et je souffre à le dire, arrêté dans les conditions dites, sa vie est en danger et il sera fusillé ou guillotiné lorsqu'il passera devant le tribunal militaire. Si le jugement a lieu à Dunkerque j'espère avoir le bonheur de le tirer d'embarras, car son ancien maître, pour des motifs privés et à cause du danger personnel, n'ose faire des démarches pour son infortuné serviteur ; si au contraire le jugement a lieu à Paris, ce qui probablement arrivera, je crains que les lois révolutionnaires ne le privent de la vie. Dans tous les cas le malheureux doit déjà se féliciter d'avoir été arrêté par la Garde nationale, car s'il était tombé entre les mains de toute autre partie de l'armée française, il aurait été mis à mort immédiatement, comme il a été fait jusqu'à présent pour tout autre anglais.

to this cause also must be attributed, the grand reason why the Artillery were so long in advancing, but the spies brought in account, that the British Forces were coming near with a great number of heavy cannons on the sand hills, from which we may expect that Dunkirk will experience more dreadful scenes in the course of a few days, if some unforeseen event does not prevent the reduction of the place, it must inevitably capitulate or surrender at discretion, as the Bravado of the Consul of War, and the present Troops cannot withstand the strong forces of the Besieging army, who however as yet have been slow in their operations, and they are void of the necessary information, as they have been from the first of the siege, so they continue to the present hour, and neither know the defenceless state of Dunkirk or the superiority they have over the Town, which hitherto has been more protected by Bravado and the French Flotilla, than its immediate internal or external strength, but the fate of the place is still very doubtful and uncertain: This night 11 and 12 o'clock, James *Morock* nicknamed Love a poor Englishman formerly servant to Mr John Christian, Merchant of this Town, who had about 4 months previous to the siege, quitted his service and went to Ostende, returned from thence with a view of entering Dunkirk, in order to seek another service, but the above hour was taken close under the Ramparts by one of the French Patrolls and brought before the Consul of War, who sent him to Prison under suspicion of his being a spy to the British, but it is the general belief, that he neither had the least ability or heart, for such an undertaking, and the only ability he is acknowledged to possess, is that of picking up the hundred eggs, at which amusement he is really very dexterous, and seems to have the, but too common amongst the lower order of People, namely, he is addicted to drinking, but in every other respect, he is a poor stupid and inoffensive man, and I am sorry to say, that his being taken as above stated, will endanger his life, either by being shot, or guillotined, as he will unquestionably be brought to trial as a spy before a Military Tribunal: should the said trial take place in Dunkirk,

On parle beaucoup actuellement comme d'un évènement remarquable de l'exploit d'un matelot français qui est entré à Dunkerque avec 2 prisonniers hollandais. Lorsque le Consul de la guerre lui demanda comment il avait fait pour prendre en même temps 2 soldats armés, le matelot répondit : J'ai tourné autour des 2 B..... en les sommant de déposer leurs armes, ce qu'ils ont fait, et ensuite ils ont été forcés de marcher devant moi à environ 3 mètres de distance. Plusieurs de leurs camarades n'étaient pas à 1/2 portée de fusil des 2 soldats lorsqu'ils furent arrêtés et quoique du même parti ils ne firent pas feu sur le matelot qui emmenait leurs compagnons. Il faut dire cependant, pour excuser la conduite de 28 soldats du même parti qui souffrirent que 2 de leurs camarades fussent emmenés par un simple matelot, que ces hommes ne firent pas feu dans la crainte de tuer leurs 2 compagnons et ils étaient trop près des remparts pour s'aventurer à se découvrir afin d'arracher les deux captifs des mains de leur vainqueur. Leur témérité aurait certainement coûté la liberté et même la vie du parti entier, car les Français avaient une forte ligne d'hommes sur les remparts.

Aucun blâme ne saurait donc être adressé au parti qui ne se porta pas au secours des prisonniers, mais ceux-ci sont blâmables de s'être aussi imprudemment éloignés de leurs camarades et comme la menace du fusil d'un simple matelot était le seul danger immédiat, ils devaient mieux remplir leur devoir en saisissant ou en tuant le hardi matelot.

Cette capture faite par un seul homme me remet en mémoire une anecdote relative à un Irlandais dont la conduite a été bien plus extraordinaire et infiniment plus méritoire que celle du matelot. La voici :

Lorsque les armées britanniques et les armées américaines furent approchées l'une de l'autre dans les environs de German Town, 5 soldats hessins qui s'étaient égarés dans les bois et avaient perdu leur chemin furent rencontrés par un Irlandais, engagé dans l'armée du Général Washington. Soudain il les menace de son arme, il leur ordonne de se rendre. Ceux-ci croyant

I hope to have the happiness of bringing him through, as his former Master, from motives of personal danger durst not interfere on the behalf of this unhappy servant, but should he be ordered to Paris for Trial, which most likely will be the case, I fear his life will be forfitted to the Revolutionary Laws; it is however so far fortunate for him that he was taken by the Patroll of the National Guards; as, if he had fallen into the hands of any other branch of French Military, they would have instantly put him to Death, as they have hitherto done every other Englishman, An exploit of a French sailor having taken and brought into Dunkirk 2 German Prisoners is much spoken of as an astonishing event: when he was asked by the Consul of war how he had managed to take two armed soldiers at a time, the sailor answered, I surrounded the 2 B^s and ordered them to lay down their arms, which they did, and they were forced to march before me at about 3 yards distance, several of their comrades were within half a gun shot at the time of the 2 soldiers being taken, and nearly belonging to the same party, who did not fire at the sailor whom they saw take their comrades; however by way of mitigating the blame or charge of cowardly conduct which might be otherwise attached to the Party of the 28 soldiers, who suffured 2 of their number to be taken and carried off, by a single sailor, the Party did not fire for fear of killing their 2 Companions, and they were too near the French Ramparts to attempt advancing to rescue the 2 Captives their brother soldiers as such, by advancing for the purpose of rescue would doubtless have cost the whole Party their Liberty or their Lives, as the French had a strong line of men under the Ramparts, all this considered, no sort of blame can be imputed to the Party, but entirely to the 2 soldiers, who so imprudently strayed a head of their comrades, and when the preventing firelock by a single sailor, was the only immediate danger, they ought to have acted more consistent with their duty, either taking or killing the bold Tar, but their surrending to a single man and his saying he surrounded them, puts me in mind of the following extraordinary and

que l'Irlandais était suivi d'une partie de l'armée, obéissent et déposent les armes. Alors il les fait marcher devant lui vers les lignes américaines et les conduit jusqu'au quartier général. Surpris du fait et de sa réussite, le général Washington demanda au vaillant soldat comment un seul homme pouvait en capturer cinq. Mais reprit le brave, plaise à votre Excellence, par Jésus je les ai entourés. Le Général, que rarement l'on voyait même sourire, rit de bon cœur de la réponse, lui donna une somme d'argent et lui promit une hallebarde.

J'ai rapporté cette anecdote parce que sous le point de vue de la bévue dans la réponse et de la bravade il y a des choses singulières.

8 Septembre.

A 3 heures du matin, les patrouilles françaises qui ont passé la nuit dehors, retournent comme de coutume et confirment ce qui a été affirmé par les espions que de nombreuses pièces d'artillerie de siège étaient approchées par les forces britanniques et celle des alliés. Les travaux de siège et autres sont pareillement continués dans les Dunes.

Les batteries et les remparts dirigent encore dans la matinée quelques décharges contre les Dunes, mais rien d'important n'arrive que jusque vers 2 heures de l'après-midi.

Alors les tambours battent aux armes et vers 3 heures 1/2 un feu terrible commence. Puis une sortie de cavalerie et d'infanterie a lieu par la barrière du Port et par celle de Newport; mais comme les assiégeants ont maintenant leurs pièces de siège placées sur chaque dune, l'infanterie française retourne bientôt en dedans des portes sans pouvoir poursuivre son projet, car les assiégeants font un feu terrible.

La cavalerie, ayant à sa tête un représentant du peuple, à son tour bat en retraite et demeure sur une ligne à 30 ou 40 mètres de la porte ou barrière du Port, position dans laquelle elle était entièrement inutile et qui ne pouvait être maintenue que par

infinitely more meritorious narrative or anecdote of an Irishman. Viz^t when the British and American armies were near each other in the neigbourhood of German Fown, 5 Hessian soldiers who had strayed into the woods and lost their way were met by an Irishman who was a private in General Washington's army, he immediately presented his piece and ordered them to surrender, they supposed that he was supported by a Party of the Army, did as he ordered, threw down their arms, he then marched them before him to the American Lines and brought them to the head quarters: General *Washington* wondered at the spirit and achievement of the fellow, and asked him, how he a single man could capture five, Why, says the intrepid soldier the Irishman, « please your Excellencies, by Jesus, I surrounded them », the General, who was seldom known even to smile, laughed heartily at the Bull, gave him a sum of money, and promoted him to Halbert.

I have mentioned this transaction because in point of Bull and Bravery, there is some singularity.

September 8th.

AT 3 o'clock this morning, the French Patrolls who had been out all night returned as customary, and they confirmed what the spies had asserted, that many pieces of Besieging Artillery were advancing by the British and combined Forces, who continued at the raising their works and intrenchments amongst the sand hills, in the Downs some few shot were this forenoon fired from the Batteries and the Ramparts, but nothing of importance happened till about 2 o'clock this afternoon, when the Deums beat to Arms, and by half past 3 a most tremendous firing commenced, a sally of Horse and Foot by the Barrier du Port, and the Port de New Port took place but as the Besieging Army have now their Field pieces placed on almost every sand hill, the French Infantry soon returned within the Gates, without being able to effect their purpose, as

une ridicule bravade qui faillit coûter la vie au représentant du peuple. Je vis, en effet, un boulet de canon des assiégeants frapper le sable à moins d'un mètre du cheval du dit représentant. Celui-ci et son cheval furent terrifiés à tel point par le vent et le sifflement des boulets que le champion du peuple fut ébranlé sur sa selle, mais reprenant son sang-froid, il ne tomba pas et instantanément il franchit la porte avec sa troupe à cheval. Il craignait évidemment que le prochain compliment de même genre ne lui fut plus fatal. Le nombre d'hommes perdus par les Français pendant la journée a été très considérable, on ne saurait nier qu'il a dépassé celui de la terrible journée du 6 courant, car l'armée assiégeante continua la canonnade et son feu de mousqueterie eut sur les Français un effet terrifiant, puisque chaque coup portait.

Au nombre des blessés se trouvait mon premier lieutenant le citoyen Charles Guillerbert, qui reçut sa blessure au pied par un éclat d'affût de canon qu'un boulet venait d'atteindre. Cela eut lieu peu de temps après lui avoir donné ordre de changer de position avec quelques hommes arrivés précisément pour renforcer mon poste, qui se trouvait juste en face des assiégeants.

Comme ce poste n'était pas seulement le plus rapproché de l'armée assiégeante, mais qu'il a été aussi le plus élevé de toute la défense, la scène était d'une grandeur terrifiante et au-dessus de toute description. Aussi, avec plus de curiosité que de prudence, je me rendis pour admirer ce grand spectacle au sommet de la batterie la plus élevée, et là avec ma longue-vue, certainement de beaucoup la meilleure de Dunkerque, je vis les assiégeants pendant qu'ils dirigeaient sur nous un feu de mousqueterie tel que le bruit des balles qui sifflaient à mes oreilles me fit descendre aussitôt, comme m'y invitaient d'ailleurs les exhortations de mon détachement, qui montrait plus d'attachement pour ma sûreté que je n'y regardai moi-même. Ma curiosité était évidemment plus grande que ma peur, mais la Providence me protégea et j'échappai sans blessure, tandis que mon premier lieutenant Mr Ch. Guillerbert, pour être mieux à l'abri, s'était dérobé derrière un canon où il se croyait en parfaite sécu-

the Besiegers keep up a terrible firing, the Cavalry with a Representative of the People at their head, also fell back and remained drawn up in a line within 30 or 40 yards of the Gate or Barrier du Port, but in this position they were entirely useless, and the position at least, could only be deemed a ridiculous Bravado that had nearly lost the Representative's life, as the shot of the Besiegers not only fell amongst the Calvary, but I saw one of these cannon shot strike on the sand within a yard of the Representative's Horse, the sand which it threw up together with the wind and whistling that it made, so terrified the Representative and his Horse, that this Champion of the People was thrown out of the saddle, but recovering himself, he did not come to the ground, and he with the whole Troops of Horse instantly entered the Gate, fearing that the next compliment he received might prove otherwise more fatal : the number of men which the French lost this day, was very great, as it undeniably exceeded the mighly Slaughter of the 6th instant as the Besieging Army continued their cannonading, and to pour in ther Musket shot on the French with such wonderful effect, that almost every shot did execution, and amongst the number that were wounded was my first Lieutenant Citizen Charles *Guillerbert* who received his wound in the foot by a cannon shot striking on of the Gun Carriages on the Ramparts a splinter of which caused the wound, soon after I had given him orders to change the position of himself and some men which were just arrived to reinforce my post on the Battery amongst the Ramparts directly in front of the Besiegers, and as this Post was not only the nearest to the Besieging Army, but also the highest of the whole defence: the scene was dreadfully brilliant to me beyond the power of description : but notwithstanding the elevated prospect, I with more curiosity than prudence got upon the very top of the highest Battery in order to view the grand scene more completely with my spying glass, which was by far the best in Dunkirk ; but this my position being seen by the Besiegers, they poured in such a volley of a Musket shot, and which whistled in such a manner about my ears, that the

rité. Etant son commandant j'avais le devoir de le réprimander d'une pareille conduite, et je le fis sans retard, car c'était un violent jacobin et un bruyant et orgueilleux jeune homme.

Vers 7 heures tout était tranquille. Le feu avait complètement cessé.

Pendant toute l'après-midi encore la flottille française, comme de coutume, fit un feu terrible sur les forces britanniques.

Comme cette flottille se trouvait à la partie Est de la rade en ligne directe avec les assiégeants, et pas à plus de 3/4 d'un mille anglais, son feu avec des pièces de 24 livres doit avoir fait aux armées britanniques un mal réel bien plus grand que toutes les autres forces françaises réunies. Et ce terrible carnage, il fut permis de le continuer impunément et cela malgré la présence de 7 cutters anglais naviguant près du port, toujours spectateurs pendant tout l'engagement et parfois à moins d'un mille anglais de la flottille.

De plus, 6 trois-mâts anglais étaient à l'ancre à 5 milles à l'est de la flottille française ; 5 paraissaient être des sloops de guerre et des frégates ; le sixième avait plus l'apparence d'une batterie flottante. Il portait un admirable pavillon qui flottait au vent et faisait supposer que ce pouvait être le navire portant le brave officier amiral Mac Bride.

Je mettrais mon existence en jeu pour affirmer que certainement aujourd'hui la flottille française sera repoussée ou détruite, car toutes choses sont au plus favorables pour arriver à ce résultat. Les navires de guerre anglais sont au moins 4 fois plus forts que la flottille française et l'armée britannique est en possession de toutes les Dunes en face de cette dernière et elle y a placé un si grand nombre de pièces de siège que l'armée française de Dunkerque ne pourrait s'opposer d'aucune manière à la destruction de la flottille à marée basse, car en admettant qu'elle coupe ou qu'elle file ses cables et qu'elle fasse route vers la terre, comme elle ne peut en cas de danger entrer au port qu'entre un 1/2 flot et 1/2 jusant, sa destruction est certaine, prise comme elle l'est

wind and noise thereof was such as to induce me to come down, which I did very readily, at the advice and exhortation of my detachment, who really exhibited more attention for my safety, than I did myself, as I own I thought it imprudent that my curiosity was greater than my fear; however being protected by providence, I escaped unhurt, whilst my first Lieutenant Charles Guillerbert, who had for the sake of greater shelter smacked behind a cannon, where he has erronious by supposed himself to be perfectly secure, and for his conduct (my duty as being his commander) compelled me to reprimend him at the time, and which I did the more readily, as he was a most violent Jacobin, and noisy, boasting young man — By 7 o'clock all was quiet, as the firing had completely ceased, but during the whole afternoon, the French Flotilla had as usual, kept up a most terrible cannonading, on the British Forces, as their position was in the Eastern Part of the Roads in a direct line with the Besiegers, and not above 3 Quarters of an English mile distant, consequently their firing with 24 pounders must have done more real injury to the British Army, than the whole of the French Forces besides, which dreadful carnage they were permitted to continue with impunity, notwithstanding there was 7 English Cutters Sailing about the harbour, and not above an English mile distant from the French Flotilla at times, as they were sailing about, standing off and on, as near Spectators during the whole engagement, besides there were 6 English 3 masted ships at anchor, about 4 or at most 5 miles to the Eastward of the French Flotilla, 5 of them appeared to me to be Sloops of War and Frigates, as to the Sixth ship, she had much the appearance of a floating Battery, or ship of the Line out down, she had an admirable flag flying, said to be that brave officer Admiral *Mac Baidi's* flag ship, and I would have staked my existence to the certainly of the French Flotilla being either carried off, or destroyed this day, as every thing being as favourable as it could be wished for attacking them, the more so, at least, the English ships of War are four times the force of the French Flotilla and as the British army has complete possession

entre les navires de guerre anglais d'un côté et l'armée de son Altesse Royale de l'autre.

Or, je connaissais trop bien l'intrépidité de la marine britannique pour avoir le moindre doute sur le succès si la flottille avait été attaquée en ce moment, mais lorsque je vis l'inaction de l'escadre anglaise, spectatrice d'une flottille française six fois moins forte occupée à détruire une armée britannique, comme foudroyé par cette remarque je ne pouvais, d'aucune manière, me rendre compte d'une pareille inaction.

Et pourtant le fait existe : avec force supérieure au point de vue des navires, du nombre d'hommes et de canons, une escadre britannique demeure silencieuse et indifférente spectatrice de l'infernale flottille massacrant, avec son pavillon hissé, une armée britannique qui, par la nature du sol, n'a pu, en temps opportun, transporter sa lourde artillerie pour se venger de cruels dommages supportés.

Cependant, au commencement du siège, Dunkerque pouvait être enlevé par un coup de main, et, en ce cas, la terrible flottille serait facilement tombée au pouvoir des forces britanniques de terre et de mer. Aussi, sans la moindre intention d'offenser personne par ma manière de voir et par mon indignation à la pensée du mal fait par la flottille française à l'armée anglaise et à celles des alliés, je suis persuadé que la vraie raison de l'inaction des commandants des forces navales anglaises ne saurait être que l'insuffisance des ordres auxquels ils devaient se conformer.

Cette terrible flottille n'a pas seulement causé la mort d'un trop grand nombre d'anglais, mais elle a retardé les opérations du siège et empêché la prise de Dunkerque, qui, chaque jour, pouvait avoir lieu. En effet, sans la présence de cette flottille, les assiégeants auraient pu transporter par eau leur artillerie et la débarquer sur le sable dur près de la jetée et ne le faire qu'à marée haute pour épargner le temps, le travail et les hommes. Je le répète donc, si ces navires armés avaient été détruits sur rade, Dunkerque aurait été infiniment plus abordable et aurait inévitablement capitulé, ou bien la ville aurait subi le sort prescrit

of all the sand Hills abrist of the Flotilla, in which they have so many field Pieces planted, as to render it impossible for the French Army of Dunkirk preventing their Flotilla being carried off or destroyed when the Tide is out, for even if we admit that they might have cut or stept their cables and run on shore, as they could only have entered the Port; between half floods, half off in case of need, I still say their destruction would not have been less certain by the English Vessels of War on one side and His Royal Mighness army on the other, but I know too well the intrepidity of the English Navy not to have been convinced of the issue in case that the Flotilla had actually been attacked, but when I saw the inaction of the British Squadron beholding a French Flotilla not the 6th part of their force destroying a British Army, I was of course thundered struck, nor could I by any means account for this astonishing inactivity of a British Squadron of much superior strength in point of Vessels, men and Guns, remaining silent and as indifferent spectators to this infernal Flotilla Slaughtering with their Flags or defiance hoisted a British Army who from the nature of the soil, etc., could not in time bring forward their heavy Artillery to retaliate the mighty injury, thought they could every day from the beginning of the siege have carried Dunkirk by a coup de main and in such an event, the terrible Flotilla must certainly have easily fallen into the hands of the British Naval or Land forces, but without the smallest view to give offence, by advancing my own private thoughts, on the inaction of the British Squadron, and the indignation I really felt at the haw committed by the French Flotilla on the Army of England and their allies: it strikes me that limited orders of the British Naval Commanders must have been the real reason and indeed the only one which can be assigned for the British Naval forces not destroying, or at least, not attempting so to do, if the carrying off this terrible French Flotilla failed, which Flotilla not only has proved so destructive to many a brave Englishman, but also retarded the operations, and most inquestionably has prevented Dunkirk from being taken daily, for if the French Flotilla had not prevented

par les lois de la guerre en cas de prise d'assaut, savoir : la mort de tous ceux pris et convaincus d'avoir porté les armes, et ce sort était le mien.

Dans la soirée à 8 heures 1/4, un express arrive de la part du général Houchard nous informant que l'avant-garde de l'armée, sous le commandement du général Vandamme, avait le même jour pris Hondschoote de la manière la plus heureuse possible, et je prévoyais qu'ainsi serait décidé le sort de Dunkerque.

A 10 heures de la nuit, je fus relevé de mon poste sur les remparts et j'allais prendre les quelques heures de repos qui m'étaient accordées lorsqu'arriva un ordre du Consul de la Guerre commandant à tous les officiers qui venaient précisément d'être relevés de leurs différents postes de rendre une visite au général Houchard, qui nous recevrait à la maison de ville.

Après les compliments d'usage, le général nous fit connaître les merveilleux exploits de l'avant-garde pendant la journée.

La place près de la maison de ville était remplie d'officiers civils et militaires et pendant plus d'un quart d'heure, au milieu de la plus grande confusion et du bruit, on n'entendait que les cris de : Vive le général Houchard ! Vive le sauveur de Dunkerque ! &ª, &ª, et au lieu de pouvoir prendre quelque repos après cette cérémonie dont j'étais grandement fatigué, il nous fut ordonné d'accompagner le Général sur la grand'place du nouveau marché et d'y assister aux amusements les plus ridicules, entre autres à la danse en rond appelée la Carmagnole, danse à laquelle le général lui-même prit part jusqu'à la pointe du jour.

Si, au lieu de cela, le général avait voulu profiter des avantages obtenus par l'avant-garde de son armée en prenant Hondschoote à l'assaut, il aurait continué son succès en marchant immédiatement avec 10.000 hommes de ceux qu'il commandait sur Furnes ou sur Newport. De la sorte, il se serait trouvé à l'est et derrière les forces britanniques et leur aurait coupé la retraite.

Le général pouvait opérer très facilement cette marche et

it, the Besieging Artillery might have been brought by water on the hard sand close to the jetty and surface at high water, which would have : pared the British Army much of that fatality, loss of time, labour and loss of so many men, which this Flotilla occasioned, besides the considerable disappointment, I therefore repeat, that if these Gun Vessels had been destroyed in the Roads, Dunkirk would have been infinitely more come at able, and must inevitably, have at least capitulated, or have undergone the fate prescribed by the Rules of War in cases of the Town being taken by assault namely Death to all who were bearing arms, which fate might have befallen me, this evening at 1/4 past 8 o'clock an express arrived from General *Houchard* informing us, that his Van Guard under Command of General *Vandame* had that very day taken Hondschote in the most fortunate manner possible, and which I at once foresaw would decide the fate of Dunkirk at 10 o'clock at night I was released from my station on the Ramparts, and was going to rest the few hours that were assigned me for that purpose, when an order arrived from the Consul de Guerre Commanding all the officers that had just been released from their sundry Posts to pay General Houchard a visit du corps, who was then waiting to receive us in the Town House, and be related to us, after the usual compliments, the wonderful exploits that his Van Guard had performed that day : the Town House being filled with civil and Military Officers, Was all confusion and noise for near a quarter of an hour, with the repeated cries of « Live General Houchard, Live the savior of Dunkirk », etc. etc., but indeed of being allowed to go to rest after this ceremony was over, of which I was heartily tired, we were ordered to attend the General on the Great New Market in the most ridiculous amusements, which is called the round dance or the Curnamanyoule, etc., at which dancing the General himself continued until a very early hour next morning, instead of availing himself of the advantages he had gained by the Van Guard of his Army having taken Hondschote by assault, for had he pushed his progress by immediately marching 10000 men of those he had under his

prendre l'ennemi à découvert puisque la nature de la contrée et d'autres causes avaient empêché l'armée britannique de se retrancher complètement dans le peu de temps employé en vue d'y arriver.

Hondschoote n'étant pas à 4 heures de Furnes, il y aurait eu bientôt 12.000 hommes au moins à l'est des forces combinées. D'un autre côté Cassel, n'est pas fort éloigné de Dunkerque et il y avait là le général Lefèvre et le général Leclerc avec leurs 10.400 hommes au sud de l'armée de Dunkerque, commandée par le général Souham. Cette armée comptait actuellement 10.160 hommes et se trouvait à l'ouest de l'armée assiégeante. Enfin, au nord-ouest, il y avait la terrible flottille.

En pareille circonstance il est évident que la situation de l'armée de son Altesse Royale le duc d'York aurait été des plus dangereuses. Cette armée aurait dû se rendre ou aurait été détruite. A sa droite, en effet, comme il a été dit, se serait trouvée l'armée du général Houchard comptant en tout 20.000 hommes, y compris la Garde Nationale. Ferrand ou le général Souham était à la gauche avec 10.160 hommes. Derrière elle, les généraux Lefèvre et Leclerc avaient 10.400 hommes, ce qui aurait fait en tout 40.560 hommes, plus l'armée expédiée de Lille et Douai un jour ou deux plus tard avec 26.000 hommes.

De cette évaluation il résulte que si le général Houchard avait fait ce qui lui était très facile, les trois armées sus dites auraient enfermé l'armée de son Altesse Royale en formant le contour d'une demi-lune et par là cette armée aurait été forcée à la seule retraite possible dans une situation aussi désespérée, celle de s'embarquer à bord des trois-mâts de guerre ancrés au N. N. E. et pas à plus d'un mille de la plage; et encore cette retraite aurait-elle eu lieu avec de grandes pertes et le massacre de toutes parts des Anglais, lorsqu'ils auraient été vus s'embarquant pour fuir. Ils ne pouvaient fuir, en effet, que du côté du Nord et l'embarquement des forces britanniques rencontrerait là un autre très grand obstacle, la terrible flottille. Donc, il n'y aurait eu pour l'armée anglaise d'autre alternative que de déposer les ar-

Command down to Furnes or New Port, he might have got to the Eastward, and behind the British Forces, and thereby have cut off their retreat which would easily have been effected in this plain manner since the nature of the Country, and other causes did not admit of the British Army intrenching themselves completely in so short a time as they would have done, for that purpose Hondschote not being 4 hours march from Furnes, he might have marched 12000 men at least; to the Eastward of the combined forces, and Cassel not being so for from Dunkirk, the Generals *Lefaure* and *Leclerc* with their 10400 men to the south of the Army of Dunkirk under the order of General *Schum* now consisting of 10160 men to the Westward and the terrible Flotilla to the Northwest, would at best had rendered the predicament of the Army under His Royal Highness the Duke of York very dangerous, and would have found no remedy against a survender, or the total destruction of the Army, as General Houchard's army on their right consisted as aforesaid of in all 20000 men including national Guards; *Ferrand* or General *Schum* on the left 10160 men, Generals Lefevre and Leclerc on their backs 10400 which together would have made 40560 men, besides the Army expected from Lille and Douai in a day or two 26000 men: from this statement, it will appear that if General Houchard had done what he might, to a certainty have put in pratice the 3 above mentioned Armies would have closed with the Army of His Royal Highness, formed a half moon circle and thereby forced them to the only retreat that could in such a desperate cause be thought of which was, that of embarking on board the 7 three masted ships of war which lay at anchor to the N. N. E: and not above a mile distant from the shore, and even this only retreat must have been attended with loss and havock as the above French Armies would have closed on all sides of the British when they saw them embarking, there being no other Way to escape, namely the sea side excepting to the Northward, and here lay another mighty obstacle to the British forces embarking, which was the terrible Flotilla, but in such desperate case, there would have been no other alternative

mes ou de courir à tout hasard pour s'embarquer, et en ce cas ils auraient été littéralement jetés à la mer, car n'oublions pas qu'on parlait de 26.000 hommes en route venant de Lille.

En songeant que ceux qui auraient échappé aux troupes françaises devaient être anéantis par la flottille ou trouver un tombeau dans la mer, je crois qu'il n'est pas exagéré de compter que la sixième partie des forces combinées ne serait point parvenue à s'embarquer saine et sauve à bord des navires.

Il est donc très heureux que les Français n'aient rien tenté en ce jour et pendant la nuit pour obtenir un succès aussi considérable.

Entre 10 heures et 11 heures de la nuit, l'armée anglaise alluma un grand feu qui me rappelait un feu de joie du 5 novembre, en Angleterre; mais il était plus grand qu'aucun de ceux que j'avais vus jusqu'alors. Ce feu fut entretenu pendant toute la nuit et il brillait d'un éclat d'autant plus vif que la nuit était superbe. La clarté de ce feu nous permettait de voir facilement que les Anglais étaient occupés, mais nous ne pouvions distinguer ce qu'ils faisaient; pourtant, autant qu'il était possible de le distinguer, ils semblaient faire des préparatifs pour la retraite et détruisaient ce qu'ils voulaient empêcher de tomber entre les mains des Français.

Il y a tout lieu de croire, il est même évident que ni les généraux Souham, Houchard et Ferrand, ni même le Consul de la Guerre n'avaient la moindre idée du motif réel de ce grand feu, car si les Français avaient été informés des préparatifs de retraite des Anglais, celle-ci n'aurait pu s'effectuer qu'avec les plus grandes pertes et serait devenue un vrai désastre; un grand nombre, en effet, des braves qui appartenaient à l'armée de son Altesse Royale auraient été massacrés s'ils avaient été poursuivis par les forces françaises aussi supérieures en nombre.

En outre d'autres très grands avantages, les forces françaises avaient celui de posséder sur un espace de 30 lieues de tour pleine facilité pour la cavalerie et pour le transport de l'artillerie, ce dont les Anglais étaient totalement privés depuis que Honds-

since the English Army must have laid down their arms, or run all hazards by embarking and in which event, they must and would have been driven litterly into the sea, as 26000 more men were said to be coming down from Lille next day, those who had escaped from the French Troops on shore would either have been destroyed by the Flotilla, or have found a watery Grave as I really do not believe that a 6th part of the combined forces would at the utmost have arrived safe on board the ships since they were to a certainty surrounded with destruction on all sides, but very fortunately the French did nor attempt any further enterprises for this day or night, and between the hours of 10 and 11 the English made a very large fire which put me in mind of a Bon fire in England on the 5th November, but it was much larger than any thing of the sort I had ever before seen, and continued so the whole of the night, and made a most brilliant appearance as the night was very fine, by the light of which fire we would plainly see that the English were busy, but we could not form an exact idea of what they were about, though to me it appeared that they were preparing for their retreat, and to that end were destroying such articles as they wished to prevent from falling into the hands of the French still it is very evident that neither of the French Generals *Schum, Houchard* or *Ferrand* nor even the Consul de Guerre had the least conception of the real motive of so large a fire, for if the French had been informed of the British retreating, the same must have been attended with great loss and havock, as many brave men belonging His Royal Highness's army must have been massacred in case they had been followed by the French forces so infinitely superior in number besides other mighty advantages of all the Horses for 30 Leagues round to draw their Artillery etc. etc., to the spot or place of Action, which advantages the British are totally deprived of since Hondschote had been so astonishingly taken by the Van Guard of General Houchard's army under the Command of General Vandame and even if we are to take it in the most favourable point of view that no immediate obstacle is offered to the Troops embarking still the

choote avait été enlevé d'une manière si étonnante par l'avant-garde de l'armée du général Vandamme, sous le commandement du général Houchard. Enfin la retraite, en la supposant effectuée sans rencontre d'obstacles immédiats pour l'embarquement, avait contre elle l'impossibilité d'embarquer sur les navires anglais actuellement en vue plus du quart du nombre d'hommes des forces combinées.

Un jeune garçon, paraissant avoir de 11 à 12 ans, tambour dans un régiment anglais, a été introduit dans Dunkerque aujourd'hui parmi les prisonniers faits par un groupe de soldats français. C'est à Valenciennes qu'il a été enrôlé dans le service anglais, quoique natif de France. Je pense que sa jeunesse est le seul motif pour lequel il n'a pas été traité comme émigré. Il doit très probablement à ce qu'il est né en France d'avoir échappé au sort de tout anglais ou émigré en Angleterre tombé au pouvoir de ceux qui ne font pas quartier.

9 Septembre.

A 4 heures du matin, les patrouilles françaises, à la grande joie du parti Jacobin, viennent annoncer que les forces combinées ont levé le siège et se sont retirées sur Furnes, Newport et Ostende.

A mon inexprimable étonnement, la retraite avait été si précipitée que l'armée anglaise avait abandonné le camp et ses retranchements en y laissant 41 canons en fer, 24,306 barils de poudre à canon, 6.099 boulets de canon, la plupart de 24. Un grand nombre de fusils, un grand nombre de sacs de sable, en partie remplis et en partie vides, et autant d'autres en canevas dont le tout pouvait faire plus de 50.000 sacs. Une quantité de fourrages, 59 bœufs, des bêches, des pioches et autres instruments de guerre tombèrent également entre les mains des Français et furent portés à Dunkerque, à l'exception des canons qui ne pouvaient être aussi facilement déplacés.

Le transport de ces masses pesantes à travers les Dunes fut un

English Vessels now in sight cannot contain a quarter of the number of their army.

A boy apparantly between 11 and 12 years of age, a Drummer in an English Regiment was brought into Dunkirk this day amongst the Prisoners, by a Party of French Soldiers he had enlisted in the English service at Valenciennes so that he was a native of France, and I presume his youth alone was the reason why he was not treated as an Emigrant and his being a French born subject, saved him from that distruction which befel such of the English Army and Emigrants as were overpowered to whom no quarter was given.

September 9th.

AT 4 o'clock this morning the French Patrolls to the exceeding joy of the Jacobin party brought in an account of the Combined forces having raised the siege and retreated towards Furnes, New Port, and Ostende, but to my inexpressible astonishment so precipitate were the Retrograde that the English Army abandoned their Camp and Retrenchments in which were found 41 Iron cannons 24 pounders, 306 Barrels of Gun Powder, 6099 cannon shot mostly 24 pounders, a great number of muskets, Swords and Pistols, several Tents, a many sand bags, partly full and partly empty and as much Canvas Sackingcloth as would have made upwards of 60000 of such bags, a quantity of forage provision, 59 oxen and Spades, Pickaxes with many other implements of War fell into the hands of the French and were brought into Dunkirk this day, excepting the Cannons which could not be so easily removed from amongst the sand hills, through which it was a very difficult matter to transport such bulk and weight, this of course rendered the removal there of a work of great labour and time, even though the French were now faced from every interruption, and so precipitated was the retreat of the combined army that they not only abandoned their Batteries which are immense but 2 Flags with the Letters G. B:

travail pénible et demandant beaucoup de temps, même pour les Français, qui alors n'étaient pas interrompus lorsqu'ils s'en occupaient.

La retraite des forces combinées fut si précipitée que non-seulement elles abandonnèrent leurs batteries et leurs retranchements en y laissant les objets ci-dessus désignés, et dont la perte est immense, mais elles y laissèrent aussi deux drapeaux portant les lettres G. R., et qui, sans nul doute, étaient anglais. Un petit drapeau hollandais fut pareillement pris.

La soudaine levée du siège de Dunkerque par les forces combinées est certainement ce que personne n'aurait pu prévoir, même si, dès le commencement du siège, cela avait été prédit et à plus forte raison depuis les trois derniers jours alors que tous les avantages étaient du côté des alliés qui n'avaient à supporter d'autre ennui que celui qui leur venait de la terrible flottille, qui, toujours avec impunité, causait un si grand dommage à l'Armée de son Altesse Royale.

Cependant cette levée du siège était d'une nécessité absolue quoique pénible, car à peine était-elle accomplie avec précipitation et abandon d'un si grand matériel de guerre, pour sauver une armée brave mais malheureuse, que vers six heures du matin le général Leclerc arrivait devant la porte nommée précédemment barrière Royale avec 10.400 hommes pour renforcer l'armée de Dunkerque. Ces troupes avaient été réunies au Mont Cassel et ajoutées à celles arrivées la nuit dernière et à la première heure du jour; c'est à 25,000 hommes que s'élevait l'armée sous le commandement des généraux Ferrand, Souham et Leclerc.

Dans une délibération à 2 heures du matin, il avait été convenu que dès l'arrivée du général Leclerc avec son armée, les trois généraux attaqueraient les forces combinées dans leur camp et dans leurs retranchements pendant que les armées des généraux Houchard et Vandamme s'avanceraient et prendraient possession de Furnes, de Newport et d'Ostende. Ces places devaient facilement tomber au pouvoir des Français, car leurs garnisons étaient trop faibles pour résister à des forces aussi considérables et leur

these doubtless were English : a small Dutch Flag was also taken ; the sudden rising the siege of this place by the Combined forces, and, with such mighty loss was what no human could have foreseen, had the same been dreamed of or foretold since, from the very commencement of the siege, but more especially for the 3 last days, every advantage was of the side of the Combined forces who received no other considerable annoyance but what they experienced from the terrible Flotilla, which with impunity had made such dreadful slaughter amongst the army of His Royal Highness who as it is plainly to be seen, was ultimately, from the sudden fall of Hondschote, reduced to the painful but unavoidable necessity of abandoning his intrenchments, Camp, etc., etc., to save the brave, though in this instance unfortunate army from the worst of fates, which most certainly awaited them if they hat not raised the siege, with such extraordinary expedition, for at about 6 o'clock this mornig General Leclerc arrived before the Gate that was formerly called the Barrier Royal with 10400 men to reinforce the Army of Dunkirk, those troops had been collected at the camp of Mont Cassel, which when added to the Horse and Foot that arrived late last night and early this morning, made the Army of Dunkirk in the whole upwards of 25000 under the Command of Generals Ferrand, Schum and Leclerc : in the deliberations of 2 o'clock this morning it was agreed that as soon as General Leclerc with and his army arrived those 3 Generals were to commence the operations by attacking the Combined Troops in their Camps and Retrenchments, whilst Generals *Houchard* and *Vandame's* armies were to march foreward and take possession of Furnes, Newport and Ostende which must easily have fallen into the hands of the French, as the garrisons of each of the above mentioned places were too weak to stand such superior force, as would in that event have been employed against them, and in the fate of the before mentioned places, must have involved that of the British Army and their allies, the Hanovrians, Austrians and Hessians etc. Who as I have repeatedly mentioned must have laid down their arms, or been literally driven into the sea, but

sort devait entraîner la perte de l'armée britannique et celle de ses alliés Hanovriens, Autrichiens, Hessins, &ᵃ. Il était donc très heureux pour la cause de l'humanité que son Altesse Royale le duc d'York jugeât à propos, lorsqu'il en était temps, de se soustraire au danger par la levée soudaine du siège.

Par cette retraite, non seulement, Newport et Ostende furent préservés, mais aussi la vie fut sauvée à une armée dont la perte était évidente.

Les généraux Leclerc et Lefèvre qui marchaient vers les Dunes en 3 divisions retournèrent à Dunkerque entre une heure et 2 heures, après avoir constaté la retraite des assiégeants.

L'armée de Dunkerque fut employée à enterrer les morts trouvés dans les Dunes; ils étaient en grand nombre ainsi que dans les environs de Rosendael. D'autres furent occupés à la destruction des retranchements de l'ennemi et entrèrent en ville la poudre et les autres provisions de guerre dont il a été parlé.

Pendant l'après-midi, un Ecossais nommé Gordon fut porté en ville; il vivait encore, mais, à vrai dire, c'était un homme assassiné; 5 soldats anglais, des femmes et des enfants furent aussi introduits vers midi, et comme ce sont les seuls sujets britanniques portés en ville aussi bien pendant le siège qu'après la levée, à l'exception du pauvre Morok Lovez arrêté comme espion, je parlerai de leurs souffrances avec détails dans le supplément de mes remarques.

Il a été dit que, pendant la soirée, une forte partie de l'Armée de son Altesse Royale avait tenté de retourner vers l'Ouest comme pour reprendre à tous risques une partie de ce qui avait été abandonné pendant la nuit, et dont la plus grande partie avait déjà été mise en sûreté, pendant le jour dans la ville. Mais dans cette escarmouche, les Français n'ont pas perdu un homme et je n'ai pas connaissance des pertes de la part des alliés. En tous cas, elles ne seraient qu'insignifiantes.

Remarques sur les évènements de ce jour.

La difficulté trouvée aujourd'hui par les Français pour rentrer les canons était le manque absolu de chevaux de trait. Les seuls

very fortunate for the cause of humanity His Royal Highness the Duke of York had timely judged and convinced himself of this danger which is fully demonstrated by his suddenly raising the siege last night and this morning by which retreat, not only New Port and Ostend were preserved, but even the lives of his Army were secured from that immediate destruction which must inevitably have befallen them: the 10400 troops under Generals Leclerc and Lefevre which were marched this morning in 3 divisions on the sand Hills, returned between 1 and 2 o'clock into Dunkirk as they found, that the Besieging Army had withdrawn, whilst the Army of Dunkirk were busily employed in burying their Dead Bodies which were found amongst the sand Hills in great numbers, as also in and about the suburbs of Rosendael; others were employed in destroying the enemies intrenchments, and bring into Town the before mentioned Powder and the other military stores which the British army had abandoned: This forenoon was brought into Town a Scotchman named *Gordon* who was still alive, notwithstanding it may be asserted whithout the least incorrectness that he was a murdered man, 5 English soldiers, wives and children were brought in about noon, but as those were the only Bristish subjects brought into Town during or after the siege, excepting poor *Morock Lovey* taken as a Spy; I shall in the supplement of my remarks mention their cruel sufferings more at large: in the evening, a strong party of His Royal Highness's army are said, attempted to return Westward as if they wished to recover at all risques part of what they had abandoned the night be fore, the most of which had already been secured in Dunkirk this day, in short its reported that they were defeated and driven back, but in this Skirmish, the French did not loose a man, nor have I the least Know ledge of the loss of the Know allied army, but suppose it must be trifling, if any.

Remarks on the events of this day.

The difficulty that the French found in bringing in the cannons this day, was the immediate want of Draft Horses, as

chevaux existant à Dunkerque en dehors de ceux de la cavalerie étaient le mien, un petit cheval de selle que j'avais reçu comme présent du citoyen Coppin, apothicaire, et, à cette époque, major. C'est par son assistance privée et par l'humanité de l'archiviste de Dunkerque qu'il m'a été possible de rendre service aux malheureux anglais plus qu'autrement je n'aurais su le faire. Mais revenons à mon cheval. Il n'avait pas été compris dans la réquisition générale comme tous les autres chevaux, uniquement parce qu'il était trop petit pour le service militaire.

Je crois n'avoir jamais entendu autant de bruit, d'horribles expressions, jurements et effroyables exclamations que tout ce qui était vomi par cette populace armée contre leurs généraux et leurs officiers qu'ils menaçaient de mort en passant devant mon poste, le quartier général, où j'avais été placé à midi, après avoir été près de 4 heures dans les Dunes, inspectant les cadavres et le camp retranché que les anglais avaient si prudemment et si précipitamment abandonné.

16 Septembre.

Lorsque les forces combinées eurent levé le siège de Dunkerque pendant la nuit du 8 au 9 courant, les troupes françaises continuèrent d'essayer de poursuivre leur marche à l'est par Furnes vers les villes de Newport et d'Ostende, mais nous n'avons rien appris sur la journée digne d'être rapporté.

Dunkerque fut proclamé hors d'état de siège par le Consul de Guerre et en sûreté parfaite. L'embargo général fut levé sur tous les navires neutres et mon navire l' « Aimable Susanna, » cap^{ne} Larence Oker fit voile pour Altona sous pavillon Danois. A son bord se trouvaient les deux dames anglaises qui avaient été cachées dans ma maison avec une servante pendant la durée du siège. C'était M. Margaret Greville, Mlle Aannah Schrivenens et Ann Rider, la servante. Ces personnes avaient ainsi échappé au moins à l'emprisonnement.

the only horses to be found in Dunkirk, excepting the Cavalry, were mine, a small saddle horse which I had received as a present from Citizen *Coppin*, Apothecary, at this time the Major by whose private assistance and the humanity of the Recorder of Dunkirk, I have been enobled to do more good for the unfortunate English than I otherwise could have done; but as I must return to my horse, not being taken into the General Requisition, as all other horses were, it was only because he was too small for the Military Service — I think I never heard so much noise, horrid expressions and swearing, and dread ful exclamations as those which this Rabble Army vomitted against their Generals and Officers, whom they threatened with destruction as they past my Post, the General Quarters where I was Posted at noon, after having been near 4 hours amongst the sand Hills viewing the Dead Bodies, and the avocated Camp, etc. etc., which the British have so prudently and so heartily abandoned.

September 16th.

As the combined forces rose the siege of Dunkirk between the night of the 8th and the morning of the 9th Instant the French Troops have continued to try their march Eastward through Furnes towards the Towns of New Port and Ostende, but we do not hear of any enterprises worthy of notice taking place this day : Dunkirk was by the Consul de Guerre, or War, proclaimed to be out of state of siege and in perfect safety : the General Embargo was taken off all Neutral Vessels, and my ship the Amiable Suzanne Captain Larence Oker sailed for Altona under Danish Colours, on board of which were the two English Ladies that had been concealed in my house with a maid Servant during the Siege, namely Mr *Margaret Greville,* Miss *Hannah Scrivenins*, with Ann *Rider* a maid servant, who by this, means escaped imprisonment at least this place is now in as perfect a state of quietness as if we were in a profound peace, excepting that the Military service is performed with more exactness and rigour than hitherto and all the

La ville est maintenant dans un parfait état de tranquillité comme si nous étions en temps de paix. Pourtant le service militaire est rempli avec plus d'exactitude et de rigueur que jusqu'ici, et tous les citoyens capables de porter les armes et qui forment la garde nationale sont tenus à la discipline militaire et aux réquisitions des différents généraux pour prendre part, en quittant leurs familles et leurs demeures, à toute opération offensive sur l'ordre des officiers chargés du commandement.

J'étais parmi les premiers qui durent supporter les horreurs d'une pareille violence. Le 17 novembre 1793, il me fut ordonné de sortir de Dunkerque avec le 5e bataillon, dont j'étais capitaine, et de prendre part aux opérations offensives entre Furnes, Newport et Ostende. Cette injonction était absolue et il fut procédé à l'attaque de ces trois places, dont les deux dernières étaient fortifiées et elles durent se rendre ne pouvant faire de résistance, faute de troupes. Il en fut pris possession aussitôt.

En arrivant à Furnes pour y faire halte pendant la nuit, le commandant en chef de la brigade, Delfosse, pensa me complimenter en m'offrant le commandement d'une petite garnison, mais je déclinai ce burlesque honneur avec toutes les précautions que m'imposaient ma vie et mes propriétés.

Le jour suivant nous marchions sur Newport et sur Ostende, mais à notre arrivée à Newport vers midi, comme j'étais le plus ancien capitaine, je fus nommé temporairement commandant de la ville et de la garnison jusqu'à ce qu'un autre fût désigné pour ce poste dangereux.

Par la loi militaire, un refus positif de ma part devait me conduire en jugement devant une cour martiale et chacun sait qu'un pareil tribunal révolutionnaire aurait prononcé pour ce refus la peine de mort et la confiscation de mes biens, je me vis donc dans la pénible nécessité de demeurer dans cette malheureuse station jusqu'au 21 novembre, alors qu'à ma très grande joie je fus relevé de mon commandement par la nomination du citoyen Vins, chef de bataillon.

Le 22 courant, ce dernier m'ordonna de nommer et d'assem-

Citizens capable of bearing arms, of which the National Guards are composed, are held in a constant state of Military Discipline under the orders and at the Requisition of the Sundry Generals, liable to be drafted and marched from our families and homes, on offensive operations at the General's or Commanding Officer's discretion : but although we have all been soldiers, bearing arms ever since the commencement of the Revolution, yet it was only on the fall of last year, that the National Guards were thrown under the immediate orders of the different Generals: and I was amongst the first who experienced the horrors of this cruel compulsion, as I was on the 17th November 1792 ordered to march from Dunkirk with the 5th Batalion of which, I was Captain, on an offensive operation against Furnes, New Port and Ostende, when, in consequence of these obsolute injunctions, we proceeded, and the above 3 places (the 2 latter of which were fortified) surrendered without resistence for want of Troops to defend them and we took immediate possession ; when arrived at Furnes, we halted there for that night, and the Commander in Chief of the Brigade *Deffose*, though to confer on me a compliment by offering to leave me here as Commandant with a small Garrison, but this burlesque honour I declined with as much precaution as the safety of my person and property would admit of, and the next day we were marched to New Port and Ostende, but on our arriving at New Port at noon, I was, as senior Captain, made temporary Commandant of the Town and Garrison until an other should be appointed to the said most troublesome station, as by Military Laws, a positive refusal on my part would have brought me to a trial before a Martial Court, when all those who are acquainted with the Revolutionary and Military Tribunals of France Know well that the consequence would have been in the event of a positive refusal on my part to fill the office to which I was appointed, was punishable by Death besides the confiscation of my property of which horrid Laws and consequences I was but too sensible, therefore I remained in this un happy station doing the most rigid Military Duty until the evening of the 21st November, when to my ex-

-bler un Conseil de discipline pour juger le lieutenant Plaideau, comme on peut le voir dans la note des ordres qu'il me donna à la page des preuves.

Cette injonction contient une grave erreur, car au lieu de l'ordre d'assembler un Conseil de discipline, la note des ordres devait porter les mots Conseil de Guerre, parce que la charge contre le dit lieutenant Plaideau était une offense considérée comme capitale par toutes les lois de la guerre. Mais l'accusé était proche parent du nouveau commandant, ceux qui auront fait l'erreur n'y auront guère pris garde, il est tout naturel d'ailleurs de croire que le commandant faisait tout en son pouvoir pour que fut relâché celui qui lui était proche par les liens du sang ; mais toute la garnison insista pour que ledit Plaideau fût jugé et s'il y avait lieu condamné à mort, et à cette fin je fus nommé Président du Conseil.

Le jugement dura deux jours et les charges ayant suffisamment prouvé contre le prisonnier, je vis avec horreur l'impossibilité d'un acquittement ou d'une condamnation moins sévère que celle prescrite par la loi. L'acquittement m'exposait à l'indignation et à la fureur de la garnison désespérée, et mon cœur, pour de nombreux motifs et à cause de mon aversion pour la cause des Jacobins, ne me portait pas à appliquer l'horrible sentence indiquée par la loi, la mort d'un camarade, quoiqu'il l'eût méritée.

Pourtant une idée me frappe, elle m'exemptera de toute responsabilité et elle évitera au prisonnier la punition. Aussitôt je soumets cette idée aux autres membres du tribunal et immédiatement elle est adoptée, ainsi qu'on peut le voir en s'en rapportant au compte-rendu de la Cour martiale pages...., où se trouve rapporté en détail cet intéressant procès. On y verra qu'évidemment la prompte délivrance du prisonnier doit être attribuée à ma déclaration de l'incompétence de la Cour qui ne pouvait porter une sentence de mort, et qui devait l'acquitter. Nous ne pouvions pas, disais-je, agir d'une manière peu compatible avec notre sûreté qui était en jeu, et en référer à nos supérieurs était prudent en même temps que conforme à la loi.

ceeding joy I was released from my Commandantship by the appointement of Citizen *Vins* Chef de Battalion, who on the 22^d of the said month ordered me to appoint and to assemble a Counsel of Discipline to try Lieutenant *Plaideau*, as may be seen in his notes of orders to me in trial page... the said injunction contains a gross error; as instead of an order to assemble a Counsel of Discipline the note of orders should have contained the words Counsel de Guerre say Counsel of War because the charge against the said Lieutenant Plaideau was a Capital Offence by all Military Laws, but as the accused was a near relation to the new Commandant, those who peruse this statement will not consider so much at the error, in deed it is but natural to suppose that the Commandant would and did every thing in his power to get his blood relation emancipated, but the whole Garrison insisted on the said Plaideau being tried for his life, and for that purpose appointed me President: the Trial lasted 2 days, and the charge being sufficiently proved against the Prisoner, I saw with horror the impossibility of either acquitting him, or passing judgment of a less magnitude than that which the Lavs prescribed: as to acquit the Prisoner would have subjected me to the indignation and fury of the desperate Rabble Garrison and my heast from manly motive and disaffection to the Jacobin Cause would not allow me to pass the horrid sentence of the Law which was death against my Comrade, thong he merited it: however an idea struck me, which, if adopted might in the end release me from all responsibility and the Prisoner from punishment, which idea I proposed to the remainder of the Court, and the same was instantly adopted as may be seen by referring to the proceedings of the Court Martial Pages....... which explains the whole of this interesting trial, with the evidence for, and against, the Prisoner, who incontrovertibly owed his life and speedy delivery to my declaring the Court incompetent to passing sentence of Death on the Prisoner and to acquit him we could not consistent with my own and their safety which was at stake, therefore my referring the cause to our superiors was a warranted proceeding, founded on a point of Law,

En effet, le commandant citoyen Vins, dans son ordre écrit, m'avait ordonné seulement d'assembler un Conseil de discipline, tandis que les charges contre le prisonnier étaient capitales et pour ce motif je maintenais que la Cour devait en référer à nos supérieurs de l'Etat-major à Dunkerque.

De plus, j'appuyai mes conclusions sur un autre motif. Je voulais donner au prisonnier le bénéfice du témoignage de deux témoins présents au moment du crime et qui n'avaient pu se trouver au jugement parce qu'ils s'étaient rendus à Dunkerque, peut-être dans la crainte d'être impliqués dans l'affaire, quoiqu'ils ne se trouvaient pas engagés dans l'attaque faite contre la porte par le lieutenant Plaideau, mais se trouvaient seulement avec lui à cette époque.

Ma conduite dans ce jugement donna à tous pleine satisfaction, car elle répondait aux fins de la Justice et de l'humanité, et peu de temps après notre retour à Dunkerque, dans une assemblée générale de notre bataillon, le lieutenant Plaideau, soutenu par sa famille, fut pardonné, le citoyen Vins fut suspendu de son office de chef de bataillon et je fus choisi par une grande majorité pour remplir à sa place cette charge de chef du 5ᵉ bataillon. Mais après avoir remercié l'Assemblée pour l'honneur supposé qu'elle me conférait, je déclinai cette charge et ce ne fut pas sans de nombreuses remontrances et sans employer tous les efforts dont j'étais capable, que je parvins à m'en défaire en faveur du citoyen Vins, qui fut réélu chef du 5ᵉ bataillon, ce qui me donnait la bonne fortune d'être relevé d'une charge que je m'efforçais ardemment d'éviter.

because the commandant Citizen Vins in his written injunctions had only ordered me to summon a Council of Discipline, whilst the charges against the Prisoner were capital and on these grounds I held the Court justiciable in referring the Prisoner's sentence to our superiors, the staff at Dunkirk, besides my conclusions were actuated by an other motive, which was, I wished to give the Prisoner the full benefit of 2 very material witnesses which were present at the epoch when the crime was committed, but did not attend the summons to give their evidence at the Trial on behalf of the Prisoner as they proceeded to Dunkirk, perhaps from fear of being themselves implicated although they had no concern in the attack made on the Post by the Lieutenant Plaideau, yet it will suffice to say they were with him at the time: I must however add, that my conduct in the Trial, gave all ranks the fullest satisfaction, as it answered the ends of justice and humanity, and in a short time after, our recall to Dunkirk, on a General Assembly of our Battalion, Lieutenant *Plaideau* by interest and friends was pardoned and Citizen *Vins* was suspended from the office of Chef de Battalion, and I was elected, in the same meeting, to fill the office of Chef de 5th Battalion in his stead by a very great majority but after thanking the assembly for the supposed honour they conferred on me, I declined the office, though it was not without many remonstrances that I was to resign, yet on exerting all the interest I was master of, on behalf of Citizen Vins: he was reelected Chef de 5th Battalion and by these means I was fortunately released from an office which I struggled hard to avoid.

Minutes of the Remarkable Siege of Dunkirk in August and September 1793.

Kept by JOHN HANE.

TABLE DES MATIÈRES

	Pages
INTRODUCTION	1 à XXIII
Procès-Verbal du Conseil Général de la Commune	1 à 98
Correspondance de la Marine	99 à 124
Archives du Ministère de la Guerre	125 à 132
Mémoires de Diot	133 à 140
Lettre de Thuriot de la Rosière	141
Relation anglaise du Siège de Dunkerque	142 à 246
Minutes of the Siege of Dunkirk	143 à 247

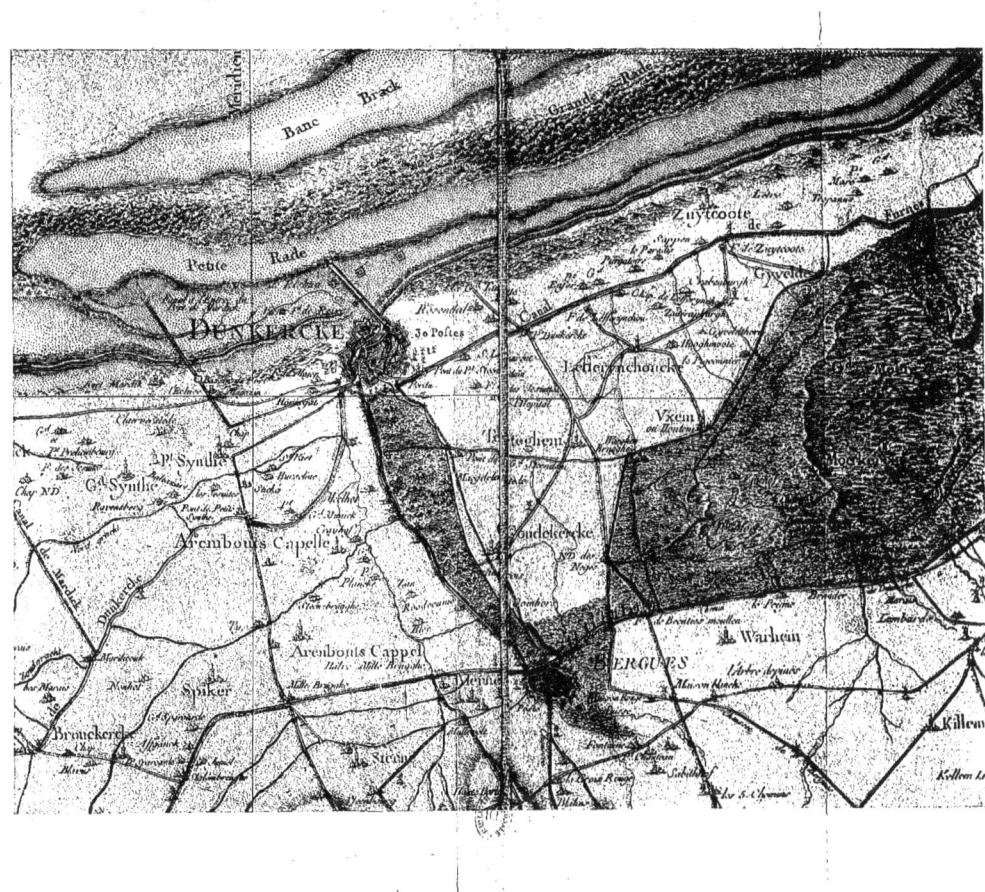

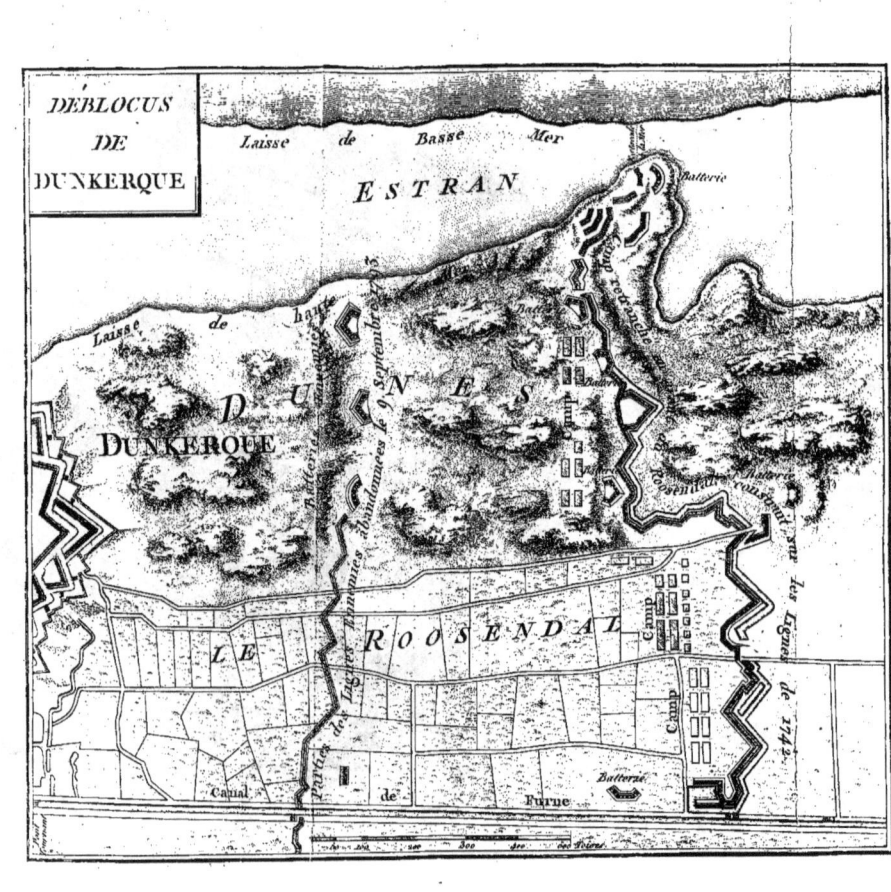

www.ingramcontent.com/pod-product-compliance
Lightning Source LLC
Chambersburg PA
CBHW050652170426
43200CB00008B/1261